Anker-Mader
Kleists Familienmodelle – Im Spannungsfeld zwischen Krise und Persistenz

Eva-Maria Anker-Mader

Kleists Familienmodelle –
Im Spannungsfeld zwischen Krise
und Persistenz

Wilhelm Fink Verlag · München

Danksagung:
Mein Dank gilt meinem akademischen Lehrer Herrn Prof. Dr. Jochen Hörisch,
meinem Mann und meinen Eltern.

Die Deutsche Bibliothek – CIP-Einheitsaufnahme

Anker-Mader, Eva-Maria:
Kleists Familienmodelle: im Spannungsfeld zwischen Krise
und Persistenz / Eva-Maria Anker-Mader. – München: Fink,
1992
 Zugl.: Diss.
 ISBN 3-7705-2776-3

ISBN 3-7705-2776-3
© 1992 Wilhelm Fink Verlag, München
Herstellung: Ferdinand Schöningh GmbH, Paderborn

INHALT

INHALT

I. EINLEITUNG

1. Die familiale Krise als Normalfall
- Zur Standortbestimmung der vorliegenden Arbeit -

"Die Familie bei Kleist ist ein merkwürdig unbeachtetes Phänomen."[1] So konstatierte Walter Müller-Seidel 1977, und tatsächlich ist die Zahl der Publikationen, die sich dieses Themas angenommen haben, bis heute äußerst gering, obwohl die Evidenz problematischer familialer Beziehungen in Kleists OEuvre kaum zu leugnen ist. Zudem fällt die Entstehungszeit der Texte mit einer Periode struktureller Wandlungen des Familienbegriffs zusammen, deren Bedeutung für die Literatur der Aufklärung, zu der Kleist in kritischer Beziehung steht[2], längst erkannt wurde. Was Kleist anbelangt, so wird die familiale Thematik punktuell in Interpretationen zu einzelnen Texten berührt[3]; wenige Aufsätze beschäftigen sich überblickshaft unter motivgeschichtlichen, psychoanalytischen oder ideengeschichtlichen Aspekten mit familialen Konstellationen im Gesamtwerk[4]. Besondere Bedeutung kommt daher zwei Dissertationen zur Kleistschen Familienthematik zu: 1979 promovierte Konrad Dietzfelbinger bei Walter Müller-Seidel mit einer Arbeit über die *Familie bei Kleist*[5], 1985 Bernhard Rieger bei Volker Hoffmann mit der Studie *Geschlechterrollen und Familienstrukturen in den Erzählungen Heinrich von Kleists*[6].

Was die Dissertation Dietzfelbingers anbelangt, so kann ihr weder methodisch noch inhaltlich zugestimmt werden. Der Autor steht in der Tradition der existentialistischen Kleist-Deutung, die durch Gerhard Frickes 1929 erschienenes Buch *Gefühl und Schicksal bei Heinrich von Kleist*[7] eingeleitet und jahrzehntelang maßgeblich geprägt wurde. In den sechziger Jahren erlebte diese Interpretationsrichtung eine neue Konjunktur durch die Studien von Günter Blöcker[8], Heinz Ide[9], Rolf Dürst[10] und vor allem Walter Müller-Seidels einflußreiche Arbeit *Versehen und Erkennen*[11].

Dietzfelbinger geht davon aus, "daß Kleist, indem er Familien darstellt, primär existenzielle Fragen behandelt und daß daher eine existenzielle Fragestellung die dem Werk adäquate ist"[12]. Sozio-historische oder psychologische Ansätze werden von ihm als "untergeordnet" eingeschätzt; dementsprechend betrachtet er die Familie nicht als historisch sich wandelnde Organisationsform des Zusammenlebens in einem spezifischen gesellschaftlichen Kontext, sondern als auf eine "metaphysische Dimension"[13] bezogene Existenzform, in der sich verschiedene Bewußtseins- und Daseinsstufen der Menschheit manifestieren.

Als Interpretament dient ihm der Aufsatz "Über das Marionettentheater", da Kleist hier begrifflich fasse, was er im Werk bildlich darstelle.

> "Das 'Marionettentheater' ist zwar erst in einer späten Periode des Kleistschen Schaffens entstanden, so daß man zweifeln könnte, ob die in ihm formulierten Prinzipien auf alle Werke, auch die frühen, anwendbar sind. Doch sind die wesentlichen Prinzipien der Weltinterpretation Kleists ohne größere Modifikationen in allen seinen Werken die gleichen, schon in seinen ersten Werken erkennbar und könnten aus diesen allein erschlossen werden."[14]

Damit wird den Kleistschen Texten, die gerade durch Ambiguitäten und Paradoxien gekennzeichnet sind, Einheitlichkeit und Kontinuität supponiert; der Interpret muß nur noch den immergleichen Gehalt herausfiltern: Die Erfüllung 'allgemeiner Lebensgesetze' innerhalb eines triadischen Geschichtsmodells von ursprünglicher Einheit, Spaltung und wiedergewonnener Ordnung, die sich als drei Bewußtseinsstufen des Menschen zeigen.

> "Am Familienmotiv sind diese drei geistigen und sozialen Zustände besonders klar abzulesen: der Zustand des naiven Einklangs mit dem Lebensgrund und der ihm entsprechenden Einheit; der Zustand der Bezogenheit auf Interessen und Leidenschaften, der soziale Unordnung im Gefolge hat; (...) drittens der Zustand eines neuen Bewußtseins und einer neuen Einheit."[15]

Auch wenn Kleist "den Zustand der Unordnung in grellstem Licht beschreibt", so bildet er doch keineswegs das "Endziel der Darstellung oder gar (...) die Quintessenz des Werkes".

> "Denn die auch in der größten Unordnung immer vorhandene Perspektive, die die Unordnung als solche qualifiziert und damit relativiert, ist die einer neuen Ordnung."[16]

Dieses harmonisierende Fazit fügt Dietzfelbingers Interpretation in die "germanistische Institution verkennungsproduzierender Literaturgeschichtsschreibung"[17] ein, da sie sich vom 'positiven Textbefund' weitgehend gelöst hat: Anstatt die Perspektive einer neuen Ordnung zu bieten, enden im Gegenteil (fast) alle Kleistschen Familienmodelle in der Katastrophe.[18]

Mit Bernhard Riegers methodisch an der strukturalen Texttheorie orientierter Arbeit ergeben sich tiefere Berührungspunkte. Die aus Kleists Novellen "intratextuell ermittelten Ergebnisse" setzt er "mit Daten des relevanten Kulturmodells"[19], d.h. mit der philosophischen, juristischen, psychologischen und medizinischen Literatur der Goethezeit in Beziehung und rekonstruiert so die zeitgenössischen Vorstellungen bezüglich der Geschlechter- und familialen Rollen; zugleich berücksichtigt er die Ergebnisse der heutigen sozialwissenschaftlichen Forschung zu dieser Thematik. Hierin besteht eine Korrespondenz mit der eigenen Vorgehensweise.[20] Wenn Rieger jedoch die einzelnen Texte segmentiert und nach strukturellen Gesichtspunkten mit Hilfe von binären Klassifikationsschemata und Oppositionsbegriffen neu ordnet, liegt darin die Gefahr ihrer Fragmentarisierung. So ist es kaum möglich, die Resultate der Untersuchung zusammenzufassen; Einzelergebnisse werden im entsprechenden Zusammenhang aufgeführt.

Die vorliegende Arbeit stimmt mit Rieger insofern überein, als sie historisches und aktuelles literarisches und außerliterarisches Textmaterial einbezieht; dagegen verzichtet sie nicht auf konsistente Einzelinterpretationen. Sie beschränkt sich dabei auf die Novellen, in denen die Familienthematik von zentraler Bedeutung ist, auf Entsprechungen im Gesamtwerk wird verwiesen. Durch den Verzicht auf 'Vollständigkeit' sollen Redundanzen vermieden werden, die sich bei der lückenlosen Auflistung immer wiederkehrender Motive notwenig ergäben. So begegnet das Motiv der Adoption in unterschiedlichen Ausprägungen[21]: explizit als Annahme an Kindesstatt und im Fokus des Geschehens in den Novellen *Das Erdbeben in Chili* und *Der Findling*; in zum Teil versteckter Form oder von marginaler Bedeutung im *Michael Kohlhaas* und in den Dramen *Amphitryon*, *Penthesilea*, *Das Käthchen von Heilbronn* und *Prinz Friedrich von Homburg*.

Die familialen Beziehungen sind latent immer gefährdet, wobei der Beziehung zwischen Vätern und Kindern besondere Bedeutung zukommt; die Mütter nehmen ihrer inferioren gesellschaftlichen Stellung gemäß zumeist eine randständige Position ein. In Krisensituationen, besonders wenn die Kinder die in sie gesetzten Erwartungen enttäuschen, reagieren die (Adoptiv-) Väter mit überstrengen bis gewalttätigen Handlungen. So verstoßen sie in den Novellen *Das Erdbeben in Chili*, *Die Marquise von O...* und *Der Zweikampf* ihre Töchter wegen tatsächlicher oder vermeintlicher 'sexueller Verfehlungen'.

Darüber hinaus nehmen Väter den Tod ihrer Kinder in Kauf, bedrohen sie mit dem Tod oder töten sie tatsächlich. In der *Hermannsschlacht* überläßt der Cheruskerfürst dem Anführer der Sueven seine beiden Söhne als Geiseln, um ihn von der Aufrichtigkeit seines Bündniswunsches zu überzeugen. Er bekundet damit die Bereitschaft, seine Kinder politischen Zwecken zu opfern.[22] In der Marquise von O... entlädt sich die Wut des Vaters über die Schwangerschaft der Tochter in einem Pistolenschuß. Der Kurfürst, von Prinz Friedrich von Homburg als 'Vater' apostrophiert, verurteilt ihn in seiner Funktion als oberster Kriegsherr und 'Landesvater' zum Tode. Ein anderer Landesvater und Kurfürst von Brandenburg läßt an seinem Sohn Michael Kohlhaas das tödliche Recht vollstrecken und erhebt dessen Kinder in den Ritterstand. Der Vater des Jeronimo Rugera im Erdbeben in Chili und Antonio Piachi im *Findling* töten ihre Söhne; die verfeindeten Grafen Rupert und Sylvester in der *Familie Schroffenstein* werden 'aus Versehen' zu Mördern an den eigenen Kindern.[23]

Schon dieser kurze Überblick läßt deutlich werden, daß die Familie bei Kleist als äußerst krisenanfällige und krisenstiftende Institution erscheint, deren inhärente potentielle Gewalt sich infolge innerer und äußerer Gefährdungen immer wieder katastrophisch entlädt. Allen Auflösungstendenzen zum Trotz bleibt die Familie dennoch in ihrer Struktur erhalten.

Dieses Modell von Krisenanfälligkeit und Persistenz zeigt Kleist in mannigfachen Variationen, die in der vorliegenden Arbeit exemplarisch untersucht werden sollen. *Das Erdbeben in Chili* stellt die Struktur der Auflösung und Restitution in einem triadischen Schema gleichsam menschheitsgeschichtlich dar. *Der Findling* erweist die Überwindung familialer Gewalt durch kulturelle Transzendierung als illusionär. *Die Marquise von O...* enthüllt die Schattenseiten des neuen bürgerlichen Familienideals.

Anmerkungen

[1] Walter Müller-Seidel, *Der rätselhafte Kleist und seine Dichtung*, in: *Die Gegenwärtigkeit Kleists. Reden zum Gedenkjahr 1977*, Berlin 1980, S. 9-29, hier S. 18

[2] Vgl. Ruth K. Angress, *Kleists Abkehr von der Aufklärung*, in: *Kleist-Jahrbuch 1987*, S. 98-114

[3] S. bspw. Dagmar Lorenz, *Väter und Mütter in der Sozialstruktur von Kleists 'Erdbeben in Chili'*, in: *Études Germaniques 33* (1978), S. 270-281 und Hermann F. Weiss, *Precarious Idylls. The Relationship between Father and Daughter in Heinrich von Kleist's 'Die Marquise von O...'*, in: *Modern Language Notes 91* (1976), S. 538-542; weitere Aufsätze werden im Zusammenhang mit der eigenen Interpretation vermerkt.

[4] Manfred Durzak, *Zur utopischen Funktion des Kindesbildes in Kleists Erzählungen*, in: *Colloquia Germanica*, 3. 1969, S. 111-129; Harry W. Paulin, *"Papa hat es nicht gern getan". Kleist and Parental Separation*, in: *Colloquia Germanica*, 15. 1982, S. 225-238; Anthony Stephens, *Kleists Familienmodelle*, in: *Kleist-Jahrbuch 1988/89*, S. 222-237

[5] Konrad Dietzfelbinger, *Familie bei Kleist*, Diss. phil. München 1979 (masch.)

[6] Bernhard Rieger, *Geschlechterrollen und Familienstrukturen in den Erzählungen Heinrich von Kleists*, Frankfurt a.M., Bern, New York 1985 (= Europäische Hochschulschriften, Reihe I, Bd. 839)

[7] Gerhard Fricke, *Gefühl und Schicksal bei Heinrich von Kleist. Studien über den inneren Vorgang im Leben und Schaffen des Dichters*. Neue Forschung 3, Berlin 1929. Nachdruck: Darmstadt 1963

[8] Günter Blöcker, *Heinrich von Kleist oder Das absolute Ich*, Berlin 1960

[9] Heinz Ide, *Der junge Kleist "... in dieser wandelbaren Zeit ..."*, Würzburg 1961

[10] Rolf Dürst, *Heinrich von Kleist. Dichter zwischen Ursprung und Endzeit. Kleists Werk im Licht idealistischer Eschatologie*, Bern und München 1965

[11] Walter Müller-Seidel, *Versehen und Erkennen. Eine Studie über Heinrich von Kleist*, Köln und Graz 1961

[12] Konrad Dietzfelbinger, *Familie bei Kleist*, S. 67

[13] Begriffe wie 'Lebensgrund', 'Lebensgesetz', 'Weltordnung' bezeichnen diese metaphysische Dimension; vgl. ebd. S. 7

[14] Ebd., S. 63

[15] Ebd., S. 59

[16] Ebd., S. 66

[17] Jochen Hörisch, *Gott, Geld und Glück. Zur Logik der Liebe in den Bildungsromanen Goethes, Kellers und Thomas Manns*, Frankfurt a.M. 1983 (Habil.), S. 10

[18] Vgl. Karl Heinz Bohrer, *Der romantische Brief. Die Entstehung ästhetischer Subjektivität*, München 1987: "Die Katastrophenszene wird (neben der Idylle) Kleists favorisiertes Motiv, das unversöhnt bleibt." (ebd., S. 97)
Jochen Hörisch, *"Die Not der Welt". Vieldeutige Ausnahmezustände in Kleists semantischen Komödien*, in: Gerhard vom Hofe u.a., *Was aber (bleibet) stiften die Dichter?*, München 1987, S. 157-180: "In Kleists Szenarios ist der Ausnahmezustand der Normalfall." (ebd., S. 158)

[19] Bernhard Rieger, *Geschlechterrollen und Familienstrukturen*, S. 3

[20] Mit Wolf Kittler wäre diese Art der Analyse als Kommentar zu beschreiben: "So ist der Kommentar differentiell, indem er die einzelnen Zeichen eines Textes aus der Opposition zu anderen Texten bestimmt, und chronologisch, indem er synchrone von diachronen Bezügen unterscheidet. Innerhalb des Systems der Literaturwissenschaft ist dies der Verzicht auf diejenigen Methoden, die, statt von der Differenz auszugehen, in irgendeiner Weise ihres Gegenstandes Einheit postulieren, also auf formgeschichtlich-ästhetische, geschichtsphilosophische und psychologisch-biographische Methoden. Der Kommentar operiert weder mit der Fiktion von der Eigenständigkeit der ästhetischen Gebilde noch mit dem Phantasma von der Einheitlichkeit der Äußerungen eines einzelnen Subjekts noch mit der Idee vom notwendig dialek-

tischen Fortschritt der Geschichte. Die Namen der Autoren und der Werke dienen ihm vielmehr als Variable, um bestimmte diskursive Möglichkeiten im Schnittpunkt von anderen Diskursen zu bezeichnen." *Die Geburt des Partisanen aus dem Geist der Poesie. Heinrich von Kleist und die Strategie der Befreiungskriege*, Freiburg 1987 (Habil.), S. 14

[21] Auch Rieger konstatiert eine Tendenz zur Auflösung von "Naturkernfamilien", die durch "Kultur-" oder "Adoptionsfamilien" ersetzt werden, bis sie im *Michael Kohlhaas* als "Synthese der Synthesen" in die "metaphorische Familie des Volkes" münden. Vgl. *Geschlechterrollen und Familienstrukturen*, S. 274

[22] Bei Babekan in der *Verlobung in St. Domingo*, die die Abtrünnigkeit ihrer Tochter preisgibt und damit deren Tötung riskiert, liegt eine Mischung aus politischen und persönlichen Motiven vor, wobei letztere überwiegen. Ihr Haß auf die Weißen rührt nicht nur aus den durch sie erlittenen Diskriminierungen her, sondern vor allem aus dem Liebesverrat, den Tonis Vater an ihr begangen hat. Der Verrat des Vaters wiederholt sich in dem der Tochter. Erscheint Babekan auf Grund ihrer Rolle als Partisanin zunächst 'unweiblich', so erweist sie sich mit dem privaten Beweggrund 'enttäuschte Liebe' doch als Frau.

[23] In der *Penthesilea* läßt Kleist offen, ob die Amazonen männliche Nachkommen töten. Hederichs *Gründliches mythologisches Lexikon*, das Kleist als Quelle benutzt hat, verzeichnet drei Varianten: "Die Knaben aber brachten sie um, oder gaben sie, nach andern, ihren Vaetern zurueck; (...) oder, da sie auch, nach noch andern, ihre eigenen Maenner hatten, so laehmeten sie denselben doch gleich in der Kindheit dergestalt Arme und Beine, daß sie keine Waffen fuehren, wohl aber zu geringen und sonst knechtischen Diensten geschickt blieben; (...)" Benjamin Hederich, *Gründliches mythologisches Lexikon*, Leipzig [2]1770 (Nachdruck: Darmstadt 1967), Spalte 205

II. Zeitgeschichtlicher und biographischer Kontext

1. Der Wandel des Familienbegriffs im 18. Jahrhundert[1]

"Familia, das Geschlechte, oder Stamm, die Kinder, und bedeutet 1) alle die Bluts=Freunde, daher sagt man ejusdem familiae esse, einerley Name, Schild und Helm fuehren, 2) Weib, Kinder, Hausgesinde, Knechte und Maegde, und in dem Verstand heißt pater familias der Hauß=Vater, 3) die Erbschaft, (...) 4) die Leibeigene und erbliche Knechte (...).
Familia, ist eine Anzahl Personen, welche der Macht und Gewalt eines Hauß=Vaters, entweder von Natur, oder rechtlicher Disposition unterworfen sind, zu Erlangung eines gemeinen Gutes. (...) Dieses gemeine Gute aber, welches in Ansehung des oeffentlichen Guten zwar nur ein privatum zu nennen ist, kann nicht anders erhalten werden, als wenn dasselbe, was die Familie unterhaelt, dazukommt, welches in 3. Stuecken bestehet, nemlich in Personen, Sachen und einer Ordnung, oder haeuslichem Regiment. Die Personen betreffende, so kann zwar eine einige Person keine Familie machen, doch ist die Anzahl derer Personen nicht allezeit, und bey allen einerley, sondern variiret nach der Condition und Stand des Hauß= Vaters; (...)
Wo sie aber am vollkommensten ist, so muß sie die 3. einfachen Societaeten begreiffen; doch koennen nicht alle Familien sich eben dieses Glueckes ruehmen, weil oeffters der Ehestand unfruchtbar ist, und also die vaeterl. Societaet ermangelt, zuweilen ist auch der Hauß=Herr so arm, daß er keinen Knecht halten kann, und selbst die Knechts=Arbeit uebernehmen muß, gleichwohl kann in beyden Faellen gesagt werden, daß ein Kind= und Knecht=loser Hauß=Vater dennoch eine Familie und Haußhaltung habe, wenn er nur mit einem Weib versehen ist. (...) Wenn aber eines von denen Eh-Gatten stirbt, kann dennoch die Familie bestehen. Denn ob schon durch den Tod des einen Eh-Gatten die Ehe ihre Endschafft hat, so bleibet doch die Familie, weil selbige, wo sie einmahl constituirt ist, auch biß auf eine Person herab kommen, und conserviret werden kann. (...) Die Haupt=Person aber eines Hauses wird Haus=Herr oder Haus=Vater genannt, weil er allen, die in der Familie sich befinden, mit vaeterlicher Treue vorstehen soll, und wird GOtt deswegen auch in heil. Schrift oeffters einem Haus=Vater verglichen. (...) Die ihm ehelich beygefuegte Mit=Person aber wird Haus=Frau genannt, und da jenem eine Potestaet ueber die Kinder und Dienstboten zugeschrieben wird, so hat diese nur einer Reverentz und Befehl sich anzumassen. (...) Das Recht aber, der Familie oder dem Hauswesen vorzustehen, kommt dem Haus=Vater principaliter und hauptsaechlich zu, als welcher gleichsam ein Koenig und Fuerst in seinem Hause ist; Secundario aber, und weil die Frau, als Hauß-Mutter, dem Haußwesen gleichfalls mit vorstehen, und selbiges verwalten helffen soll, kann ihr einiges Recht zugeschrieben werden."[2]

Die Definition der Familie in Zedlers Universal-Lexikon von 1735 basiert auf den Vorstellungen der antiken Ökonomik, die in der Neuzeit durch Philosophie, Theologie und Jurisprudenz wieder aufgegriffen wurden. Im Mittelpunkt der Ökonomik stand das 'Haus'; nach der Hauslehre des Aristoteles weist es drei Formen personaler Beziehungen auf: die zwischen Mann und Frau, Vater und Kindern, Herrn und Sklaven. Ihnen widmet sich die Ökonomik mit einer Lehre vom Eherecht, Elternrecht und Herrenrecht. Der wirtschaftlichen Seite trägt sie mit der Lehre von der Hauswirtschaft und der Erwerbskunst Rechnung. Ehe, Elternschaft, Konsum- und Wirtschaftsgemeinschaft als die einzelnen Bestandteile der häuslichen Einheit werden durch die Herrschaft des Hausvaters zusammengehalten.[3]

In der "Hausväterliteratur" und den "Predigten über den christlichen Hausstand", wurde die Antike mit der christlichen Tradition verschmolzen. Auch für Luther beinhaltet das Haus als Sozialgebilde sowohl personale Beziehungen als auch wirtschaftliche Elemente; der Hausvater fungiert als Hausgesetzgeber. Hausfrau und Kinder unterliegen der Arbeits- und Erwerbspflicht, da sie als Familienpflicht betrachtet wird. Auch wenn die Frau ihrer Tätigkeit zumeist im Haus nachgeht, ist sie dadurch nicht vom Erwerb getrennt und auf den Konsumtionsbereich reduziert. Die Arbeitspflicht der Kinder umfaßt ebenfalls den gesamten Haushalt und den Erwerb.

Der von der aristotelischen Ökonomik geprägte Begriff der Familie als Lebensgemeinschaft bleibt bis zur zweiten Hälfte des 18. Jahrhunderts bestehen. Der Terminus 'Familie' wird dabei erst an der Wende zum 18. Jahrhundert in der deutschen Sprache gebräuchlich. Er wird als Synonym für den Hausbegriff der Ökonomik benutzt und bezeichnet sowohl die Verwandtschaft als auch die Einzelfamilie.[4] Die "eigentümliche Gefühlsbetontheit"[5], die er im Lauf des 18. Jahrhunderts annimmt, resultiert aus dem Funktionswandel der Familie, der sich zwischen dem 16. und 18. Jahrhundert vollzieht. Während das ausgeprägte soziale Leben im 16. und 17. Jahrhundert der Entwicklung eines Familiengefühls entgegenstand, distanziert sich die Familie seit dem 18. Jahrhundert zunehmend von der Gesellschaft.[6] Die Hausbediensteten werden aus dem Familienbegriff entlassen[7]; die Familie reduziert sich allmählich auf die konjugale Kleinfamilie, die sich gegenüber den anderen Verwandten abgrenzt.

Die Kernfamilie als "Bewußtseinszustand"[8] zeitigt eine zunehmende Emotionalisierung und Intimisierung der Beziehungen der Familienmitglieder untereinander. Bis zum 18. Jahrhundert wurde Liebe als Heiratsgrund nicht akzeptiert. Die Liebe, die auf Grund der Ehe geboten war, bedeutete Freundschaft[9], ein gemeinsames Streben zum Wohl der Familie. Die Erotik hatte in der ehelichen Liebe keinen Platz[10] und blieb außerehelichen Beziehungen vorbehalten. Im Verlauf des 18. Jahrhunderts wandelt sich die Auffassung von der Ehe; Liebe wird zu ihrer unerläßlichen Voraussetzung, da die psychische Verschmelzung der Gatten erstrebt wird.[11] Die gesellschaftlichen Eliten bemühen sich um die Intergration der Erotik in die Ehe, um die Aufspaltung in eheliche Freundschaft und außereheliche Sinnlichkeit zu überwinden.

Auch die Beziehungen zwischen Eltern und Kindern ändern sich auf Grund der neuen emotionalen Qualität des Familienlebens; die Eltern fühlen sich mehr und mehr verantwortlich für ihre Kinder. Gaben die Mütter bis zum 18. Jahrhundert zum großen Teil ihre Säuglinge zu Ammen außer Haus und nahmen die damit verbundene hohe Kindersterblichkeit in Kauf, so widmen sie sich nun selber der Pflege ihrer Kleinkinder. Das Leben des Kindes wird zunehmend sakralisiert; am Ende des Jahrhunderts ist das Kind unersätzlich geworden.

Nicht die romantische Liebe, sondern die veränderte Beziehung zwischen Mutter und Kind konstituiert nach Edward Shorter die moderne Familie.

14

"Die Kernfamilie nahm (...) ihre Gestalt über das Mutter-Kind-Verhältnis an. Die Frage nach dem kindlichen Wohlergehen tauchte zuerst im Bewußtsein der Mittelschicht auf, und die Häuslichkeit folgte ihr nach. Das Netz der Gefühle, das zwischen Mutter und Baby gesponnen wurde, umhüllte schließlich auch die älteren Kinder und den Ehemann: das Gefühl, daß die Kostbarkeit des kindlichen Lebens einen gleichen kostbaren Rahmen für ihre Erhaltung erforderte."[12]

Der Gefühls- und Verhaltenswandel innerhalb der Familie steht im Zusammenhang mit der wirtschaftlichen Entwicklung. Die zunehmende Industrialisierung, die seit der Mitte des 18. Jahrhunderts einsetzt, erfordert auf Grund der neuen arbeitsteiligen Produktionsweisen eine Reorganisation der Arbeit. Die erwerbswirtschaftliche Komponente tritt innerhalb der Familie immer mehr zurück, da der Mann sich der außerhäuslichen Berufswelt überantwortet, um den gemeinsamen Unterhalt zu verdienen.[13] Die Familie wird zur Konsumtionsgemeinschaft. Die Frau bestimmt die Gestaltung des Konsums und leistet die private Reproduktionsarbeit. Sie wird "durch Ehe und Familie und Ehe und Familie wiederum durch die Frau definiert"[14].

Neben der Ausgrenzung der wirtschaftlichen Produktion delegiert die Familie zunehmend auch die Aufgabe kultureller Bildung an öffentliche Institutionen. Philippe Ariès hat diese Entwicklung vor allem in Hinblick auf Frankreich beschrieben[15]. Während im Mittelalter die Kinder etwa ab dem siebten Lebensjahr in ein Lehrverhältnis zu fremden Familien gegeben wurden und damit in die Erwachsenenwelt integriert waren, wird seit dem 17. Jahrhundert das traditionelle Lehrverhältnis immer mehr durch die Schule ersetzt. Dieser Wandel resultiert aus dem von den Moralisten, Pädagogen und Theologen reaktivierten Interesse an der Erziehung. War die Kindheit zuvor auf die kurze Phase beschränkt, in der das Kind physisch nicht ohne fremde Hilfe existieren konnte, wird sie nun erst als vom Erwachsenendasein grundsätzlich unterschieden 'entdeckt' und von den Moralisten als "die eigentliche Zeit der Formung des Menschen erkannt"[16]. Die Schule wird "zum normalen Instrument der gesellschaftlichen Initiation, des Überganges vom Status des Kindes zu dem des Erwachsenen"[17]. Sie soll die Kinder zu ehrbaren und vernünftigen Menschen erziehen; gleichzeitig kehren durch sie die Kinder in die Familie zurück, da sie nicht mehr wie beim Lehrverhältnis über einen längeren Zeitraum in der Obhut fremder Leute bleiben.

In Deutschland etabliert sich die Pädagogik um die Wende zum 19. Jahrhundert als eigene Wissenschaft[18] und propagiert zunehmend die öffentliche Erziehung, da die Familie nicht mehr die gesamte Bildung der Kinder garantieren kann. Die Zahl der Bürgerschulen steigt stetig an. Man sieht in der öffentlichen Erziehung keine Konkurrenz zur häuslichen, zumal das Schulwesen ständisch organisiert wird. Der Schwerpunkt familialer Sozialisation verlagert sich von der Wissensvermittlung auf die Charakterformung.[19]

Die Umstrukturierung der familialen Aufgabenfelder wird unterschiedlich bewertet. Während Ingeborg Weber-Kellermann einen "Schwund [der] Erziehungs-, Ausbildungs- und Sozialisationsfunktionen"[20] und Dieter Schwab einen "familiären Funktionsverlust"[21] konstatiert, setzt Michael Mitterauer mit der Interpretation als "Funktionsentlastung"[22] zum Aufbau kultureller Aktivitäten einen anderen Akzent.

Auch Ariès, der die Gesamtentwicklung eher negativ als zunehmende Diszipli-
nierung und Repression beurteilt, konzediert dennoch eine neue Qualität der
familiären Beziehungen.

> "Die Familie hört auf, lediglich eine privatrechtliche Institution zum Zweck der
> Weitergabe von Eigentum und Namen zu sein, sie bekommt eine moralische und
> geistige Funktion, formt den Körper und die Seele."[23]

Anmerkungen

[1] Eine ausgezeichnete Darstellung des Forschungsstandes der historischen Sozialwissenschaft gibt der Artikel *Familie* von Dieter Schwab, in: *Geschichtliche Grundbegriffe. Historisches Lexikon zur politisch-sozialen Sprache in Deutschland*, hg. v. Otto Brunner, Werner Conze, Reinhart Koselleck, Bd. 2, Stuttgart 1975 (Neudruck 1979), S. 253-301. Die folgenden begriffsgeschichtlichen Ausführungen stützen sich auf diesen Artikel.

[2] Johann Heinrich Zedler, *Grosses Vollständiges Universal-Lexikon*, Bd. 9, Halle und Leipzig 1735; Nachdruck: Graz 1961, S. 205f.

[3] Die hausväterliche Gewalt als zentrales Prinzip der patriarchalischen Familie bleibt durch die Jahrhunderte unangetastet: "Von Anbeginn der Welt ist dem Hausvater gewisse haeusliche Gewalt zugestanden, und durch die Verfassung der Republicken nicht aufgehoben worden.
Die Gewalt des Hausvaters ueber seine Kinder gruendet sich auf die Zeugung, auf den Schutz, Erziehung und Ernaehrung, welche die Eltern den Kindern angedeyhen lassen. Die Ehe ist zwar eine Gesellschaft, allein es ist keine nothwendige Eigenschaft einer Gesellschaft, daß derselben Glieder gleiche Gewalt und Ansehen haben. Da es nun der Natur der Sache gemaeß ist, daß der Schwaechere von dem Staerkern, der Beschuetzte von dem Beschuetzer, der Ernaehrte von dem Ernaehrer abhaengt, so folget auch, daß das Weib der haeuslichen Gewalt ihres Ehemannes unterworfen seyn muß, obgleich die Graenzen der haeuslichen Regierung allerdings auf Liebe und auf das wahre Beste der zu regierenden Personen gegruendet seyn sollen. Denn da keine Regierung ohne Zwangsmittel bestehen kann, indem derjenige, der sein eigenes mit der Familie verknuepfte Beste nicht erkennt noch sich demselben gemaeß betragen will, aus Liebe zu seinem und der Seinigen Besten, mit Nachdruck dazu angehalten werden muß; so folget auch, daß die haeusliche Gewalt, der Zwangsmittel und einer maeßigen Zuechtigung nicht entbehren noch die Policey ihr solche entziehen, wohl aber den Hausvater zur Verantwortung ziehen und ihn vor alle Ausschweifungen seines Hauses haften lassen kann, in sofern seine Hausgenossen gesetzwidrig gehandelt und der Wohlfahrt des gemeinen Wesens nachtheilig gewesen sind." *Deutsche Encyclopädie oder Allgemeines Real-Wörterbuch aller Künste und Wissenschaften*, Bd. 9, Frankfurt a.M. 1784, S. 487

[4] Im 19. Jahrhundert reduziert sich die Bedeutung des Terminus 'Haus' auf die örtliche Bestimmung des familiären Lebensraums; im Verwandtschaftsrecht wird er nur noch zur Bezeichnung der adeligen Familie gebraucht.

[5] Otto Brunner, *Das "Ganze Haus" und die alteuropäische "Ökonomik"*, in: ders., *Neue Wege der Verfassungs- und Sozialgeschichte*, 2. vermehrte Auflage Göttingen 1968, ([1]1956), S. 103-127, hier S. 111

[6] Vgl. Philippe Ariès, *Geschichte der Kindheit*, München [4]1981 ([1]1975; frz. *L'enfant et la vie familiale sous l'ancien régime*, 1960), bes. S. 502-564

[7] S. Johann Christoph Adelung, *Grammatisch-kritisches Wörterbuch der Hochdeutschen Mundart*. Zweyter Theil. Zweyte vermehrte und verbesserte Auflage, Leipzig 1796 (Nachdruck: Hildesheim/New York 1970), S. 38: "Die Familie, (viersylbig) plur. die -n, aus dem Latein familia und Franz. Famille. 1) Personen, welche eine häusliche Gesellschaft ausmachen, Eheleute und ihre Kinder, als ein Collectivum. (...) Zuweilen begreift man unter diesem Ausdrucke auch das Gesinde."
Deutsche Encyclopädie, Bd. 9, S. 487: "Zur Familie eines Hausvaters gehören Weiber, Kinder, Anverwandte, die zusammen in unzertrennter Haushaltung leben, das Gesinde aber wird nur in gewissen besondern Verstande dazu gerechnet."

[8] Edward Shorter *Die Geburt der modernen Familie*. Reinbek bei Hamburg 1977, (am. *The Making of the Modern Family*, 1975), S. 235

[9] Vgl. Jean-Louis Flandrin, *Familien. Soziologie - Ökonomie - Sexualität*, Frankfurt a.M. - Berlin - Wien 1978 (frz. *Familles - parenté, maison, sexualité dans l'ancienne société*, 1976), S. 187f.: "Die Theologen jener Epoche unterschieden mehrere Arten der Liebe, von denen die einen gut, die anderen schlecht, andere wiederum gleich-

gültig waren. Der Christ mußte seinen Nächsten aus Liebe zu Gott und weil er es ihm befahl lieben. Jene 'christliche' Liebe wurde für höher erachtet als die 'natürliche' oder 'menschliche' Liebe. Selbst innerhalb dieser unterschied man 'die Liebe der Sinnlichkeit', die schlecht war, und 'die Liebe der Freundschaft', die besser war."

[10] Ebd., S. 188: "Was die Liebe der Sinnlichkeit betrifft, so ist sie es, welche vermeintlich die jungen Leute zu Eheschließungen trieb, die von ihren Eltern mißbilligt wurden und gegen die die königlichen Gesetze die Rechte der Vernunft zu verteidigen suchten; sie ist es auch, der die Eheleute fast unausweichlich im ehelichen Bette begegneten. Seit der Antike verdammten die Theologen sie nachdrücklich. 'Ehebrecher ist auch derjenige, der zu leidenschaftlich seine Frau liebt', hatte der Heilige Hieronymus geschrieben. 'Im Hinblick auf die Frau eines anderen ist jede Liebe schändlich; im Hinblick auf die eigene die übermäßige Liebe. Der weise Mann muß seine Frau mit Urteilsvermögen lieben, nicht mit Leidenschaft. Er möge die Heftigkeit der Sinneslust meistern und sich nicht überstürzt zur Paarung hinreißen lassen. Nichts ist schändlicher, als eine Ehefrau zu lieben wie ein Mätresse...' (...) 'Der Mann, der sich vielmehr als ungezügelter Liebhaber denn als Ehemann gegenüber seiner Frau zeigt, ist ein Ehebrecher', schrieb beispielsweise Benedicti, der auch 'die Frau, die sich ihrem Mann gegenüber wie eine Verliebte beträgt', verurteilt und 'den Ehemann, der, von einer maßlosen Liebe hingerissen, seine Frau so feurig stößt, um ihre Sinneslust zu befriedigen, daß, wäre sie nicht seine Frau, er einen Liebeshandel mit ihr hätte'."

[11] In Fichtes *Naturrecht* wird schließlich Ehe mit Liebe und Liebe mit Ehe gleichgesetzt. Vgl. die "Deduktion der Ehe" in: Johann Gottlieb Fichte, *Grundlage des Naturrechts nach Prinzipien der Wissenschaftslehre*. (1796) Neudruck auf der Grundlage der zweiten von Fritz Medicus herausgegebenen Auflage von 1922. Mit Einleitung und Registern von Manfred Zahn, Hamburg 1960, S. 298-312

[12] Edward Shorter, *Die Geburt der modernen Familie*, S. 236

[13] Mit der Trennung von Beruf und Familie droht dem Mann der Verlust seiner väterlichen Autorität. "Die väterliche Tätigkeit und deren Notwendigkeit für den Unterhalt der Familie werden von den anderen Familienmitgliedern nicht mehr unmittelbar und anschaulich im alltäglichen Umgang und bei der gemeinsamen Arbeit erfahren; die in den familialen Produktionsverhältnissen fundierte Selbstverständlichkeit patriarchaler Ordnung geht verloren. Zudem verliert der Vater, da die berufliche Ausbildung der Söhne nicht mehr innerhalb der Familie stattfindet, seine Rolle als berufliches Vorbild." Reiner Wild, *Die Vernunft der Väter. Zur Psychographie von Bürgerlichkeit und Aufklärung in Deutschland am Beispiel ihrer Literatur für Kinder*, Stuttgart 1978, S. 238
Die väterliche Autorität wird, ohne noch weiter funktional zu sein, weiterhin eingeklagt. Michael Mitterauer prägt in diesem Zusammenhang den Begriff 'Sekundärpatriarchalismus'. Michael Mitterauer und Reinhard Sieder, *Vom Patriarchat zur Partnerschaft. Zum Strukturwandel der Familie*, 2. neubearbeitete Aufl. München 1980 ([1]1977), S. 90

[14] Karin Hausen, *Die Polarisierung der "Geschlechtscharaktere" - Eine Spiegelung der Dissoziation von Erwerbs- und Familienleben*, in: *Sozialgeschichte der Familie in der Neuzeit Europas*, hg. v. Werner Conze, Stuttgart 1976, S. 363-393, hier S. 374

[15] Philippe Ariès, *Geschichte der Kindheit*, passim

[16] Ebd., S. 10 (Hartmut von Hentig im Vorwort zur deutschen Ausgabe)

[17] Ebd., S. 509

[18] Vgl. Wilhelm Roessler, *Die Entstehung des modernen Erziehungswesens in Deutschland*, Stuttgart 1961

[19] Vgl. Marie-Luise Könneker, *Dr. Heinrich Hoffmanns "Struwwelpeter". Untersuchungen zur Entstehungs- und Funktionsgeschichte eines bürgerlichen Bilderbuchs*, Stuttgart 1977, S. 30ff.

[20] Ingeborg Weber-Kellermann, *Die deutsche Familie. Versuch einer Sozialgeschichte*, Frankfurt a.M. [4]1978 ([1]1974), S. 107

[21] Dieter Schwab, *Familie*, S. 296
[22] Mitterauer/Sieder, *Vom Patriarchat zur Partnerschaft*, S. 108
[23] Philippe Ariès, *Geschichte der Kindheit*, S. 561

2. Herkunft

Kleists eigene Sozialisation verlief nicht nach dem neuen bürgerlichen Muster: Er stammte aus einem der ältesten preußischen Adelsgeschlechter mit slawischem Ursprung; die Genealogie läßt sich bis ins 13. Jahrhundert zurückverfolgen.[1]

Bernd Heinrich Wilhelm von Kleist wurde am 18. Oktober 1777 als erster Sohn des Kompaniechefs und Stabsoffiziers im Majorrang Joachim Friedrich von Kleist und seiner Frau Juliane Ulrike geb. von Pannwitz geboren[2], ihm waren vier Töchter aus zwei Ehen vorausgegangen.

Der Altersunterschied zwischen den Eltern war beträchtlich; die Mutter war bei der Hochzeit 28, der Vater 46 Jahre alt. In erster Ehe war er mit der um 27 Jahre jüngeren Karoline Luise von Wulffen verheiratet gewesen; sie war bei der Eheschließung erst 14 und starb im Alter von 19 Jahren. Der große Altersunterschied bei beiden Ehen deutet darauf hin, daß nicht romantische Gefühle, sondern pragmatische Überlegungen im Mittelpunkt der Beziehungen standen, wie es der älteren Auffassung von Liebe und Ehe entspricht. So wird ein wichtiger Grund für die unmittelbar aufeinanderfolgenden Heiraten darin gelegen haben, daß der Haushalt rasch wieder unter die Aufsicht einer Hausmutter gestellt werden sollte, und die beiden Töchter aus erster Ehe, die noch im Kleinkindalter waren, versorgt werden mußten.

Aus der zweiten Ehe gingen noch einmal drei Töchter und, erst an fünfter und sechster Stelle, die Söhne Heinrich und Leopold hervor. Die Kinder werden wahrscheinlich nicht von der Mutter, sondern von einer Amme gestillt und von Gouvernanten erzogen worden sein, wie es zu dieser Zeit noch weithin üblich war.[3]

Nähere Einzelheiten des Familienlebens sind nicht bekannt; der Wahrheitsgehalt einer retrospektiven "Mitteilung einer unbekannten Freundin" über Heinrich von Kleists Kindheit kann daher nicht eruiert werden.

> "Schon seine Kindheit wurde ihm verbittert, da seine Erzieher die eigentümliche Organisation des Knaben zu beachten nicht der Mühe wert hielten, und ihn für begangene Fehler straften, an denen ihre Art ihn zu behandeln die meiste Schuld trug. Die Folge war ein scheues Zurückziehen des Knaben in sich selbst auf der einen, und ein unbändiger Trotz auf der andern Seite."[4]

Zunächst erhielt Kleist Hausunterricht bei Christian Ernst Martini, einem Kandidaten der Theologie; nach dem Tod des Vaters 1788 wurde er zur Erziehung nach Berlin in die Pension des reformierten Predigers Samuel Heinrich Catel oder eine "ähnliche Umgebung" gegeben.[5]

1793 starb auch die Mutter; den Haushalt führte von nun an ihre zehn Jahre ältere Schwester, die verwitwete kinderlose Auguste Helene von Massow.

Am 1. Juni 1792 war Kleist, noch nicht 15 Jahre alt, in das Potsdamer Gardeinfanterieregiment Nr. 15 als Gefreiterkorporal eingetreten; er nahm am Rheinfeldzug und der Belagerung von Mainz teil. 1795 wurde er zum Portepeefähnrich befördert, 1797 zum Secondeleutnant. Er folgte damit der militärischen Familientradition: Zwischen 1640 und 1892 stammten 23 preußische Generäle aus dem Geschlecht von Kleist.[6]

"1806, im Jahre der vernichtenden Niederlage dieses vom legendären Ruhm der
friderizianischen Zeit getragenen Heeres gegen Napoleon bei Jena und Auerstedt,
wies die Rangliste nicht weniger als 50 Offiziere mit dem Namen Kleist nach,
weit mehr als aus anderen bekannten preußischen Offiziersfamilien. Es folgten
die Arnim mit 37, die Wedell mit 36 Offizieren."[7]

Legte schon die Familientradition eine Karriere als Offizier nahe, so blieben
dem unbegüterten Adel, zu dem Kleist gehörte[8], auch sonst kaum andere
Möglichkeiten. Im Allgemeinen Landrecht für die Preußischen Staaten von 1794
wurde dem Adel weiterhin die Ausübung bürgerlicher Berufe versagt; gehobene
Positionen im zivilen Staatsdienst waren nicht genügend vorhanden.[9]

Sieben Jahre später quittierte Kleist den Militärdienst - er erhielt am 4. April
1799 seinen Abschied -, um Physik, Mathematik, Latein, Kulturgeschichte und
Naturrecht zu studieren. Mit dem Entschluß, die Armee zu verlassen, den Kleist in
einem Brief an seinen ehemaligen Lehrer Christian Ernst Martini begründete[10],
stand er nicht allein[11]:

"Derartige Kritik an den Schwächen der absolutistischen Heeresverfassung, wie
sie im spät- und nachfriderizianischen Preußen besonders hervortraten, entsprach
durchaus einer verbreiteten Zeittendenz. Sie war eher typisch als singulär. Bei
den vielgelesenen Militärschriftstellern vor der Jahrhundertwende findet sie sich
ebenso wie bei den künftigen Reformern. Die Unzufriedenheit mit dem müh-
samen Alltag des Offizierberufs und mit den geringen Beförderungschancen hatte
damals viele adlige Standesgenossen erfaßt und manchen dazu veranlaßt, seinen
Abschied zu nehmen."[12]

Der König akzeptierte Kleists Abschiedsgesuch und stellte ihm nach erfolgrei-
chem Studium eine Anstellung im Zivildienst in Aussicht.[13]

Die ersten Stationen in Kleists Leben: Kindheit in einer patriarchalisch organ-
isierten Großfamilie, Pensionatserziehung und Adoleszenz beim Regiment unterscheiden sich grundlegend von der Intimität der neuen bürgerlichen Sozialisation.
In seiner literarischen Produktion haben sie spezifische Leerstellen erzeugt: Kleist
hat weder einen Bildungsroman noch eine Autobiographie geschrieben/ schreiben
können, weil ihm schlichtweg das Material fehlte.[14]

"Wenn Kleist keine Angaben zu seiner Kindheit macht, dann deshalb, weil es bei
ihm kein Gedächtnis für Kindheitserinnerungen gab, worauf er sich hätte
beziehen können. Was nicht einer Mnemotechnik mütterlicher Sozialisation
entspringt, fällt dem Vergessen anheim. Kleists Kindheit ist daher ein sprachloser
Raum. Was nicht von Vätern als Zeugnisse des sich bildenden Geistes in
archivarischer Kleinarbeit registriert und aufbewahrt wurde (wie es z.B. Goethes
Vater tat), kann später von den Söhnen nicht zur Rekonstruktion der individu-
ellen Geschichte ihrer Seele hinzugezogen und ausgewertet werden. Das heißt
nicht, daß es solche Dokumente, Histörchen und Anekdoten nicht gegeben hätte,
aber es gab keine Relais- und Speicherstationen in der Familie, die solche
Äußerungen registriert, aufbewahrt oder im rückblickenden Erzählen dem Kinde
rückgekoppelt hätten. Es war einfach kein Interesse vorhanden."[15]

Anmerkungen

1 Eine detaillierte Darstellung der Kleistschen Familiengeschichte gibt Wolf Kittler, *Die Geburt des Partisanen*, S. 17-39

2 Biographisches Material findet sich u.a. in der Monographie von Curt Hohoff, *Heinrich von Kleist in Selbstzeugnissen und Bilddokumenten*, Hamburg [8]1982 ([1]1958), in der Biographie von Hans Dieter Zimmermann, *Kleist, die Liebe und der Tod*, Frankfurt a.M. 1989 und bei Sigrid Weigel, *Ulrike von Kleist (1774-1849). Lebens-Spuren hinter dem Bild der Dichter-Schwester*, in: *Schwestern berühmter Männer. Zwölf biographische Portraits*, hg. v. Luise F. Pusch, Frankfurt a.M. 1985, S. 235-287

3 Sofie Lazarsfelds Einschätzung, daß Kleist "eines jener verzärtelten Kinder gewesen ist, die durch übermäßige Verwöhnung durch die Mutter untauglich für ihr weiteres Leben gemacht werden", projiziert Vorstellungen des bürgerlichen Familienlebens auf ein adeliges, der militärischen Tradition verpflichtetes Milieu. *Kleist im Lichte der Individualpsychologie*, in: *Kleist-Jahrbuch 1925/26*, S. 106-132, hier S. 113

4 In: *Heinrich von Kleists Lebensspuren. Dokumente und Berichte der Zeitgenossen*, hg. v. Helmut Sembdner, überarbeitete u. erweiterte Ausgabe, München 1969 ([1]1957), Nr. 10, S. 18

5 Vgl. Peter Baumgart, *Die preußische Armee zur Zeit Heinrich von Kleists*, in: *Kleist-Jahrbuch 1983*, S. 43-70, hier S. 55

6 Vgl. Wolf Kittler, *Die Geburt des Partisanen*, S. 25

7 Peter Baumgart, *Die preußische Armee*, S. 47

8 Kleist stammte aus dem Schmenziner Zweig der Familie. Laut Kittler hatte sein Vater 1763 in einem Erbvergleich das Rittergut Schmenzin an seinen jüngeren Bruder Franz Heinrich abgetreten und war wie die übrigen Geschwister mit Geld abgefunden worden. (*Die Geburt des Partisanen*, S. 30) Nach Baumgart war Kleists Vater nicht der älteste Sohn, sondern Franz Heinrich (*Die preußische Armee*, S. 47); Rittergutsbesitzer ist er in jedem Fall nicht gewesen.
In seiner Offizierskarriere gelangte Joachim Friedrich von Kleist trotz langjährigen Dienstes nicht über den Majorrang hinaus. Der König soll mit dem Zustand des Infanterieregiments in Frankfurt a.d.O., dem Kleists Vater vorstand, nicht zufrieden gewesen sein und verweigerte ihm die Beförderung. (Vgl. Peter Baumgart, *Die preußische Armee*, S. 48) Immerhin hatte er auch als Kompaniechef genügend Einkünfte, um ein Stadthaus in Frankfurt a.d.O. zu kaufen; zeitweilig gehörte ihm auch ein kleines Gut bei Cottbus.

9 Vgl. Peter Baumgart, *Die preußische Armee*, S. 55. Dazu auch: Günter Birsch, *Zur sozialen und politischen Rolle des deutschen, vornehmlich preußischen Adels am Ende des 18. Jahrhunderts*, in: *Der Adel vor der Revolution*, hg. v. Rudolf Vierhaus, Göttingen 1971, S. 77-95, hier S. 85-88 und Reinhart Koselleck, *Preußen zwischen Reform und Revolution. Allgemeines Landrecht, Verwaltung und soziale Bewegung von 1791 bis 1848*, Stuttgart 1967, S. 146

10 "Die größten Wunder militärischer Disziplin, die der Gegenstand des Erstaunens aller Kenner waren, wurden der Gegenstand meiner herzlichsten Verachtung; die Offiziere hielt ich für so viele Exerziermeister, die Soldaten für so viele Sklaven, und wenn das ganze Regiment seine Künste machte, schien es mir als ein lebendiges Monument der Tyrannei. Dazu kam noch, daß ich den übeln Eindruck, den meine Lage auf meinen Charakter machte, lebhaft zu fühlen anfing. Ich war oft gezwungen, zu strafen, wo ich gern verziehen hätte, oder verzieh, wo ich hätte strafen sollen; und in beiden Fällen hielt ich mich selbst für strafbar. In solchen Augenblicken mußte natürlich der Wunsch in mir entstehen, einen Stand zu verlassen, in welchem ich von zwei durchaus entgegengesetzten Prinzipien unaufhörlich gemartert wurde, immer zweifelhaft war, ob ich als Mensch oder als Offizier handeln mußte; denn die Pflichten beider zu vereinen, halte ich bei dem jetzigen Zustande der Armeen für unmöglich." (II 479, Brief vom 19. März 1799).

Wolf Kittler weist nach, daß sich die Argumentation auf den damals akuten Zustand des Heeres bezieht und nicht als "pazifistisches Bekenntnis" zu lesen ist. *(Die Geburt des Partisanen*, S. 129)

[11] "Daß Offiziere vorzeitig den Dienst quittierten, um sich der Bewirtschaftung ihrer Güter zu widmen, kam häufig vor; hatte Friedrich II. auf entsprechende Gesuche noch in seinen letzten Lebensjahren erbost reagiert, so taten es seine Nachfolger nicht mehr. Auch die Bevorzugung des Zivildienstes und deshalb die Entscheidung für eine akademische Ausbildung war bei jungen Adeligen keineswegs mehr selten - man denke nur an Wilhelm und Alexander von Humboldt." Rudolf Vierhaus, *Kleist und die Krise des preußischen Staates um 1800*, in: *Kleist-Jahrbuch 1980*, S. 9-33, hier S. 11

[12] Peter Baumgart, *Die preußische Armee*, S. 68

[13] "An den vom Rgt. Garde verabschiedeten Lieut. v. Kleist in Potsdam.
Ich habe gegen Euern Vorsatz, Euch den Studien zu widmen, nichts einzuwenden, und wenn Ihr Euch eifrig bestrebt, Eure Kenntnisse zu erweitern, und Euch zu einem besonders brauchbaren Geschäftsmanne zu bilden, so werde Ich dadurch auch in der Folge Gelegenheit erhalten, Mich zu bezeigen als Euer p.p." Königliche Kabinettsorder vom 13. April 1799, in: *Lebensspuren*, Nr. 24b, S. 24
Kleist hat sich später wiederholt an den König mit der Bitte um Anstellung gewandt; Rudolf Vierhaus sieht darin ein Zeichen seines tiefverwurzelten aristokratischen Selbstverständnisses und Stolzes.
"In seinem Innersten ist Kleist nie ein *bürgerlicher* Mensch gewesen! Wenn er emphatisch bereit war, Standesvorteile und -vorurteile abzuwerfen, so doch nicht, um sie gegen bürgerliche Verhaltensweisen einzutauschen. Unterhalb aller Wendungen und Krisen seines Lebens blieb Kleist von der Solidarität zwischen Monarch und Adel überzeugt; er hat sie in patriarchalischem Sinne verstanden (und dabei möglicherweise im König den Ersatzvater gesucht), und er hat, wenn er an ein Amt dachte, dessen Wahrnehmung stets als königlichen Dienst verstanden." *(Kleist und die Krise des preußischen Staates*, S. 27)
Vgl. auch Kittler, *Die Geburt des Partisanen*, S. 255: "Kleists politische Haltung, daran führt kein Weg vorbei, ist eindeutig ständisch-antiliberal. Nur im Interesse des totalen Krieges gegen den nationalen Feind war er zu Lebzeiten bereit, sich mit bürgerlich-liberalen Männern zu liieren."

[14] Die Kleistsche Lücke füllt ausgerechnet Goethe, den Kleist bewundert, aber zugleich um seine Position als Dichterfürst beneidet hat (vgl. *Lebensspuren*, Nr. 112, S. 88 f.; zur Problematik der Rivalität s. Katharina Mommsen, *Kleists Kampf mit Goethe*, erweiterte Ausg., Frankfurt a.M. 1979, Heidelberg [1]1974).
Nach Sorg hat er mit den "Lehrjahren" die Gattung des Bildungsromans erst begründet (Klaus-Dieter Sorg, *Gebrochene Teleologie. Studien zum Bildungsroman von Goethe bis Thomas Mann*, Diss. Heidelberg 1983, S. 57). In ihr werden Literatur und Sozialisation interdependent: "... erst die Entstehung der bürgerlichen Kleinfamilie [erzeugt] jenes in seiner Spontaneität immer auch bedrohte Individuum (...), das Protagonist des Bildungsromans ist." (Ebd., S. 16) Gleichzeitig produziert der Bildungsroman die Sozialisation durch Literatur.
Friedrich Kittler zeigt in seiner Studie *Über die Sozialisation Wilhelm Meisters* (in: Gerhard Kaiser u. Friedrich A. Kittler, *Dichtung als Sozialisationsspiel. Studien zu Goethe und Gottfried Keller*, Göttingen 1978, S. 13-124), daß sich die Unterschiede zwischen *Wilhelm Meisters Theatralische(r) Sendung* (1777/85) und den *Lehrjahren* (1795/96) dem "neue(n) Paradigma von Primärsozialisation" (ebd., S. 20) verdanken. In der Erstfassung begegnet eine Drei-Generationen-Familie, die auch die Bediensteten mit einschließt; in der Umschrift wird daraus eine Kernfamilie: die Eltern und zwei Kinder (zuvor waren es fünf). Ins Zentrum tritt nun die Beziehung zwischen Mutter und Sohn unter der Ägide der "Mütterlichkeit" und der Mutterliebe (genitivus subiectivus und genitivus obiectivus). Die väterliche Perspektive wird an die Peripherie gerückt; der Vater als Archivar kindlicher Äußerungen übernimmt die Funktion des Gedächtnisses. Die Heterobiographie wird damit zur Bedingung der

Möglichkeit der Autobiographie; wo sie fehlt, wie im Falle Kleists, fehlt auch die Erinnerung.

[15] Frank Haase, *Kleists Nachrichtentechnik. Eine diskursanalytische Untersuchung,* Opladen 1986, S. 42

3. Verlobungszeit. Mit einem Exkurs zur zeitgenössischen philosophischen Diskussion über die Ehe

Im Frühjahr 1800 verlobte sich Kleist mit der Generalmajorstochter Wilhelmine von Zenge; zwei Jahre später löste er die Verlobung. Während dieser Zeit haben sich die beiden kaum gesehen, da Kleist sich nach Beendigung eines dreisemestrigen Studiums in seiner Geburtsstadt Frankfurt a.d.O. im August nach Berlin begeben hatte, um sich auf ein Amt im Staatsdienst vorzubereiten; zudem unternahm er mehrere lange Reisen. Der rege Briefwechsel der Verlobten war nicht nur ein Effekt ihrer räumlichen Distanz; auch als sie noch in unmittelbarer Nachbarschaft wohnten, scheint Kleist den Schriftverkehr dem Gespräch vorgezogen zu haben.[1]

Das Leitwort seiner Briefe heißt lange Zeit 'Bildung'; Bildung zur Vervollkommnung der eigenen Persönlichkeit, daneben auch die Ausbildung einzelner Fähigkeiten, um ein Amt ausüben zu können.[2]

Die Braut schließt Kleist in seinen monomanen Bildungswillen mit ein. Er übernimmt die Rolle des Erziehers, der seine Schülerin anweist, seine Instruktionen und Lektionen auswendig zu lernen (II 520 und 523), er gibt ihr Denkübungen auf (II 505-513), die ein halbes Jahr später in der Aufforderung zu "moralische(n) Revenüen" wiederkehren (II 595-597), er introjiziert ihr seine Bildungsvorstellungen nach "dem neuen Prinzip der Erziehung zur Selbstbestimmung bei gleichzeitiger Selbsterziehung"[3]; eine Strategie, die der Camouflage der erzieherischen Gewalt dient.[4]

> "Hineinlegen kann ich nichts in Deine Seele, nur entwickeln, was die Natur hineinlegte. Auch das kann *ich* eigentlich nicht, kannst nur *Du* allein. Du selbst mußt Hand an Dir legen, Du selbst mußt Dir das Ziel stecken, ich kann nichts als Dir den kürzesten, zweckmäßigsten Weg zeigen; und wenn ich Dir jetzt ein Ziel aufstellen werde, so geschieht es nur in der Überzeugung, daß es von Dir längst anerkannt ist. Ich will nur deutlich darstellen, was vielleicht dunkel in Deiner Seele schlummert." (II 565, Brief vom 13.-18. September 1800)

Im selben Brief führt Kleist aus, welchem Zweck seine Bemühungen letztlich dienen sollen:

> "Ja, Wilhelmine, wenn Du mir könntest die Freude machen, immer fortzuschreiten in Deiner Bildung mit Geist und Herz, wenn Du es mir gelingen lassen könntest, mir an Dir eine Gattin zu formen, wie ich sie für mich, eine Mutter, wie ich sie für meine Kinder wünsche, erleuchtet, aufgeklärt, vorurteilslos, immer der Vernunft gehorchend, gern dem Herzen sich hingebend - dann, ja dann könntest mir für eine Tat lohnen, für eine Tat -" (II 564 f.)

Kleist durchläuft mit seinem Erziehungskonzept gleichsam ontogenetisch noch einmal die Entwicklung von der Initiation durch Rezitation symbolischer Ordnungen[5] über die Pädagogik der Aufklärung bis zur Bildung (in) der konjugalen Kleinfamilie, die durch die Produktion von Individuen ihre (Heraus-)Bildung als neue Familienform erst mitproduziert. Die Agentin der kleinfamilialen Primärsozialisation ist die Mutter.

Wo in der Erinnerung eine Lücke klafft, muß der nicht matrilinear sozialisierte Kleist 'Mütterlichkeit' imaginieren.

"Ich verlor mich in meinen Träumereien. Ich sah mir das Zimmer aus, wo ich wohnen würde, ein anderes, wo jemand anderes wohnen würde, ein drittes, wo wir beide wohnen würden. Ich sah eine Mutter auf der Treppe sitzen, ein Kind schlummernd an ihrem Busen. Im Hintergrunde kletterten Knaben an dem Felsen, und sprangen von Stein zu Stein, und jauchzten laut - " (II 545, Brief vom 3. und 4. September 1800)

"Du wirst es mir kaum glauben, aber ich sehe oft stundenlang aus dem Fenster und gehe in 10 Kirchen und besehe diese Stadt von allen Seiten, und sehe doch nichts, als ein einziges Bild - Dich, Wilhelmine, und zu Deinen Füßen zwei Kinder, und auf Deinem Schoße ein drittes, und höre wie Du den kleinsten sprechen, den mittleren fühlen, den größten denken lehrst, und wie Du den Eigensinn des einen zu Standhaftigkeit, den Trotz des andern zu Freimütigkeit, die Schüchternheit des dritten zu Bescheidenheit, und die Neugierde aller zu Wißbegierde umzubilden weißt, sehe, wie Du ohne viel zu plaudern, durch Beispiele Gutes lehrst und wie Du ihnen in Deinem eignen Bilde zeigst, was Tugend ist, und wie liebenswürdig sie ist - - Ist es ein Wunder, Wilhelmine, wenn ich für *diese* Empfindungen die Sprache nicht finden kann?" (II 577, Brief vom 10. und 11. Oktober 1800).

Der Sprachmangel aus Mangel an Vor-Bildern aus der eigenen Sozialisation wird durch die Nachahmung literarischer Vorbilder ersetzt.[6]

Kleist entwickelt in seinem 'Geburtstagsbrief'[7] das Bild der Mutter als Erzieherin[8]. Frank Haase vertritt die These, damit kündige Kleist "all seine vorigen Überlegungen zum Thema Ehe, Familie und Glückseligkeit" auf, sehe fortan den einzigen Zweck der Ehe in der Bildung durch mütterliche Liebe und begnüge sich selbst mit einer randständigen Position[9]. Doch es gibt bei Kleist keine lineare Entwicklung hin zu einer "Kernfamilienidentität"[10]; der 'Geburtstagsbrief' ist der Kulminationspunkt der Produktion kleinfamilialer Vorstellungen, aber weder setzt sie mit ihm erst ein[11], noch wird sie nach ihm ungebrochen fortgesetzt[12]. Der Gedanke der Ausrichtung auf den Mann jedoch ist mit diesem Brief nicht abgeschlossen, sondern taucht auch später des öfteren noch auf. Als Wilhelmine Kleists Wunsch, sich mit ihr als Bauer in der Schweiz niederzulassen, nicht entsprechen will, antwortet er ihr:

"Höre mich einmal an, oder vielmehr beantworte mir diese eine Frage: Welches ist das *höchste* Bedürfnis des Weibes? Ich müßte mich sehr irren, wenn Du anders antworten könntest, als: die Liebe ihres Mannes." (II 697, Brief vom 27. Oktober 1801)

Mit der Zentrierung auf den Mann knüpft Kleist wieder an seine erste Gedankenübung für Wilhelmine an. Sein Procedere bei der Beantwortung der selbstgestellten Frage *"welcher von zwei Eheleuten, deren jeder seine Pflichten gegen den andern erfüllt, am meisten bei dem früheren Tode des andern verliert"* (II 506), sollte der Braut als Muster für weitere Übungen dienen.

"Der Mann ist nicht bloß der Mann seiner Frau, er ist auch ein Bürger des Staates; die Frau hingegen ist nichts, als die Frau ihres Mannes; der Mann hat nicht bloß Verpflichtungen gegen seine Frau, er hat auch Verpflichtungen gegen sein Vaterland; die Frau hingegen hat keine andern Verpflichtungen, als Verpflichtungen gegen ihren Mann; das Glück des Weibes ist zwar ein *uner-laßlicher*, aber nicht der *einzige* Gegenstand des Mannes, ihm liegt auch das Glück seiner Landsleute am Herzen; das Glück des Mannes hingegen ist *der einzige* Gegenstand der Frau; der Mann ist nicht mit allen seinen Kräften für seine Frau tätig, er gehört ihr nicht ganz, nicht ihr allein, denn auch die Welt macht Ansprüche auf ihn und seine Kräfte; die Frau hingegen ist mit ihrer ganzen Seele für ihren Mann tätig, sie gehört niemandem an, als ihrem Manne, und sie gehört ihm *ganz* an; die Frau endlich, empfängt, wenn der Mann seine Hauptpflichten erfüllt, nichts von ihm, als Schutz gegen Angriff auf Ehre und Sicherheit, und Unterhalt für die Bedürfnisse ihres Lebens, der Mann hingegen empfängt, wenn die Frau ihre Hauptpflichten erfüllt, die ganze Summe seines irdischen Glückes, die Frau ist schon glücklich, wenn es der Mann nur ist, der Mann nicht immer, wenn es die Frau ist, und die Frau muß ihn erst glücklich machen. Der Mann empfängt also unendlich mehr von seiner Frau, als umgekehrt die Frau von ihrem Manne." (II 507f. Brief vom 30. Mai 1800)

Kleists Argumentation weist deutliche Parallelen zu Fichtes "Deduktion der Ehe" in der 1796 erschienenen Schrift *Grundlage des Naturrechts nach den Prinzipien der Wissenschaftslehre*[13] auf.

"In dem Begriffe der Ehe liegt die unbegrenzteste Unterwerfung der Frau unter den Willen des Mannes; nicht aus einem juridischen sondern aus einem moralischen Grunde. Sie muß sich unterwerfen um ihrer eignen Ehre willen. - Die Frau gehört nicht sich selbst an, sondern dem Manne. Indem der Staat die Ehe, d.i. gerade dieses ihm wohlbekannte, nicht durch ihn sondern durch etwas Höheres als er, begründete Verhältnis anerkennt, tut er Verzicht darauf, das Weib von nun an als eine juridische Person zu betrachten. Der Mann tritt ganz an ihre Stelle; sie ist durch ihre Verheiratung für den Staat ganz vernichtet, zufolge ihres eignen not-/wendigen Willens, den der Staat garantiert hat. Der Mann wird ihre Garantie bei dem Staate; er wird ihr rechtlicher Vormund; er lebt in allem ihr öffentliches Leben; und sie behält lediglich ein häusliches Leben übrig. -" (§ 16, S. 320f.)

Folglich übergibt "die Frau, die ihre Persönlichkeit hingibt, dem Manne zugleich das Eigentum aller ihrer Güter, und ihrer ihr im Staate ausschließend zukommenden Rechte". (§ 17, S. 321)

"Ob an sich dem weiblichen Geschlechte nicht alle Menschen- und Bürgerrechte so gut zukommen, als dem männlichen; darüber könnte nur der die Frage erheben, welcher zweifelte, ob die Weiber auch völlige Menschen seien. (...) Aber darüber, ob und inwiefern das weibliche Geschlecht alle seine Rechte ausüben auch *nur wollen könne*, könnte allerdings die Frage entstehen." (§ 33, S. 340)

Denn solange die Frau noch Jungfrau ist, "steht sie unter der väterlichen Gewalt", und sobald sie verheiratet ist, "hängt ihre eigne Würde daran, daß sie ihrem Manne ganz unterworfen sei und scheine." (§ 34, S. 340f.)

"Er ist ihr natürlicher Repräsentant im Staate, und in der ganzen Gesellschaft. Dies ist ihr Verhältnis zur Gesellschaft, ihr *öffentliches* Verhältnis. Ihre Rechte unmittelbar durch sich selbst auszuüben, kann ihr gar nicht einfallen." (§ 34, S. 341)

Damit entfällt für die Frau jeglicher Rechtsschutz; die Konsequenz aus der Betrachtung der Ehe als ein primär sittliches, nicht juridisches Verhältnis. Idealiter ist er auch nicht vonnöten, denn: "Beide sind Eine Seele" und folglich ist "gar nicht vorauszusetzen, daß zwischen ihnen ein Rechtsstreit entstehen könnte." (§ 15, S. 320)

Die Bestimmung des Mannes für den öffentlichen, die der Frau für den häuslichen Bereich wird aus ihren verschiedenen "Geschlechtscharakteren" abgeleitet. Die vergleichende Geschlechterpsychologie, "ein Gemisch aus Biologie, Bestimmung und Wesen"[14], entwickelt sich seit dem Ende des 18. Jahrhunderts mit dem

Ziel, den in die Krise geratenen Familienbegriff zu reinstallieren. Beide Geschlechter sollen ihrer von der Natur vorgegebenen - verschiedenen - Bestimmung folgen und dementsprechend unterschiedliche, einander ergänzende Qualitäten ausbilden. Dabei wird die Frau durch 'geschlechtsspezifische' Zuschreibungen als Gattungswesen definiert, der Mann als gesellschaftlich-kulturelles Wesen.

> "Als immer wiederkehrende zentrale Merkmale werden beim Manne die Aktivität und Rationalität, bei der Frau die Passivität und Emotionalität hervorgehoben, wobei sich das Begriffspaar Aktivität - Passivität vom Geschlechtsakt, Rationalität und Emotionalität vom sozialen Betätigungsfeld herleitet."[15]

Auch Fichte geht bei seinen Überlegungen von der Geschlechterdifferenz aus:

> "Die Natur hat ihren Zweck der Fortpflanzung des Menschengeschlechts auf einen Naturtrieb in zwei besonderen Geschlechtern gegründet, der nur um sein selbst willen da zu sein, und auf nichts auszugehen scheint, als auf seine eigne Befriedigung." (§ 1, S. 298f.)

> "Die besondere Bestimmung dieser Natureinrichtung ist die, daß bei der Befriedigung des Triebes, oder Beförderung des Naturzweckes, was den eigentlichen Akt der Zeugung anbelangt, das eine Geschlecht sich nur tätig, das andere sich nur leidend verhalte." (§ 2, S. 300)[16]

Da beide Geschlechter Vernunft besitzen, muß sich der Naturtrieb in ihnen unterschiedlich äußern, denn:

> "Der Charakter der Vernunft ist absolute Selbsttätigkeit:/ bloßes Leiden um des Leidens willen widerspricht der Vernunft und hebt sie gänzlich auf. Es ist sonach gar nicht gegen die Vernunft, daß das erste Geschlecht die Befriedigung seines Geschlechtstriebs als Zweck vorsetze, da er durch Tätigkeit befriedigt werden kann: aber es ist schlechthin gegen die Vernunft, daß das zweite die Befriedigung des seinigen sich als Zweck vorsetze, weil es sich dann ein bloßes Leiden zum Zwecke machen würde." (§ 3, S. 300f.)

Daraus folgt:

> "Der Mann kann, ohne seine Würde aufzugeben, sich den Geschlechtstrieb gestehen, und die Befriedigung desselben suchen (...) Das Weib kann sich diesen Trieb nicht gestehen. Der Mann kann freien; das Weib nicht. (...) Auf diese einzige Verschiedenheit gründet sich der ganze übrige Unterschied der beiden Geschlechter." (§ 3, S. 303)

Da sich aber die Frau "denn doch zufolge eines Triebs hingeben muß, kann dieser Trieb kein anderer sein, als der, den Mann zu befriedigen." (§ 4, S. 304) Die Frau folgt damit dem Naturtrieb der Liebe.

> *"Liebe* also ist die Gestalt, unter welcher der Geschlechtstrieb im Weibe sich zeigt. (...) Nur dem Weibe ist die Liebe, der edelste aller Naturtriebe, angeboren; nur durch dieses kommt er unter die Menschen (...)" (§ 4, S. 304)

Anders verhält es sich mit dem Mann:

> "Im Manne ist *ursprünglich* nicht Liebe, sondern Geschlechtstrieb; sie ist überhaupt in ihm kein ursprünglicher, sondern nur ein *mitgeteilter, abgeleiteter,* erst durch Verbindung mit einem liebenden Weibe *entwickelter* Trieb (...)" (§ 4, S. 304)

Während der Geschlechtstrieb "dem Manne in seiner wahren Gestalt erscheint" (§ 3, S. 302), kann sich die Frau "nur Liebe gestehen" (§ 8, S. 310).

28

"In dieser Denkart des Weibes eine Täuschung erkünsteln, und etwa sagen: so ist es denn doch am Ende der Geschlechtstrieb, der nur versteckterweise sie treibt, wäre eine dogmatische Verirrung. Das Weib sieht nicht weiter, und ihre Natur geht nicht weiter, als bis zur Liebe: sonach *ist* sie nur so weit. Daß ein Mann, der die weibliche Unschuld nicht hat, noch haben soll, und der sich alles gestehen kann, diesen Trieb zergliedere, geht das Weib nichts an; *für sie* ist er einfach, denn das Weib ist kein Mann. Wenn sie Mann wäre, würde man recht haben; aber dann wäre sie auch nicht *sie*; und alles wäre anders. - Oder will man uns etwa den Grundtrieb der weiblichen Natur als *Ding an sich* zutage fördern? (§ 4, S. 305)

Weibliche Liebe bzw. männlicher Geschlechtstrieb und Ehe sind eins:

"Die Ehe ist eine durch den Geschlechtstrieb begründete *vollkommene Vereinigung* zweier Personen beiderlei Geschlechts, die ihr eigner Zweck ist. (...) Das eheliche Verhältnis ist die eigentlichste, von der Natur geforderte Weise des erwachsenen Menschen von beiden Geschlechtern, zu existieren. In diesem Verhältnisse erst entwickeln sich alle seine Anlagen; außer demselben bleiben sehr viele, und gerade die merkwürdigsten Seiten der Menschheit unangebaut." (§ 8, S. 309f.)

Im 1798 erschienenen *System der Sittenlehre* führt Fichte die Bedeutung der Ehe für die Vervollkommnung des Menschen noch weiter aus. Er scheint sich hier mit den Romantikern zu berühren, die das Geschlecht der Gattung als der "höheren Menschlichkeit" unterordnen. Wenn jedoch Friedrich Schlegel programmatisch verkündet: "Nur selbständige Weiblichkeit, nur sanfte Männlichkeit, ist gut und schön"[17], dürfte er kaum Fichtes Zustimmung finden, da sich bei ihm die 'Veredelung' des Menschen innerhalb des 'geschlechtsspezifischen' Rahmens vollziehen soll.

"Es ist absolute Bestimmung eines jeden Individuums beider Geschlechter, sich zu verehelichen. Der physische Mensch ist nicht Mann oder Weib, sondern er ist beides; ebenso der moralische. Es gibt Seiten des menschlichen Charakters, und gerade die edelsten desselben, die nur in der Ehe ausgebildet werden können (...) Das ursprüngliche Bestreben des Menschen ist egoistisch; in der Ehe leitet ihn selbst die Natur, sich in anderen zu vergessen; und die eheliche Verbindung beider Geschlechter ist der einige Weg von Natur aus den Menschen zu veredeln. Die unverheiratete Person ist nur zur Hälfte ein Mensch.
Nun läßt sich zwar freilich keinem Weibe sagen: du sollst lieben; keinem Manne: du sollst geliebt werden, und wieder lieben; weil dies nicht ganz von der Freiheit abhängt. Aber dies läßt sich als absolutes Gebot aufstellen; daß es nicht mit / unserem Wissen an uns liegen müsse, daß wir unverehelicht bleiben. Der deutlich gedachte Vorsatz, sich nie zu verehelichen, ist absolut pflichtwidrig. Ohne seine Schuld unverheiratet bleiben, ist ein großes Unglück; durch seine Schuld, eine große Schuld. - Es ist nicht erlaubt diesen Zweck anderen Zwecken aufzuopfern, etwa dem Dienste der Kirche, Staats- und Familienabsichten, oder der Ruhe des spekulativen Lebens, u. dgl.; denn der Zweck, ein ganzer Mensch zu sein, ist höher, als jeder andere Zweck."[18]

Auch Kleist bezeichnet Ulrikes Weigerung, sich zu verheiraten, als "höchst strafbaren und verbrecherischen Entschluß" und proklamiert die Ehepflicht, die für ihn gleichbedeutend mit der ehelichen Pflicht ist.

"Denn wenn Du ein Recht hättest, Dich nicht zu verheiraten, warum ich nicht auch? Und wenn wir beide dazu ein Recht haben, warum ein Dritter nicht auch? Und wenn dieses ist, warum nicht auch ein Vierter, ein Fünfter, warum nicht wir alle? Aber das Leben, welches wir von unsern Eltern empfingen, ist ein heiliges Unterpfand, das wir unsern Kindern wieder mitteilen sollen. Das ist ein ewiges Gesetz der Natur, auf welches sich ihre Erhaltung gründet." (II 492, Brief vom Mai 1799)[19]

Für Kleist fällt demnach der Zweck der Ehe mit dem Zweck der Natur, der Fortpflanzung, zusammen. Darin stimmt Kleist mit der Definiton im Allgemeinen Landrecht für die Preußischen Staaten von 1794 überein: "Der Hauptzweck der Ehe ist die Erzeugung und Erziehung der Kinder." (ALR II 1, § 1, S. 345)[20]

Kant dagegen unterscheidet in der *Metaphysik der Sitten* (1797)[21] zwischen dem Zweck der Ehe und dem Zweck der Natur:

"... Ehe *(matrimonium)*, d.i. die Verbindung zweier Personen verschiedenen Geschlechts zum lebenswierigen wechselseitigen Besitz ihrer Geschlechtseigenschaften. - Der Zweck, Kinder zu erzeugen und zu erziehen, mag immer ein Zweck der Natur sein, zu welchem sie die Neigung der Geschlechter gegeneinander einpflanzte; aber daß der Mensch, der sich verehlicht, diesen Zweck sich vorsetzen müsse, wird zur Rechtmäßigkeit dieser seiner Verbindung nicht erfordert; denn sonst würde, wenn das Kinderzeugen aufhört, die Ehe sich zugleich von selbst auflösen." (I, 2, § 24, S. 81f)

Andererseits ist die Ehe die notwendige Voraussetzung zum wechselseitigen Genuß der Geschlechtseigenschaften:

"Es ist nämlich, auch unter Voraussetzung der Lust zum wechselseitigen Gebrauch ihrer Geschlechtseigenschaften, der Ehevertrag kein beliebiger, sondern durchs Gesetz der Menschheit notwendiger Vertrag, d.i. wenn Mann und Weib einander ihren Geschlechtseigenschaften nach wechselseitig genießen wollen, so müssen sie sich notwendig verehlichen, und dieses ist nach Rechtsgesetzen der reinen Vernunft notwendig." (I, 2, § 24, S. 82)
"Denn der natürliche Gebrauch, den ein Geschlecht von den Geschlechtsorganen des anderen macht, ist ein Genuß, zu dem sich ein Teil dem anderen hingibt. In diesem Akt macht sich ein Mensch selbst zur Sache, welches dem Rechte der Menschheit an seiner eigenen Person widerstreitet. Nur unter der einzigen Bedingung ist dieses möglich, daß, indem die eine Person von der anderen gleich als Sache erworben wird, diese gegenseitig wiederum jene erwerbe; denn so gewinnt sie wiederum sich selbst und stellt ihre Persönlichkeit wieder her. Es ist aber der Erwerb eines Gliedmaßes am Menschen zugleich Erwerbung der ganzen Person, - weil diese eine absolute Einheit ist; - folglich ist die Hingebung und Annehmung eines Geschlechts zum Genuß des andern nicht allein unter der Bedingung der Ehe zulässig, sondern auch allein unter derselben möglich." (I, 2, § 25, S. 82)

Wie Kant unterscheidet Fichte ebenfalls zwischen dem Fortpflanzungszweck, der durch den Geschlechtstrieb erreicht wird, und dem Zweck der Ehe:

"Auch ist die Fortdauer der Ehe keineswegs durch die Befriedigung dieses Triebs bedingt; dieser Zweck kann ganz wegfallen, und dennoch die eheliche Verbindung in ihrer ganzen Innigkeit fortdauern." (§ 8, S. 310)

Im Gegensatz zu Kant aber betrachtet er die Ehe als frei von jedem heteronomen Zweck:

"Die Philosophen haben sich für verbunden erachtet, einen Zweck der Ehe anzugeben, und die Frage auf sehr verschiedene Weise beantwortet. Aber die Ehe hat keinen Zweck außer ihr selbst; sie ist ihr eigner Zweck. (...) So wenig die Existenz des Menschen überhaupt auf irgendeinen sinnlichen Zweck zu beziehen ist, so wenig ist es die notwendige Weise derselben, die Ehe." (§ 8, S. 310)

Während Kant den vorherigen Ehevertrag zur notwendigen Bedingung des Geschlechtsverkehrs macht, löst Fichte die Ehe, deren Notwendigkeit auch er betont, weitgehend aus dem Bereich des Rechts und fundiert sie umgekehrt im Geschlechtsverkehr, der, als Zeichen der Liebe, die Ehe erst begründet.

"Die Ehe ist sonach kein erfundener Gebrauch, und keine willkürliche Einrichtung, sondern sie ist ein durch Natur, und Vernunft in ihrer Vereinigung notwendig, und vollkommen bestimmtes Verhältnis. (...)
Um die Ehe zu errichten, oder zu bestimmen, damit hat das Rechtsgesetz nichts zu tun, sondern die weit höhere Gesetzgebung der Natur und Vernunft, welche durch ihre Produkte dem Rechtsgesetze erst ein Gebiet verschafft. Die Ehe bloß als eine juridische Gesellschaft ansehen, führt auf unschickliche und unsittliche Vorstellungen. (...) Erst muß eine Ehe da sein, ehe von einem Eherechte, so wie erst Menschen da sein müssen, ehe vom Rechte überhaupt die Rede sein kann." (§ 9, S. 311)
"Der Beischlaf ist die eigentliche Vollziehung der Ehe; durch ihn unterwirft das Weib erst ihre ganze Persönlichkeit dem Manne; und zeigt ihm ihre Liebe, von welcher ja das ganze beschriebene Verhältnis zwischen Eheleuten ausgeht. Wo dieser geschehen ist, da ist die Ehe vorauszusetzen; (...) wo er nicht geschehen ist, da kann jede andere Verbindung, nur nicht eine wahre Ehe stattfinden. (...) Selbst die *Trauung*, wenn sie, wie der Sittsamkeit gemäß ist, der Vollziehung der Ehe vorhergeht, macht nicht die Ehe, sondern sie anerkennt nur die später zu schließende Ehe im voraus juridisch." (§ 14, S. 319f.)

Hat sich jedoch eine Frau ohne vorherige Heirat aus Liebe hingegeben, ist damit "eine Ehe wirklich vollzogen". Der Staat ist dann verpflichtet, die Ehre der Frau zu schützen, und den Mann gegebenenfalls mit Zwang zur Trauung anzuhalten. "Er wird nicht etwa zur Ehe gezwungen, denn diese hat er schon wirklich geschlossen, sondern nur zur öffentlichen Erklärung seiner Ehe." (§ 23, S. 328)

Verweigert andererseits die Frau in der Ehe den Beischlaf, beweist das ihren Mangel an Liebe "und ist insofern ein Rechtsgrund der Trennung. Die Liebe geht aus von dieser Unterwerfung der Frau, und diese Unterwerfung bleibt die fortdauernde Äußerung der Liebe." (§ 29, S. 334)

Der umgekehrte Fall jedoch, die "Klage über versagte eheliche Pflicht von seiten des / Weibes ist eine ihr Geschlecht entehrende Klage, eine Sünde gegen die Natur". (§ 30, S. 336)

Im Gegensatz zu Kant, der in den *Metaphysischen Anfangsgründen der Tugendlehre* "kasuistisch" die Frage aufwirft - und offen läßt -, ob Geschlechtsverkehr ohne Bezug auf den Naturzweck erlaubt sei, etwa während der Schwangerschaft oder bei Sterilität[22], behandelt Fichte dieses Problem nicht explizit. Er ignoriert, daß seit der Mitte des 18. Jahrhunderts empfängnisverhütende Praktiken immer weitere Verbreitung finden[23] und geht von einer automatischen Erfüllung des Naturzwecks durch den Geschlechtstrieb aus:

"Indes die Menschen auf nichts ausgehen, als diesen Trieb zu befriedigen, wird durch die natürlichen Folgen dieser Befriedigung ohne weiteres Zutun des Menschen der Naturzweck erreicht." (§ 1, S. 299)

Damit vermeidet Fichte ein Dilemma, das sich aus der Bestimmung der Ehe als ihr eigener Zweck und nicht zur Zeugung von Kindern einerseits und den Interessen des Staates andererseits ergeben könnte, denn:

"Die Möglichkeit des Staats beruht auf der ziemlich gleichmäßigen Fortdauer seiner Volksmenge; denn Schutz, Abgaben, Kraft, sind berechnet auf diese Volksmenge. Wenn nun dieselbe durch die Sterblichkeit sich immerfort verminderte, so träfe diese Berechnung nicht zu; es entstünde Unordnung, und endlich, nachdem nur noch wenige übrig wären, hörte der Staat ganz auf. Diese gleichmäßige Fortdauer aber hängt davon ab, daß in die Stelle der verstorbenen neue Bürger treten." (§ 46, S. 357)

Hier nähert sich Fichte indirekt der Kleistschen Argumentation: Wenn er auch auf Grund seiner Definition der Ehe nicht wie Kleist die Erfüllung des Naturzwecks anmahnen kann, sondern sie als zwangsläufiges Resultat der sexuellen Begegnung beschreibt, erkennt er doch ihre Bedeutung für die Existenz und Fortdauer des Staates an. Die Erfüllung des Naturzwecks erscheint als Leerstelle in seinen demographischen Ausführungen; Fichte übergeht die Zeugung und handelt stattdessen von der Erziehung.

"Jeder Staatsbürger verspricht im Bürgervertrage alle Bedingungen der Möglichkeit des Staats aus allen Kräften zu befördern: sonach auch die eben genannte. Diese kann er am besten dadurch befördern, daß er Kinder erzieht, zur Geschicklichkeit und Tauglichkeit für allerlei vernünftige Zwecke." (§ 46, S. 357)

Da das Verhältnis zwischen Eltern und Kindern jedoch wie die Ehe nicht rechtlich, "sondern durch Natur und Sittlichkeit bestimmt" ist (§ 39, S. 350), haben die Kinder kein Zwangsrecht auf Erziehung, die Eltern keine Zwangspflicht dazu.

Kleist übt, den "Schauplatz der Ehe" (II 512) betreffend, schon in den frühesten Briefen an Wilhelmine Kritik an höfischen und städtischen Sitten und vertritt stattdessen eine Lebensführung nach Rousseauschen Maximen[24], was in dem Plan gipfelt, sich als Bauer in der Schweiz niederzulassen. Die Idee eines 'naturgemäßen Lebens' soll sein berufliches Scheitern kaschieren[25]; schon früher sind seine Lobpreisungen eines zurückgezogenen Daseins häufig mit dem Wunsch verknüpft, seine Berufsunwilligkeit zu legitimieren.[26]

Auch die Parole "weg mit allen Vorurteilen, weg mit dem Adel, weg mit dem Stande" (II 587) ist weniger Ausdruck einer bürgerlichen Gesinnung als ökonomischer Probleme. Sie resultiert gerade aus der Unzufriedenheit darüber, daß seine Vermögensverhältnisse ihn zwingen, wie ein Bürgerlicher ein Amt anzunehmen, um seiner Braut ein standesgemäßes Leben bieten zu können.

Die Idee eines bürgerlich-intimen Familienlebens äußert Kleist nur einmal:

"Aber der Aufenthalt bei T[ante] M[assow] und die Verknüpfung unsrer Wirtschaft mit der ihrigen, würde uns doch so abhängig machen, uns so in ein fremdes Interesse verflechten, und unsre Ehe so ihr Eigentümliches, nämlich eine *eigne* Familie zu bilden, rauben, daß ich Dich bloß an alle diese Übel erinnern zu brauchen glaube, um Dich zu bewegen, diesen Vorschlag aufzugeben.
Dagegen könnte ich bei meiner Majorennität das ganze Haus selbst übernehmen und bewirtschaften, woraus mancher Vorteil vielleicht entspringen könnte. Ich könnte auch in der Folge ein akademisches Lehramt in Frankfurt übernehmen, welches noch das einzige wäre, zu dem ich mich gern entschließen könnte." (II 599f.)

Da er aber die Voraussetzungen einer bürgerlichen Existenz, eine ökonomische Basis durch eigene Berufstätigkeit zu schaffen, nicht leisten kann, bleibt dieser Plan wie alle anderen Berufspläne unausgeführt.

Die Unfähigkeit, sich öffentlich und privat - als Ehemann und Vater - zu etablieren, scheint auf eine psychische Indisponiertheit zurückzugehen. Als Grund für die rätselhafte Würzburger Reise werden neben der schon erwähnten Phimose-Behandlung verschiedene psychosexuelle Störungen angenommen.[27] Max Morris führt an, Kleist habe unter psychischer Impotenz gelitten, die durch Schuldgefühle wegen masturbatorischer Aktivitäten hervorgerufen wurde.[28] Isidor Sadger vertritt die These, Kleist sei bisexuell gewesen, "wenn auch mit stark vortretender Neigung zum eignen Geschlechte"[29]. Dabei sei ihm seine Homosexualität nie bewußt geworden, er habe stets geglaubt, Freundschaft für einen Mann zu empfinden, wenn er ihn liebte. Auch Fritz Wittels kommt zu dem Schluß, Kleist habe zeit seines Lebens versucht, seine passive Homosexualität abzuwehren.[30] Zuletzt hat Hans Dieter Zimmermann die Annahme von Kleists Homosexualität wieder aufgegriffen. Wichtigstes Indiz ist ihm dabei ein Brief, den Brockes wahrscheinlich an Kleist gerichtet hat.

> "Du hast es an Dir selbst erfahren, wie mannigfaltig die Sophistereien sind, wodurch die aufgeregte Sinnlichkeit der Jugend ihre Befriedigung mit der Vermeidung der gefährlichen Folgen derselben zu vereinigen hofft, und wenn sie nicht hinreichend über alles, was dahin gehört, unterrichtet wird, fast immer ein Opfer ihres Irrtums und der Verführung sein muß. Nimm ferner Deine besondere Lage, die so wenig Hoffnung Dir gab, rechtmäßigerweise eine so mächtige Neigung wie diese zu befriedigen und schon an dieser Hoffnung einen nicht unbedeutenden Widerstand verlor; Deine äußeren Vorzüge, welche die Verführung reizen mußten, wie Du so oft es erfuhrst; Dein Temperament, die Weichheit und Zärtlichkeit Deines Herzens, das so lange Dich in dem Irrtum ließ, als wenn es nur rechtmäßige Wünsche nährte, und dann plötzlich zu spät, es inne ward, daß es sich selbst betrogen hatte. Sollte es viele geben, die unter gleichen Umständen stärker sein können, als Du es warst?
> Trage nun mit ruhiger Ergebung und ohne Klage die freilich oft drückenden Folgen Deiner ehemaligen Handlungen und sei gewiß überzeugt, daß Dein wahres Glück durch sie nicht gestört, sondern vielmehr gewiß befördert werde. Du sagst, wie sehr es Dich doch kränken müsse, anderen, die ohne eigenes Verdienst der Verführung entgangen sind, in der Fülle der Gesundheit und des eigenen Friedens ihre Jahre genießen zu sehen, die Dir durch ihr Glück wie auch ihren verachtenden Blick Hohn zu sprechen scheinen, indes Dir auf jedem Schritte Demütigung begegnet und jede auch erlaubte Freude vergällt wird."[31]

Zimmermann schließt aus diesem Brief, daß Kleist von älteren Internatsfreunden oder Regimentskameraden verführt wurde, "möglicherweise nicht ohne Gewalt"[32]. Sadger, der denselben Brief zitiert, interpretiert die Verführung als Verführung zur Onanie.[33] Wenn man bedenkt, welches Gewicht der Kampf gegen die kindliche Onanie durch die Veränderung des Sexualitätsdispositivs im 18. Jahrhundert erhalten hat[34], erscheint es plausibel, daß allein die Tatsache der - vielleicht gemeinsamen - Onanie ausreichte, um Schuldgefühle und psychosomatische Störungen hervorzurufen; dazu bedurfte es keiner Vergewaltigung.

Nach der Lösung der Verlobung unterhält Kleist engere und längerfristige Beziehungen nur zu Frauen, die für ihn sexuell tabu sind, zur Halbschwester Ulrike und zu seiner angeheirateten Cousine Marie von Kleist. Den "im Leben nicht herstellbaren Kontakt"[35] realisiert er erst im gemeinsamen Tod mit Henriette Vogel.

Anmerkungen

Kleist-Zitate nach der Ausgabe von Helmut Sembdner, *Heinrich von Kleist. Sämtliche Werke und Briefe*, München [8]1985 ([1]1952). Die Bandzahl wird mit römischer, die Seitenzahl mit arabischer Ziffer angegeben.

Wenn nicht anders verzeichnet, richten sich die in diesem Kapitel zitierten Briefe alle an Wilhelmine von Zenge.

[1] "Die Gattungsnachteile des Briefs gegenüber dem Gespräch, also Distanz, Phasenverzug, Verhinderung spontaner Reaktion und Konversation, gedankliche und sprachliche Verfestigung durch die Schriftform, scheinen hier geradezu als Vorzüge geschätzt und instrumentalisiert worden zu sein." Hans Jürgen Schrader, *Unsägliche Liebesbriefe. Heinrich von Kleist an Wilhelmine von Zenge*, in: *Kleist-Jahrbuch 1981/82*, S. 86-96, hier S. 88 f.

[2] Zu Kleists Bildungsbegriff vgl. Hans Joachim Kreutzer, *Die dichterische Entwicklung Heinrichs von Kleist. Untersuchungen zu seinen Briefen und zu Chronologie und Aufbau seiner Werke*, Berlin 1968, S. 72-75

[3] Wilhelm Roessler, *Die Entstehung des modernen Erziehungswesens in Deutschland*, S. 277

[4] S. hierzu: Friedrich A. Kittler, *"Erziehung ist Offenbarung". Zur Struktur der Familie in Lessings Dramen*, in: *Jahrbuch der deutschen Schillergesellschaft*, 21 (1977), S. 111-137, besonders S. 121-125

[5] Vgl. Friedrich A. Kittler, *Zur Sozialisation Wilhelm Meisters*, S. 69

[6] Helmut Sembdner weist in seinem Kommentar zu den Kleist-Briefen auf die Anklänge an Goethes *Werther* und Wielands *Sympathien* hin (II, 969).

[7] Kleist gibt den 10. Oktober als seinen Geburtstag an, während im Kirchenbuch der Garnison Frankfurt a.d.O. der 18. Oktober vermerkt ist (vgl. *Lebensspuren*, Nr. 1, S. 15). Frank Haase sieht in der falschen Datierung einen Irrtum, der Kleist unterlaufe, weil ihm die Mutter seinen Geburtstag gar nicht genannt, oder er ihn vergessen habe (*Kleists Nachrichtentechnik*, S. 43). Hans Jürgen Schrader dagegen nimmt eine bewußte Umdatierung an, die erfolgt, als der Zweck der Würzburger Reise, eine Phimose-Behandlung, erreicht ist: "Kleist (...) scheint hier den Tag seiner allegorischen Wiedergeburt, den Beginn eines neuen Lebens durch die Würzburger Operation gefeiert zu haben (...)" (*"Denke Du wärest in das Schiff meines Glückes gestiegen". Widerrufene Rollenentwürfe in Kleists Briefen an die Braut*, in: *Kleist-Jahrbuch 1983*, S. 122-179, hier S. 151.)
Auch den Geburtstag der Verlobten datiert Kleist falsch, er gibt den 18. statt den 20. August an. (II 574 u. 969)

[8] Kleist fährt im selben Brief fort: "O lege den Gedanken wie einen diamantenen Schild um Deine Brust: *ich bin zu einer Mutter geboren!* Jeder andere Gedanke, jeder andere Wunsch fahre zurück von diesem undurchdringlichen Harnisch. Was könnte Dir sonst die Erde für ein Ziel bieten, das nicht verachtungswürdig wäre? Sie hat nichts was Dir einen Wert geben kann, wenn es nicht die *Bildung edler Menschen* ist. Dahin richte Dein heiligstes Bestreben! Das ist das einzige, was Dir die Erde einst verdanken kann. Gehe nicht von ihr, wenn sie sich schämen müßte, Dich nutzlos durch ein Menschenalter getragen zu haben! Verachte alle die niederen Zwecke des Lebens. Dieser einzige wird Dich über alle erheben. In ihm wirst Du Dein wahres Glück finden, alle andern können Dich nur auf Augenblicke vergnügen. Er wird Dir *Achtung für Dich selbst* einflößen, alles andere kann nur Deine Eitelkeit kitzeln; und wenn Du einst an seinem Ziele stehst, so wirst Du mit Selbstzufriedenheit auf Deine Jugend zurückblicken, und nicht wie tausend andere unglückliche Geschöpfe Deines Geschlechts die versäumte Bestimmung und das versäumte Glück in bittern Stunden der Einsamkeit beweinen." (II 577)

[9] Frank Haase, *Kleists Nachrichtentechnik*, S. 52. Auch Isidor Sadger konstatiert eine Konzentration auf Wilhelmines mütterliche Qualitäten (*Heinrich von Kleist. Eine pathographisch-psychologische Studie*, Wiesbaden 1910, S. 27 u. 31), führt dies aber auf ein psychisches Problem zurück. Kleist habe in seinen Liebesobjekten immer die

eigene Mutter gesucht, gerade auch bei seinen männlichen Bezugspersonen. (Ebd., S. 32)

[10] Frank Haase, *Kleists Nachrichtentechnik*, S. 54

[11] Der Brief, den Kleist im Mai 1799 an seine heiratsunwillige Schwester Ulrike richtet, erscheint wie eine Präfiguration der späteren Briefe an die Braut:
"Wie? Du wolltest nie Gattin und Mutter werden? Du wärst entschieden, Deine höchste Bestimmung nicht zu erfüllen, Deine heiligste Pflicht nicht zu vollziehen? (...) gib jenen unseligen Entschluß auf, wenn Du ihn gefaßt haben solltest. Du entsagst mit ihm Deiner höchsten Bestimmung, Deiner heiligsten Pflicht, der erhabensten Würde, zu welcher ein Weib emporsteigen kann, dem einzige Glücke, das Deiner wartet.
Und wenn Mädchen wie Du sich der heiligen Pflicht Mütter und Erzieherinnen des Menschengeschlechts zu werden, entziehen, was soll aus der Nachkommenschaft werden? Soll die Sorge für künftige Geschlechter nur der Üppigkeit feiler oder eitler Dirnen überlassen sein? Oder ist sie nicht vielmehr eine heilige Verpflichtung tugendhafter Mädchen? - Ich schweige, und überlasse es Dir, diesen Gedanken auszubilden. - " (II 491-493)

[12] Später macht Kleist nur noch gelegentlich kurze, fast immer unpersönliche Anmerkungen zum Thema 'Familie'.
Eine der vielen Hymnen auf das häusliche Glück: "Wollte ich mir darum Ehrenstellen erwerben und mich darum mit Ordensbändern behängen, um Staat zu machen damit vor meinem Weibe und meinen Kindern?" (II 585, Brief vom 13. November 1800)
Nur noch einmal spielt Kleist auf die neue mütterliche Aufgabe zu bilden an: "Denn der Mensch und die Kenntnis seines ganzen Wesens muß Dein höchstes Augenmerk sein, weil es einst Dein Geschäft sein wird, Menschen zu bilden." (II 596, Brief vom 18. November 1800)
Eine Reflexion über die Konsequenzen der 'weiblichen Bestimmung' für den Mann: "Wenn Du sie verlässest, sagte ich mir, wird sie dann wohl glücklicher sein? Ist sie nicht doch auch dann um die Bestimmung ihres Lebens betrogen? Wird sich ein andrer Mann um ein Mädchen bewerben, dessen Verbindung weltbekannt ist? Und wird sie einen andern Mann lieben können, wie mich - ?" (II 668, Brief vom 21. Juli 1801)
Statt kleinfamilialer Intimität wird ein Bild unpersönlicher 'Arterhaltung' evoziert: "... andern das Leben geben, damit sie es wieder so machen und die Gattung erhalten werde - und dann sterben - Dem hat der Himmel ein Geheimnis eröffnet, der das tut und weiter nichts." (II 683, Brief vom 15. August 1801)
Im 'Geburtstagsbrief' von 1801 hat ein altes patriarchales Gesetz das neue Bild der Mütterlichkeit verdrängt. Der Erzeuger ist in den Mittelpunkt gerückt, während von der Mutter überhaupt keine Rede ist. "Unter den persischen Magiern gab es ein religiöses Gesetz: ein Mensch könne nichts der Gottheit Wohlgefälligeres tun, als dieses, ein Feld zu bebauen, einen Baum zu pflanzen, und ein Kind zu zeugen. - Das nenne ich Weisheit, und keine Wahrheit hat noch so tief in meine Seele gegriffen, als diese. Das *soll* ich tun, das weiß ich *bestimmt* -" (II 694, Brief vom 10. Oktober 1801)
Ein zaghafter Harmonisierungsversuch beschließt den Brief: "Mein Plan ist, den Winter noch in dieser traurigen Stadt zuzubringen, dann auf das Frühjahr nach der Schweiz zu reisen, und mir ein Örtchen auszusuchen, wo es Dir und mir und unsern Kindern einst wohlgefallen könnte." (II 696)
Hans Jürgen Schrader erklärt den veränderten Diskurs mit einer psychologischen Mutmaßung: "Seine [Kleists] Zuversicht scheint aber schon die Rückkehr nach Berlin nicht lange überdauert zu haben, durch alle alten Skrupel um die Erfüllbarkeit der 'heiligsten Ansprüche' seiner künftigen Gattin wieder vertrieben worden zu sein, sei es berechtigterweise infolge eines zu späten oder doch nicht ganz geglückten Eingriffs, sei es eingebildetermaßen. Denn die gegenüber der Schwester Ulrike ebenso unwillkommen wie fortdauernd eingeschärfte höchste Bestimmung der Frau zur

Mutterschaft bleibt der eigenen Braut gegenüber nach der Würzburger Reise unerwähnt.

Schon bei der ersten Formulierung der von nun an leitmotivisch wiederholten bzw. variierten Trias seiner Lebenswünsche ist von Kindersegen nicht mehr die Rede." (*"Denke Du wärest in das Schiff meines Glückes gestiegen"*, S. 139)

Schrader hat hier die Trias "ein Feld zu bebauen, einen Baum zu pflanzen, und ein Kind zu zeugen" (II 694) übersehen, die er jedoch in seine zusammenfassende Auflistung der wechselnden Wünsche aufgenommen hat (ebd. S. 169). Sie spricht wie die nach der Lösung der Verlobung gegenüber der Schwester geäußerte Trias "ein Kind, ein schön Gedicht, und eine große Tat" (II 725, Brief vom 1. Mai 1802) eher für die symbolische als reale Bedeutung des Kinderwunsches.

[13] Schon Wolf Kittler hat auf die Entsprechungen der beiden Diskurse verwiesen (*Die Geburt des Partisanen*, S. 52-55), gleichwohl sollen hier die wesentlichen Passagen noch einmal aufgeführt werden, da sie den philosophischen Kontext der Kleistschen Ausführungen transparent machen.

[14] Karin Hausen, *Die Polarisierung der "Geschlechtscharaktere"*, S. 367

[15] Ebd., S. 367

[16] Vgl. Kleists Brief an Wilhelmine vom 10. Oktober 1801: "... weil Dein Geschlecht ein leidendes ist -" (II 692)

Auch die Folgerung: "das zweite Geschlecht steht der Natureinrichtung nach um eine Stufe tiefer, als das erste" (§ 3, S. 302) findet sich in einem Brief an die Schwester: "Kannst Du Dich dem allgemeinen Schicksal Deines Geschlechtes entziehen, das nun einmal seiner Natur nach die zweite Stelle in der Reihe der Wesen bekleidet?" (II 493, Brief vom Mai 1799)

[17] Friedrich Schlegel zitiert nach Paul Kluckhohn, *Die Auffassung der Liebe in der Literatur des 18. Jahrhunderts und in der deutschen Romantik*, Halle (Saale) [2]1931, S. 351

[18] Johann Gottlieb Fichte, *Das System der Sittenlehre nach den Prinzipien der Wissenschaftslehre*. (1798) Neudruck 1962 auf der Grundlage der zweiten von Fritz Medicus herausgegebenen Auflage von 1922. Mit Einleitung und Registern von Manfred Zahn, Hamburg 1963, § 27, S. 330.

[19] Fichte dagegen leitet die Heiratspflicht der Frau aus ihrer Bestimmung zu lieben ab. Vgl. *Grundlage des Naturrechts*, § 37, S. 345

[20] *Allgemeines Landrecht für die Preußischen Staaten von 1794*, hg. v. Hans Hattenhauer, Frankfurt a.M./Berlin 1970. Alle weiteren diesbezüglichen Zitate sind dieser Ausgabe entnommen.

[21] Immanuel Kant, *Die Metaphysik der Sitten* (1797), in: *Kants Werke*, hg. v. Ernst Cassirer, Bd. VII: *Die Metaphysik der Sitten*, hg v. Benzion Kellermann, Berlin 1916 (Neudruck: Hildesheim 1973)

[22] Immanuel Kant, *Die Metaphysik der Sitten*, II, 1, § 7, S. 237f.

[23] Vgl. zum Thema Empfängnisverhütung im 18. Jahrhundert: Jean-Louis Flandrin, *Familien. Soziologie - Ökonomie - Sexualität*, S. 225-273, passim

[24] Vgl. den Brief vom 16. August 1800: "Als ich hinein fuhr in das Tor im Halbdunkel des Abends, und die hohen weiten Gebäude anfänglich nur zerstreut und einzeln umher lagen, dann immer dichter und dichter, und das Leben immer lebendiger, und das Geräusch immer geräuschvoller wurde, als ich nun endlich in die Mitte der stolzen Königsstadt war, und meine Seele sich erweiterte um so viele zuströmende Erscheinungen zu fassen, da dachte ich: wo mag wohl das liebe Dach liegen, das einst mich und mein Liebchen schützen wird? Hier an der stolzen Kolonnade? dort in jenem versteckten Winkel? oder hier an der offnen Spree? Werde ich einst in jenem weitläufigen Gebäude mit vierfachen Reihen von Fenstern mich verlieren, oder hier in diesem kleinen engen Häuschen mich immer wieder finden? Werde ich am Abend, nach vollbrachter Arbeit, hier durch dieses kleine Gäßchen, mit Papieren unter dem Arm zu Fuß nach meiner Wohnung gehen, oder werde ich mit Vieren stolz durch diese prächtige Straße vor jenes hohe Portal rollen? Wird mein liebes Minchen, wenn ich still in die Wohnung treten will, mir von oben herab freundlich zuwinken, und auf dieser dunkeln Treppe mir entgegenkommen, um

früher den Kuß der Liebe auf die durstenden Lippen zu drücken, oder werde ich sie in diesem weiten Palast suchen und eine Reihe von Zimmern durchwandern müssen, um sie endlich auf dem gepolsterten Sofa unter geschmückten und geschminkten Weibern zu finden? Wird sie hier in diesem dunkeln Zimmer nur den dünnen Vorhang zu öffnen brauchen, um mir den Morgengruß zuzulächeln, oder wird sie von dem weitesten Flügel jenes Schlosses her am Morgen einen Jäger zu mir schicken, um sich zu erkundigen, wie der Herr Gemahl geschlafen habe? -- Ach, liebes Minchen, nein, gewiß, gewiß wirst Du das letzte nicht. Was auch die Sitte der Stadt für Opfer begehrt, die Sitte der Liebe wird Dir gewiß immer heiliger sein, und so mag denn das Schicksal mich hinführen, wohin es will, hier in dieses versteckte Häuschen oder dort in jenes prahlende Schloß, eines finde ich gewiß unter jedem Dache, *Vertrauen* und *Liebe*.

Aber, unter uns gesagt, je öfter ich Berlin sehe, je gewisser wird es mir, daß diese Stadt, so wie alle Residenzen und Hauptstädte kein eigentlicher Aufenthalt für die Liebe ist. Die Menschen sind hier zu zierlich, um wahr, zu gewitzigt, um offen zu sein. Die Menge von Erscheinungen stört das Herz in seinen Genüssen, man gewöhnt sich endlich in ein so vielfaches eitles Interesse einzugreifen, und verliert am Ende sein wahres aus den Augen." (II 516f.)

25 Einige Briefstellen verraten jedoch Kleists wahre Beweggründe: "Dazu kommt, daß mir auch, vielleicht durch meine eigne Schuld, die Möglichkeit, eine neue Laufbahn in meinem Vaterlande zu betreten, benommen. Wenigstens würde ich ohne Erniedrigung kaum, nachdem ich zweimal Ehrenstellen ausgeschlagen habe, wieder selbst darum anhalten können. (...) Ohne ein Amt in meinem Vaterlande zu leben, könnte ich jetzt auch wegen meiner Vermögensumstände fast nicht mehr. (...) Ach, Wilhelmine, welch ein unsägliches Glück mag in dem Bewußtsein liegen, seine Bestimmung *ganz* nach dem Willen der Natur zu erfüllen! Ruhe vor den Leidenschaften!! Ach, der unselige Ehrgeiz, er ist ein Gift für alle Freuden. - Darum will ich mich losreißen, von allen Verhältnissen, die mich unaufhörlich zwingen zu streben, zu beneiden, zu wetteifern. Denn nur *in* der Welt ist es schmerzhaft, wenig zu sein, außer ihr nicht. - Was meinst Du, Wilhelmine, ich habe noch etwas von meinem Vermögen, wenig zwar, doch wird es hinreichen mir etwa in der Schweiz einen Bauernhof zu kaufen, der mich ernähren kann, wenn ich selbst arbeite." (II 693-695, Brief vom 10. Oktober 1801)

Im letzten Brief vor der Trennung: "Ich kann nicht ohne Kränkung, an alle die Hoffnungen denken, die ich erst geweckt, dann getäuscht habe - und ich sollte nach Frft. zurückkehren?" (II 706, Brief vom 2. Dezember 1801)

26 "Aber das Entscheidenste ist dieses, daß selbst ein Amt, und wäre es eine Ministerstelle, mich nicht glücklich machen kann. *Mich* nicht, Wilhelmine - denn eines ist gewiß, ich bin einmal in meinem Hause glücklich, oder niemals, nicht auf Bällen, nicht im Opernhause, nicht in Gesellschaften, und wären es die Gesellschaften der Fürsten, ja wäre es auch die Gesellschaft unsres eignen Königs -- und wollte ich darum *Minister* werden, um *häusliches Glück* zu genießen? Wollte ich darum mich in eine Hauptstadt begraben und mich in ein Chaos von verwickelten Verhältnissen stürzen, um still und ruhig bei meiner Frau zu leben? Wollte ich mir darum Ehrenstellen erwerben und mich darum mit Ordensbändern behängen, um Staat zu machen damit vor meinem Weibe und meinen Kindern?" (II 585, Brief vom 13. November 1800)

"Liebe Wilhelmine, vergißt Du denn, daß ich nur darum so furchtsam bin, ein Amt zu nehmen, weil ich fürchte, daß wir beide darin nicht recht glücklich sein würden? Vergißt Du, daß mein ganzes Bestreben dahin geht, Dich und mich *wahrhaft* glücklich zu machen? Willst Du etwas anderes, als bloß häusliches Glück? Und ist es nicht der einzige Gegenstand meiner Wünsche, Dir und mir dieses Glück, aber ganz uneingeschränkt zu verschaffen?" (II 599, Brief vom 22. November 1800)

27 Nach Klaus Birkenhauer ist die Reise dagegen politischer Natur gewesen: Kleist habe Industriespionage betrieben. (*Kleist*, Tübingen 1977, S. 102ff.) Wahrscheinlich ist eine Kombination politischer und persönlicher Motive, wie sie von Heinz Politzer (*Auf der Suche nach Identität. Zu Heinrich von Kleists Würzburger Reise* (1967), in:

Kleists Aktualität. Neue Aufsätze und Essays 1966 - 1978, hg. v. Walter Müller-Seidel, Darmstadt 1981, S. 55-76), Frank Haase (*Kleists Nachrichtentechnik*, S. 18) und Hans Dieter Zimmermann (*Kleist, die Liebe und der Tod*, S. 103-105) vermutet wird, zutreffend.

[28] Max Morris, *Heinrich von Kleists Reise nach Würzburg*, Berlin 1899, S. 28f.

[29] Isidor Sadger, *Heinrich von Kleist*, S. 18

[30] Fritz Wittels, *Heinrich von Kleist - Prussian Junker and Creative Genius*, in: *The Literary Imagination. Psychoanalysis and the Genius of the Writer*, Chicago 1965, S. 23-42
"... Kleist all through his short life had to run away from his homosexual tendencies; most of the time latent, but occasionally breaking through as overt perversion, he was haunted by them as by the Eumenides. And we reach the conclusion that Kleist resigned from the army because its touch of latent and overt homosexuality was too much for him." (Ebd., S. 27f.)
"Kleist lived in a continuously repeated homosexual panic." (Ebd., S. 33)

[31] Zitiert nach Hans Dieter Zimmermann, *Kleist, die Liebe und der Tod*, S. 49f.

[32] Ebd., S. 50

[33] Isidor Sadger, *Heinrich von Kleist*, S. 18

[34] Vgl. Michel Foucault, *Sexualität und Wahrheit*. Bd. 1: *Der Wille zum Wissen*, Frankfurt a.M. 1977 (frz. *Histoire de la sexualité. 1: La volonté de savoir*, 1976): "Die Pädagogen und die Mediziner haben die Onanie der Kinder wie eine Epidemie bekämpft, die es einzudämmen galt." (Ebd., S. 56f.)
Dieser Kampf bezog sich zunächst auf die Kinder der privilegierten Klassen: "Und der Heranwachsende, der in geheimer Lust seine künftige Substanz vergeudet, das onanierende Kind, das die Ärzte und Erzieher vom Ende des 18. bis zum Ende des 19. Jahrhunderts so beunruhigte - das war nicht das Kind des Volkes, der künftige Arbeiter, dem man die Disziplinen des Körpers hätte beibringen müssen; das war der Kollegiat, das von Dienern, Hofmeistern und Gouvernanten umgebene Kind, das weniger physische Kräfte als intellektuelle Fähigkeiten zu verlieren drohte: eine moralische Aufgabe und die Verpflichtung, seiner Familie und seiner Klasse eine gesunde Nachkommenschaft zu sichern." (Ebd., S. 145f.)

[35] Gerhard Schmidt, *Der Todestrieb bei Heinrich von Kleist*, in: *Münchener Medizinische Wochenschrift*, Jg. 112, H. 16, München 1970, S. 758-763, hier S. 763. Schmidt interpretiert das gemeinsame Sterben als Kompensation des Nachholbedarfs an sexuellem Kontakt.

III. Interpretation

1. Das Erdbeben in Chili

"Eine gesunde Mutter ist ihr Kind selbst zu säugen verpflichtet.
Wie lange sie aber dem Kinde die Brust reichen solle, hängt von der Bestimmung des Vaters ab." (ALR II 2 § 67 u. 68, S. 384)

Die Festschreibung mütterlicher und väterlicher Kompetenzen, wie sie im Allgemeinen Landrecht für die Preußischen Staaten von 1794 vorgenommen wird, findet ihre poetische Umsetzung in Kleists 1807 erstmalig unter dem Titel *Jeronimo und Josephe* in Cottas *Morgenblatt für gebildete Stände* erschienener Novelle.[1]

Ausgelöst werden die sich überschlagenden Ereignisse auf der privaten Ebene durch die unstatthafte Liebe einer reichen Adelstochter zu ihrem bürgerlichen Hofmeister.[2] Dergleichen Mesalliancen erlaubt auch das Allgemeine Landrecht nicht; die väterliche Einwilligung kann versagt werden, "wenn eine minderjährige Person des Adels oder höhern Bürgerstandes, sich mit einer solchen, die (...) zu einer niedrigen Classe gehört, verheirathen will." (ALR II 1 § 65, S. 347)

Bei Übertretung des Verbotes - sei es, daß ohne Einwilligung geheiratet wurde oder daß durch unehelichen Beischlaf die elterliche Einwilligung erzwungen werden sollte - ist der Vater berechtigt, das Kind bis auf die Hälfte des Pflichtteils zu enterben (vgl. ALR II 1 § 1008 u. II 2 § 413, S. 378 u. S. 396).

Pekuniäres Kalkül könnte den "stolzen Sohn" Don Henrico Asterons veranlaßt haben, seine Schwester zu verraten[3]; der erboste Vater überantwortet sie daraufhin dem Karmeliterkloster, wo die Beziehung zwischen Josephe und Jeronimo heimlich wiederauflebt. Durch Josephes Schwangerschaft[4] und die vor den Augen der Öffentlichkeit einsetzende Geburt[5] spitzen sich die Ereignisse dramatisch zu: Der Erzbischof verurteilt sie zum Tod auf dem Scheiterhaufen, und nur durch die "Gnade" des Vizekönigs wird die Strafe in eine Enthauptung umgewandelt.

Am Tag der Exekution setzt die Novelle ein: Ein Erdbeben verhindert sowohl den Selbstmord des eingekerkerten Jeronimo als auch die Vollstreckung des Urteils an Josephe, während viele Tausende in der Katastrophe den Tod finden. Damit erhebt sich für die Interpreten die Frage nach der Möglichkeit einer metaphorischen Bedeutung des Erdbebens und einem der Novelle inhärenten teleologischen Muster.

Während die ältere Forschung dem Geschehen eine höhere Sinnhaftigkeit zuspricht und damit eine teleologische Ausrichtung des Textes supponiert[6], betonen neuere Interpretationen die Zufälligkeit der Ereignisse und die ihnen implizite Erfahrung der Kontingenz.[7] Aus der parteilichen Wiedergabe der Deutungsversuche der Protagonisten durch den Erzähler ist nicht auf ihren Wahrheitsgehalt zu schließen.[8] Ihre Überlegungen hinsichtlich einer metaphysischen Bedeutung des Geschehens stehen einander zum Teil diametral entgegen und enthüllen nur die jeweils subjektive Perspektive.[9] Sie bezeugen keine transzendente Wahrheit, sondern die in der Epoche begründete Notwendigkeit, die Ereignisse in Bezug auf ein höheres Wesen zu deuten.[10] Der Text bleibt ambigue; dabei resultiert das Flottieren des Sinns nicht nur aus den miteinander konkurrierenden Deutungen der

Protagonisten, sondern auch der Status der Einzeldeutung bleibt durch die häufige Verwendung des konjunktivischen 'als ob' und 'es schien' diffus. Die fehlende Eindeutigkeit ist kein Defizit, sondern eine Qualität - die Unentscheidbarkeit der Bedeutung konstituiert sich im Modus des Textes.

Durch die Wahl des Motivs des Erdbebens und die zahlreichen Allusionen an die Heilsgeschichte scheint der Text gleichwohl auf eine symbolische Ebene hinzudeuten. Das Erdbeben von Santiago de Chile im Jahr 1647 verweist auf das Beben von Lissabon, 1755, dessen geistesgeschichtliche Bedeutung in der Erschütterung des durch Leibniz geprägten Glaubens an die "beste aller möglichen Welten" liegt, den Voltaire in seinem *Poème sur le Désastre de Lisbonne* attackierte.[11]

Die drei Teile der Novelle[12] sind einem triadischen Geschichtsmodell analog angelegt, wobei die Reihenfolge der Phasen differiert. Der Abfolge 'Naturzustand, Übergang zur Gesellschaft und auf höherer Ebene wiedererlangte Natur' steht die Trias 'in die Krise geratene Gesellschaft, Naturglück und Restitution der Gesellschaft' gegenüber. Die Utopie der Versöhnung von Natur und Gesellschaft wird damit für gescheitert erklärt. Zeitgeschichtlich verweist der resignative Schluß auf die Enttäuschung über die Entwicklung der französischen Revolution[13], die auch Kleist teilte[14].

Die gesellschaftlich-politischen Implikationen des Textes sind mit der Zitation heilsgeschichtlicher Motive verquickt. Die Schilderung des Erdbebens, die Gewalt der Naturkatastrophe und die sich daran anschließenden Greueltaten der kopflosen Menge evozieren sowohl Vorstellungen vom Weltende und Jüngsten Gericht, als auch Bilder politischer Anarchie und Mobherrschaft.

> "Man erzählte, wie die Stadt gleich nach der ersten Haupterschütterung von Weibern ganz voll gewesen, die vor den Augen aller Männer niedergekommen seien; wie die Mönche darin, mit dem Kruzifix in der Hand, umhergelaufen wären, und geschrieen hätten: *das Ende der Welt sei da!* wie man einer Wache, die auf Befehl des Vizekönigs verlangte, eine Kirche zu räumen, geantwortet hätte: *es gäbe keinen Vizekönig von Chili mehr!* wie der Vizekönig in den schrecklichsten Augenblicken hätte müssen Galgen aufrichten lassen, um der Dieberei Einhalt zu tun; und wie ein Unschuldiger, der sich von hinten durch ein brennendes Haus gerettet, von dem Besitzer aus Übereilung ergriffen, und sogleich auch aufgeknüpft worden wäre." (II 151f., Hervorhebungen von mir, E.-M. A.-M.)

Auch in der Darstellung der Idylle im Tal mischen sich christliche Paradiesesvorstellungen mit der bürgerlichen Utopie von Freiheit, Gleichheit und Brüderlichkeit in der Vereinigung aller zur Menschheitsfamilie.[15]

> "Sie [Josephe] ging, weil niemand kam, und das Gewühl der Menschen anwuchs, weiter, und kehrte sich wieder um, und harrte wieder; und schlich, viel Tränen vergießend, in ein dunkles, von Pinien beschattetes Tal, um seiner [Jeronimos] Seele, die sie entflohen glaubte, nachzubeten; und fand ihn hier, diesen Geliebten, im Tale, und Seligkeit, *als ob es das Tal von Eden gewesen wäre.*" (II 149, Hervorhebung von mir, E.-M. A.-M.)

> "Auf den Feldern, so weit das Auge reichte, sah man Menschen von allen Ständen durcheinander liegen, Fürsten und Bettler, Matronen und Bäuerinnen, Staatsbeamte und Tagelöhner, Klosterherren und Klosterfrauen: einander bemitleiden, sich wechselseitig Hülfe reichen, von dem, was sie zur Erhaltung ihres Lebens gerettet haben mochten, freudig mitteilen, als ob das allgemeine Unglück alles, was ihm entronnen war, zu *einer* Familie gemacht hätte." (II 152)

Die Konstellation und die Namen der Protagonisten verweisen ebenfalls auf das christologische Modell. Die 'natürliche' und die 'Heilige Familie' sind durch ihren Außenseiterstatus verbunden. Die Protagonisten selber interpretieren ihr Schicksal analog zu dem der Heiligen Familie und wähnen sich unter dem besonderen Schutze Gottes.[16]

Die "'Mutter Gottes' dieser Erzählung"[17] trägt nicht den Namen 'Maria'[18], sondern den Namen des biblischen Adoptivvaters 'Joseph(e)'. An diesem Namen läßt sich in nuce die weitere Entwicklung des Geschehens ablesen: Phonetisch klingt in Josephe 'Eve' an - 'Leben (spendende)', der Name der Urmutter der Menschen. 'Joseph' dagegen bedeutet 'Gott schenke Vermehrung' und verweist damit auf die Substitutionsfunktion des heiligen Joseph; der wahre Vater ist Gott und damit ein geistiges Prinzip. Das mütterlich-natürliche wird durch das väterlich-geistige Prinzip überwunden, wie es sich im Übergang von der matriarchalisch bestimmten biologischen Familie zur patriarchalisch bestimmten Adoptionsfamilie zeigt.[19]

Die Benennung der Protagonisten folgt auch bei Don Fernandos Sohn Juan und seiner Schwägerin Donna Elisabeth dem heilsgeschichtlichen Paradigma - es sind die Namen des Propheten und Vorläufers Jesu und seiner Mutter.[20] Die Leerstelle des Gottessohnes bleibt Philipp vorbehalten, der schon durch seine Geburt am Fronleichnamstag als Substitut Christi prädestiniert scheint. Doch das Ende der Erzählung durchbricht das heilsgeschichtliche Schema: Philipps Eltern werden ermordet, Juan stirbt an seiner Statt, er selbst bleibt verschont.

"Das Erlösungsversprechen, das mit seiner Gestalt gegeben ist, aber erst durch das Opfer seines eigenen Lebens eingelöst werden könnte, wird durch sein Überleben gebrochen. Der Erlöser wird erlöst, aber der erlöste Erlöser ist keiner."[21]

Damit ist es trotz der zahlreichen biblischen Anspielungen nicht möglich, die Novelle als Ganzes analog zur Heilsgeschichte zu deuten. Das heilsgeschichtliche Paradigma wird zitiert und zugleich durchbrochen, der Schein göttlicher Präsenz erweckt und aufgehoben. Die Erzählung entzieht sich jeder eindeutigen Lesart und folgt statt dessen "einem neuen Muster individualisierter und perspektivierter Erfahrung, die nicht mehr nur *eine* Geschichte, sondern viele interferierende oder einander widerstreitende Geschichten zu erzählen weiß."[22]

Eine dieser Geschichten ist die zweier Familien - einer 'natürlichen' Familie, die von Jeronimo, Josephe und Philipp gebildet wird, und einer legitimen Familie, bestehend aus Don Fernando, Donna Elvire und Juan. Während letztere eindeutig patrilinear bestimmt ist - Don Fernando behauptet seine Stellung als Familienoberhaupt auch gegenüber seinem Schwiegervater und seinen Schwägerinnen -, besetzt Jeronimo innerhalb und außerhalb seiner Familie eine eher marginale Position.

Dies ist zum einen in der inferioren gesellschaftlichen Stellung begründet, die der bürgerliche Hauslehrer gegenüber seiner adeligen Umgebung einnimmt.[23] Dementsprechend findet das Gespräch, das zur Aufnahme in die legitime Familie führt, zwischen den Standesgleichen Don Fernando und Donna Josephe statt. Der Standesunterschied zwischen Don Fernando und Jeronimo wiegt dabei schwerer als die patriarchalische Struktur der Gesellschaft, nach der das Gespräch zwischen den beiden Männern geführt werden müßte.

> "Don Fernando (...) fragte: ob sie sich nicht mit ihm zu jener Gesellschaft verfü-
> gen *wollten*, wo eben jetzt beim Feuer ein kleines Frühstück bereitet werde?
> Josephe antwortete, daß sie dies Anerbieten mit Vergnügen annehmen *würde*, und
> folgte ihm, da auch Jeronimo nichts einzuwenden hatte, zu seiner Familie, wo sie
> auf das innigste und zärtlichste von Don Fernandos beiden Schwägerinnen, die
> sie als sehr würdige junge Damen kannte, empfangen *ward*." (II 151,
> Hervorhebungen von mir, E.-M. A.-M.)

Während Don Fernando sich der Form halber an Jeronimo und Josephe wen-
det, zeigt Josephes Antwort, die ohne vorherige Absprache mit Jeronimo erfolgt,
daß ihr die dominante Rolle innerhalb der Beziehung zukommt. Jeronimo hat
auch im übertragenen Sinn "nichts einzuwenden". So wie Josephe die Frage nur
auf sich bezieht und nur für ihre Person antwortet, wird auch die herzliche Be-
grüßung nur ihr zuteil. Ihr gilt das Interesse der Familie, Jeronimo wird lediglich
als ihr Begleiter akzeptiert. Seiner schwachen Stellung gemäß, wird von Jeronimo
auch im weiteren Beisammensein der Familien keine Äußerung überliefert; er
scheint nur zu sprechen, wenn er mit Josephe allein ist. Josephe dagegen behauptet ihre dominante Stellung auch gegenüber der Familie Don Fernandos, indem sie sich mit ihrem Wunsch, den Dankgottesdienst in der Dominikanerkirche
zu besuchen, gegen Donna Elisabeth durchsetzt. Der soziale Status entscheidet
über Reden oder Schweigen; die Verwirklichung der Idee der Gleichheit erweist
sich als gescheitert.[24]

Auch innerhalb des familialen Dreiecks besetzt Jeronimo die schwächste Position. Er ist Josephe erst "nach dem kleinen Philipp, der liebste auf der Welt" (II
149), denn wenn eine Mutter Kinder zu Menschen bilden soll, wird die Rand-
ständigkeit des Vaters zur Regel: "Kind - Mutter - Gatte: so und nicht anders läuft
in spieltheoretischer Exaktheit die Rangfolge der Prioritäten, die den Diskurs
deutscher Bildung regelt."[25]

Dem Sohn muß Jeronimo als Eindringling erscheinen, der seine symbiotische
Einheit mit der Mutter stört.

> "Jeronimo nahm ihn, und hätschelte ihn in unsäglicher Vaterfreude, und ver-
> schloß ihm, da er das fremde Antlitz anweinte, mit Liebkosungen ohne Ende den
> Mund." (II 149)

Selbst in dieser Geste scheint, wenn auch mit dem Impuls der Liebe vermischt,
die patriarchale Gewalt auf, die das Geschehen immer wieder vorantreibt.
Jeronimo kann dabei nur sehr eingeschränkt als Repräsentant des patriarchalen
Prinzips fungieren, da er sich durch die illegitime Beziehung zu Josephe dem
Trieb, der 'mütterlichen' Natur überlassen hat. So ist es nur konsequent, daß er
dem väterlichen Gesetz zum Opfer fällt.

Der Mittelteil der Novelle steht ganz im Zeichen der Mütterlichkeit.[26] Nachdem sie der patriarchalischen Gewalt entronnen sind, suchen Jeronimo und
Josephe Schutz bei Mutterimagines, die sogar die Wahl ihres Zufluchtsortes bestimmen - La Conception, die Empfängnis.

> "Sie beschlossen, sobald die Erderschütterungen aufgehört haben würden, nach La
> Conception zu gehen, wo Josephe eine *vertraute Freundin* hatte, sich mit einem
> kleinen Vorschuß, den sie von ihr zu erhalten hoffte, von dort nach Spanien
> einzuschiffen, wo Jeronimos *mütterliche Verwandten* wohnten, und daselbst ihr

glückliches Leben zu beschließen." (II 150, Hervorhebungen von mir, E.-M. A.-M.)

Josephe selbst wird zum Archetyp der Mutter stilisiert. Obschon sie spricht, ist ihre eigentliche 'Mitteilung'[27] sprachlos - sie stillt und macht damit still.[28]

Die Übernahme des Stillens durch die Mutter seit dem 18. Jahrhundert initiierte eine "Revolution in der Mutterliebe", da die Sorge um das Wohl des Kindes mit ihr einherging. Die traditionelle Übergabe an Lohnammen, die weit von den Eltern entfernt wohnten, bedeutete oft den Tod der Kinder, da diese Frauen aus den ärmsten Bevölkerungsschichten stammten und in katastrophalen sozialen und hygienischen Verhältnissen leben mußten. Sie gingen häufig Schwangerschaften ein, um Milch zu produzieren und damit Arbeit zu haben. Wegen ihres geringen Verdienstes nahmen sie jedoch mehr Kinder in Pflege, als sie tatsächlich nähren konnten, so daß positiv "das Stillen durch die Mutter den Unterschied zwischen Leben und Tod ausmachte".[29]

Josephes Stillen des kleinen Juan basiert auf einer völlig anderen Haltung als der einer bezahlten Amme: Sie repräsentiert die neue Mütterlichkeit, die sich zuerst in den Oberschichten entfaltete. Ihre Gabe, die mütterliche Brust, die sie unterschiedslos mitteilt, wird zum Vorbild der Aufhebung der Differenz der Familien und Stände in der Natur und durch die (mütterliche) Natur. So wie vordem Josephe, sieht man nun Menschen aller Stände "von dem, was sie zur Erhaltung ihres Lebens gerettet haben mochten, freudig mitteilen" (II 152).

Wie sehr die Gemeinschaft ihre Mütterlichkeit entbehrt hat, zeigt sich stellvertretend an Juan, der "abgehärmt" an ihrer Brust liegt, obwohl er erst seit einem Tag unversorgt ist. Die mütterliche Speise, die Josephe spendet, ist mehr als leibliche Nahrung; sie verheißt Erlösung durch die Überwindung der Trennung in der Symbiose. Doch da aus zwei Körpern nicht einer wird, und eine Brust aus zweien besteht, kann die Einswerdung nur scheinhaft sein.[30]

Die latent vorhandene Spaltung wird manifest in der Verletzung Donna Elvires, die an beiden Füßen schwer verwundet ist. Ihre Versehrtheit ist mit sexuellen Konnotationen verbunden, da es ihr aus diesem Grund nicht möglich sein soll, ihren Sohn zu stillen. Vor diesem Hintergrund enthüllt die Anmerkung des Erzählers, daß Meister Pedrillo, der Schuhflicker, Josephe "wenigstens so genau kannte, als ihre kleinen Füße" (II 156) ihre sexuelle Symbolik.

In den *Drei Abhandlungen zur Sexualtheorie* schreibt Freud über den Fußfetischismus:

> "In manchen Fällen von Fußfetischismus ließ sich zeigen, daß der ursprünglich auf das Genitale gerichtete *Schautrieb,* der seinem Objekt von unten her nahe kommen wollte, durch Verbot und Verdrängung auf dem Wege aufgehalten wurde und darum Fuß oder Schuh als Fetisch festhielt. Das weibliche Genitale wurde dabei, der infantilen Erwartung entsprechend, als ein männliches vorgestellt.-"[31]

Das weibliche Genital aber ist wie die Brust gespalten und entzweit: 'Füße' und 'Brüste' substituieren einander im Text.[32]

Die symbiotische Einheit kann nicht lange gewahrt bleiben; die Gemeinschaft verläßt die mütterliche Natur und begibt sich in die Stadt, um Gott für ihre Errettung zu danken. Mit der Rückkehr in die Stadt findet der gleichsam unbewußte, ahistorische Zustand ein Ende, der eine allgemeine Amnesie hervorgerufen zu haben schien.

> "In Jeronimos und Josephens Brust regten sich Gedanken von seltsamer Art. Wenn sie sich mit so vieler Vertraulichkeit und Güte behandelt sahen, so wußten sie nicht, was sie von der Vergangenheit denken sollten, vom Richtplatze, von dem Gefängnisse, und der Glocke; und ob sie bloß davon geträumt hätten? Es war, als ob die Gemüter, seit dem fürchterlichen Schlage, der sie durchdröhnt hatte, alle versöhnt wären. Sie konnten in der Erinnerung gar nicht weiter, als bis auf ihn, zurückgehen." (II 151)

Jeronimo und Josephe verwechseln Amnesie mit Amnestie.[33] Ihr Entschluß, an dem Dankgottesdienst in der Dominikanerkirche teilzunehmen, gründet sich auf ihre Auslegung der Ereignisse, in denen sie die "unbegreifliche und erhabene Macht" Gottes (II 154) - zu ihrem Heil - am Werk sehen.

Einzig Donna Elisabeth bewahrt eine dunkle Einsicht[34] in den Ausnahmecharakter der idyllischen Gemeinschaft im Tal, der die Kontinuität der Geschichte nicht aufhebt. Doch vergeblich "raunt" und "zischelt" sie Don Fernando ihre "unglückliche Ahndung" (II 154) ins Ohr. Die pejorative Wortwahl des Erzählers ist nicht in einem charakterlichen Mangel der Figur begründet - so hatte sie die Einladung einer Freundin "auf das Schauspiel des gestrigen Morgens" (II 151) abgelehnt -, sondern durch sie wird Donna Elisabeth mit den 'Zungen' und 'Stimmen' in Beziehung gesetzt, die als eine Art kollektives Gedächtnis fungieren[35], und die in Opposition zu der Stille/dem Stillen stehen.

Die Konstellation, in der sich die Gesellschaft trotz der Warnung auf den Weg macht, bestimmt den weiteren Verlauf der Ereignisse. Die 'natürliche' und die legitime Familie haben sich scheinbar vermischt: Josephe, die Juan auf dem Arm hält, ist in Begleitung Don Fernandos, während Jeronimo, der Philipp bei sich hat, Donna Constanze führt. "Sie bilden einen *Chiasmus*: je ein Partner eines Paares tritt an die korrespondierende Stelle im anderen Paar."[36]

Don Fernando und Donna Constanze sind kein Paar im eigentlichen Sinne, sondern Donna Constanze substituiert ihre erkrankte Schwester bei ihrem Schwager. Durch ihren Tod substituiert sie zudem Josephe, an deren Stelle sie erschlagen wird, da die Menge davon ausgeht, daß die Frau an Jeronimos Seite Josephe sein muß. Die symbolische (An-) Ordnung dominiert die zufällige Gruppierung und entscheidet über Leben und Tod.

Die Konstellation der Paare deutet zugleich auf einen 'Wechsel des Helden' hin. Schien zu Anfang die verbotene Liebe zwischen Jeronimo und Josephe das Thema der Novelle und damit die beiden ihre Hauptgestalten zu sein, so verliert Jeronimo jedoch im Verlauf der Handlung immer mehr an Bedeutung, so daß er als Held ausscheidet.

Im Mittelteil bilden Josephe und Don Fernando als Repräsentanten matriarchaler Natur und patriarchaler Gesellschaft, die die Vereinigung beider Sphären erstreben, den Fokus des Geschehens.[37] Doch mit der Rückkehr in die Stadt muß das geschichtslose mütterliche Prinzip dem väterlichen Prinzip weichen. Josephe selbst designiert Don Fernando zum Träger der neuen alten Ordnung.

"... so setzte Josephe den kleinen Philipp, den Jeronimo bisher getragen hatte, samt dem kleinen Juan, auf Don Fernandos Arm, und sprach: gehn Sie, Don Fernando, retten Sie Ihre beiden Kinder, und überlassen Sie uns unserm Schicksale!" (II 157)

Damit avanciert Don Fernando, "dieser göttliche Held" (II 158), zur zentralen Gestalt des Schlußteils. Der ideale Vater substituiert die ideale Mutter, der väterliche Geist die mütterliche Brust.

Die Substitution wird auf grausame Weise durch die Ermordung Juans vollendet. Das legitime Kind wird durch das natürliche Kind ersetzt. Philipps Status wandelt sich durch die Aufnahme in die Familie Don Fernandos vom geächteten "Bastard" (II 158) zum durch das Gesetz geschützten "Pflegesohn" (II 159); Don Fernando transformiert vom Erzeuger zum (Adoptiv-)Vater und erfüllt damit, nach Fichte, erst das Wesen der Vaterschaft.

"Es ist in der menschlichen Natur überhaupt und sonach auch im Manne ein Trieb, sich des Schwächeren und Hilflosen, selbst mit Affekt, anzunehmen. Dieser allgemeine Trieb wird nun im *Vater* ohne Zweifel auch für sein Kind sprechen, aber eben darum, weil er ein allgemeiner Trieb ist, der sich auf den Augenblick der Hilflosigkeit, als solcher gründet, so spricht er für jedes Kind, und es ist kein Grund zu einer besonderen Vorliebe für *sein* Kind bei dem Vater da. Eine solche Vorliebe aber müßte aufgewiesen werden. Da das Verhältnis lediglich ein physisches ist, so könnte diese Liebe / keinen anderen Grund haben, als einen physischen. Ein solcher findet sich nun nicht; denn es ist zwischem dem Vater und seinem Kinde gar kein physisches Band; sonach ist zu urteilen, daß der Vater unmittelbar keine besondere Liebe zu seinem Kinde habe. Aus dem einzigen natürlichen Verhältnisse, dem Akte der Zeugung, läßt sich nichts folgern; denn dieser kommt, als solcher, als Zeugung dieses bestimmten Individuums, nicht zum Bewußtsein."[38]

Vaterschaft ist strukturell immer Adoption und damit ein kultureller Akt; die Zeugung begründet nicht in der gleichen Weise die Vaterschaft wie die Empfängnis den Beginn der Mutterschaft.[39] Der Intimität des Mutter-Kind-Verhältnisses tritt im Vater die Öffnung auf die Gesellschaft und die Zukunft entgegen, indem die 'Adoption' darauf abzielt, "das Kind auf das Draußen, auf die Öffentlichkeit und in die Geschichtlichkeit hinein"[40] zu bestimmen.

Im Falle des kleinen Philipp zeigt die Adoption zudem die Restitution "der patronymen Gewalt der Gesellschaft"[41] an, die mit dem Untergang ihrer Repräsentanten in Kirche, Staat, Justiz und Familie völlig vernichtet schien[42] und im Tal von St. Jago - vorübergehend - durch das mütterliche Prinzip ersetzt wird.

In der geschichtslosen Naturidylle ist der Vatername bedeutungslos geworden.[43] Philipp, der auf Grund seiner unehelichen Geburt niemals einen Anspruch auf das Patronymikon geltend machten könnte, geht in der nicht mehr differenzierenden Gesellschaft auf. Auch Josephes Identität stiftet sich nicht mehr über den Vater; sie wird vom Erzähler nur noch mit ihrem Vornamen benannt, während sie im Anfangs- und Schlußteil oft als "Tochter Asterons" apostrophiert wird.[44]

Bei der Rückkehr in die Stadt und damit in den geschichtlich-genealogischen Raum wird der Vatername wieder zum Signum der Identität, auf das sich sowohl die Protagonisten als auch die Menge berufen.

"'Seid ihr wahnsinnig?'" rief der Jüngling, und schlug den Arm um Josephen: *'ich bin Don Fernando Ormez, Sohn des Kommandanten der Stadt, den ihr alle kennt'*. Don Fernando Ormez? rief, dicht vor ihn hingestellt, ein Schuhflicker, der für Josephen gearbeitet hatte, und diese wenigstens so genau kannte, als ihre kleinen Füße. Wer ist der Vater zu diesem Kinde? wandte er sich mit frechem Trotz zur *Tochter Asterons.* (...) Josephe rief, von entsetzlichen Verhältnissen gedrängt: dies ist nicht mein Kind, Meister Pedrillo, wie Er glaubt; indem sie, in unendlicher Angst der Seele, auf Don Fernando blickte: *dieser junge Herr ist Don Fernando Ormez, Sohn des Kommandanten der Stadt, den ihr alle kennt!"* (II 156, Hervorhebungen von mir, E.-M. A.-M.)

Im Namen des Vaters wird nicht nur über die Stellung in der Gemeinschaft, sondern auch über Leben und Tod entschieden:

"Doch kaum waren sie auf den von Menschen gleichfalls erfüllten Vorplatz (...) getreten, als eine Stimme aus dem rasenden Haufen, der sie verfolgt hatte, rief: dies ist Jeronimo Rugera, ihr Bürger, denn ich bin sein eigner Vater! und ihn an Donna Constanzens Seite mit einem ungeheuren Keulenschlage zu Boden streckte." (II 157f.)

Die Szene stellt eine perverse Parodie der Taufe Jesu dar: "Und siehe, eine Stimme vom Himmel sprach: 'Dieser ist mein geliebter Sohn, an dem ich Wohlgefallen fand.'" (Matthäus, 3, 17) Die Vaterstimme, die tötet, substituiert die Vaterstimme, die den Sohn in Liebe anerkennt.

Gleichwohl begegnen im Text neben den negativen auch positive Aspekte der Vaterschaft: "'Vaterschaft als anonyme, gewaltsame, mörderische Macht' versus 'Vaterschaft als öffentlich anerkannte (betitelte), Ordnung haltende, legale Macht'."[45] Daß der Übergang zwischen beiden Bereichen fließend ist, wird aus der Analyse der verschiedenen Vatergestalten ersichtlich. Sind Don Fernando und wahrscheinlich auch sein Vater, der Stadtkommandant, uneingeschränkt ersteren[46], Jeronimos Vater und Meister Pedrillo letzteren zuzuordnen, so sind andere Figuren nicht eindeutig klassifizierbar. Josephes Vater, Don Henrico Asteron, gehört auf Grund seiner gesellschaftlichen Stellung zur Gruppe der öffentlich anerkannten Vatergestalten, doch setzt seine übertriebene Strenge die verhängnisvollen Geschehnisse auf der privaten Ebene erst in Gang; damit erweist er sich zugleich als 'mörderischer' Vater. Auch der Erzbischof und der Vizekönig vereinigen in ihrer Person legale Autorität, was die Befugnis, und Gewalt, was die Härte des Urteils anbelangt. Die Ambivalenz der Vaterrolle ist strukturell bedingt:

"Wie die sanfte und mütterliche Natur ja durch die gewalttätige erst geschaffen wurde, so beruht die familiäre Ordnung auf der (im Vater symbolisierten) Gewalt, die in der universalfamiliären Vision der Gesellschaft als Gemeinschaft verflüchtigt war, in der die Liebenden sich 'aufgehoben' hatten."[47]

'Väterliche' und 'mütterliche' Qualitäten sind dabei als kulturelle Stereotype und nicht im Sinne biologischer Anlagen zu verstehen. In der Naturidylle verhalten sich unterschiedslos alle 'mütterlich', während in der Stadt die Frauen in einer Art Identifikation mit dem Aggressor die patriarchale Gewalt noch stärker einklagen als die Männer:

"Alles, was geschehen konnte, war, daß der Feuertod, zu dem sie [Josephe] verurteilt wurde, zur großen Entrüstung der Matronen und Jungfrauen von St.

Jago, durch einen Machtspruch des Vizekönigs, in eine Enthauptung verwandelt ward." (II 145)

Mit der Adoption geht Philipp von der 'natürlichen' in die legitime Familie über und wird damit in die Gesellschaft integriert. Die Bedingung und der Preis für die Aufnahme in die Gemeinschaft ist die Opferung der Mutter[48]; dies wird auch aus den Bestimmungen des Allgemeinen Landrechts für die Preußischen Staaten ersichtlich:

"Uneheliche Kinder treten weder in die Familie des Vaters, noch der Mutter. Doch führen sie den Geschlechtsnamen der Mutter, und gehören zu demjenigen Stande, in welchem die Mutter, zur Zeit der Geburt, sich befunden hat. Ist aber die Mutter von adlicher Herkunft: so kann dennoch das uneheliche Kind adlichen Namens und Wappens sich nicht anmaßen." (ALR II 2 § 639-641, S. 404)

Philipp wäre damit aller Privilegien des mütterlichen Standes beraubt; auch die marginale Stellung Jeronimos findet ihre Entsprechung im Gesetz:

"Uneheliche Kinder stehen nicht unter der Gewalt des Vaters, sondern nur unter der vom Staate für sie verordneten Vormundschaft." (ALR II 2, § 644, S. 404) "Insonderheit hängt die Wahl der Lebensart, zu welcher das Kind gewidmet werden soll, nicht von dem Vater, sondern von der Vormundschaft ab." (ALR II 2, § 646, S. 404)

Durch die Adoption geht Philipp in die Familie Don Fernandos über, denn es "entstehen zwischen dem angenommenen Vater und Kinde in der Regel die Rechte und Pflichten, wie zwischen leiblichen Aeltern, und den aus einer Ehe zur rechten Hand erzeugten Kindern." (ALR II 2, § 681, S. 405f.)

Da das angenommene Kind den Namen des annehmenden Vaters erhält (vgl. ALR II 2, § 682, S. 406), eröffnet sich dem auf Grund seiner unehelichen Geburt dem bürgerlichen Stand zurechnenden Philipp eventuell doch die Möglichkeit, wieder in den Adelsstand aufzusteigen, denn ist "der Annehmende von Adel, und der Angenommene von bürgerlicher Herkunft: so kann letzterer die Vorrechte und Unterscheidungen des Adels (...) mittelst besonderer Landesherrlichen Begnadigung erhalten." (ALR II 2, § 684, S. 406)

Auch die 'Notwendigkeit' von Juans Tod für den Fortgang der Handlung wird durch die rechtlichen Bestimmungen noch einmal bestätigt, denn: "Wer noch eheliche Abkömmlinge am Leben hat, kann nicht an Kindesstatt annehmen." (ALR II 2, § 671, S. 405)

Dem "Jüngling" (II 156) Don Fernando wäre es dennoch normalerweise nicht erlaubt, Philipp zu adoptieren, da dies "Personen, die das Funfzigste Jahr zurückgelegt haben" vorbehalten ist. (ALR II 2, § 668, S. 405)

"Doch kann es auch jüngern Personen, aber nur unter besonderer Landesherrlichen Erlaubniß, gestattet werden; wenn nach ihrem körperlichen oder Gesundheitszustande, die Erzeugung natürlicher Kinder von ihnen nicht zu vermuthen ist." (ALR II 2, § 669, S. 405)

Dies läßt darauf schließen, daß Donna Elvire durch ihre 'Beschädigung' nicht nur unfähig ist, ihren Sohn zu stillen, sondern auch weitere Kinder zu gebären.[49]

Da sie in die Adoption einwilligt, "so tritt der Angenommene auch gegen beyde in das Verhältnis eines leiblichen Kindes " (ALR II 2, § 687, S. 406) und erwirbt dessen Rechte.

"Auch auf das Vermögen der annehmenden Aeltern, so weit dasselbe der freyen Verfügung derselben unterworfen ist, erlangt das angenommene Kind alle Rechte der aus einer Ehe zur rechten Hand herstammenden Kinder.
Alles daher, was von der Verpflegung, Erziehung, Ausstattung und Erbfolge solcher Kinder verordnet ist, gilt auch von angenommenen Kindern." (ALR II 2, § 691f., S. 406)

Das Motiv der Adoption begegnet häufig im Drama des 18. Jahrhunderts, so auch in Lessings bürgerlichem Trauerspiel *Miss Sara Sampson*.[50] 'Bürgerlich' meint in diesem Zusammenhang keine soziale Klassifikation, sondern verweist auf die privat-familiale Thematik, im Gegensatz zu der der heroischen Tragödie, in deren Mittelpunkt staatspolitische und öffentliche Interessen stehen.[51]

In *Miss Sara Sampson* begegnen sich zwei Familien; eine 'natürliche', bestehend aus Mellefont, Marwood und Arabella, und eine legitime, auf Vater und Tochter reduzierte Kernfamilie - Sir William und Sara. Ein altes und ein neues Familiensystem treffen hier aufeinander. Die biologische Familie steht unter dem Primat der Lust, die zwar "tiefe Ewigkeit" will, doch stets der Vergänglichkeit anheimfällt; damit erweist sie sich im Sinne der bürgerlichen Familienideologie als afamilil. Sørensen: "Diese Gruppe [Mellefont, Marwood und Arabella] gehört einer bedrohlichen, familienfeindlichen Umwelt an, die zerstörerisch in den empfindsamen Schutzbereich der Sampson-Familie einbricht."[52]

Im Verlauf der Handlung erweist sich die empfindsame bürgerliche Familie jedoch als resistent gegenüber der libertären Herausforderung. Sie wird nicht zerstört, sondern perpetuiert sich im Gegenteil in ihrer Struktur, indem sie die afamiliale Familie auseinandersprengt und sich ihrer lern- und erziehungsfähigen Mitglieder, Mellefont und Arabella, bemächtigt.

Mellefont, der sehr jung den "süßen Namen Vater"[53] zu nennen aufhören mußte (IV, 1, S. 63) und auf Grund des fehlenden pädagogischen Beistands zum Verführer - "mehr unglücklich als lasterhaft" (V, 10, S. 100) - wurde, erwirbt mit seinem freiwilligen Tod die Erfüllung seines letzten Begehrens, die Aufnahme in die Sampson-Familie.

"Mellefont. ... Wollen Sie mich nun Ihren Sohn nennen, Sir, und mir als diesem die Hand drücken, so sterb' ich zufrieden. *(Sir William umarmt ihn)*" (V, 10, S. 100)[54]

Durch seinen und Saras Tod bleibt wiederum eine auf Vater und (Adoptiv-)Tochter reduzierte Kernfamilie zurück - Sir William und Arabella, letztere noch von der leiblichen Tochter zum Substitut designiert, nachdem sie zuvor schon in Mellefont gedrungen war, Arabella von ihrer Mutter zu trennen.

"Sara. ... Nein, Mellefont; es muß eine von den Versprechungen sein, die Sie mir vor den Augen des Höchsten angeloben, daß Sie Arabellen nicht von sich lassen wollen. Sie läuft Gefahr, in den Händen ihrer Mutter, ihres Vaters unwürdig zu werden. Brauchen Sie Ihre Rechte über beide, und lassen Sie mich an die Stelle der Marwood treten. Gönnen Sie mir das Glück, mir eine Freundin zu erziehen, die Ihnen ihr Leben zu danken hat; einen Mellefont meines Geschlechts." (V, 4, S. 89)

Mellefonts bisheriger Lebenswandel prädestiniert ihn durchaus nicht zum Erzieher der Tochter. Saras Wahl scheint eine Idealisierung des Geliebten zugrunde zu liegen, indem sie, "die wie alle Dramenfiguren Lessings den Vater der Mutter vorzieht"[55], auf ihn ihre eigenen Sozialisationserfahrungen projiziert. Zugleich wird Arabella damit aus ihrer 'natürlichen' Mutterbindung gelöst und zu Saras und Mellefonts imaginärem Kind.

> "Sara ... Mein Leben war ihr Tod. - Gott! ich ward eine Muttermörderin wider mein Verschulden. Und wie viel fehlte - wie wenig, wie nichts fehlte - so wäre ich auch eine Vatermörderin geworden! Aber nicht ohne mein Verschulden; eine vorsätzliche Vatermörderin! - Und wer weiß, ob ich es nicht schon bin? Die Jahre, die Tage, die Augenblicke, die er geschwinder zu seinem Ziele kömmt, als er ohne die Betrübnis, die ich ihm verursacht, gekommen wäre - diese hab' ich ihm, - ich habe sie ihm geraubt. Wenn ihn sein Schicksal auch noch so alt und Lebenssatt sterben läßt, so wird mein Gewissen doch nichts gegen den Vorwurf sichern können, daß er ohne mich vielleicht noch später gestorben wäre. Trauriger Vorwurf, den ich mir ohne Zweifel nicht machen dürfte, wenn eine zärtliche Mutter die Führerin meiner Jugend gewesen wäre! Ihre Lehren, ihr Exempel würden mein Herz - So zärtlich blicken Sie mich an, Mellefont? Sie haben Recht; eine Mutter würde mich vielleicht mit lauter Liebe tyrannisiert haben, und ich würde Mellefonts nicht sein. Warum wünsche ich mir denn also das, was mir das weisere Schicksal nur aus Güte versagte? Seine Fügungen sind immer die besten. Lassen Sie uns nur das recht brauchen, was es uns schenkt: einen Vater, der mich noch nie nach einer Mutter seufzen lassen; einen Vater, der auch Sie ungenossene Eltern will vergessen lehren!" (IV, 1, S. 63f.)[56]

Der imaginäre Verlust des Vaters wiegt bedeutend schwerer als der reale Verlust der Mutter.

Die Abwesenheit der Mutter in den Dramen des 18. Jahrhunderts ist signifikant; oft ist sie vor Beginn der Handlung gestorben, oder sie repräsentiert den negativen Typus der "törichten Mutter"[57]. Die namenlose Mutter der Luise Millerin und Claudia Galotti gehören zu diesem Typus; durch ihre Eitelkeit und gesellschaftlichen Ehrgeiz forcieren sie die Katastrophe. Marwood weist überhaupt keine mütterlichen Qualitäten auf; sie ist die enttäuschte Geliebte, die die Tochter für ihre Zwecke instrumentalisiert. Mit Arabellas Hilfe will sie Mellefont zurückgewinnen; als dies scheitert, schreckt sie nicht davor zurück, mit der Ermordung der Tochter zu drohen und sie als Geisel zu nehmen.

Es stellt sich die Frage nach dem Grund der mütterlichen Absenz, sei sie nun real oder symbolisch. Wenn auch die Tatsache der hohen Sterblichkeitsrate im Wochenbett und der inferioren Stellung der Frau innerhalb der Familie den realen Hintergrund bildet, reicht dies als Erklärung allein nicht aus, hätte sie doch, als Gegenentwurf zur Wirklichkeit, eine Utopie mütterlicher Präsenz und Stärke zeitigen können.

Von entscheidender Bedeutung ist die Aufgabe der neuen bürgerlichen Familie, Produktionsstätte von Kultur durch Erziehung zu sein. Die Mutter als Repräsentantin der Natur und des Ursprungs findet nach der Erfüllung ihrer biologischen Funktion in diesem System zunächst keinen Ort mehr[58]; erst um 1800 rückt sie ins Zentrum der familialen Sozialisation.[59]

Doch die eine in dem idealen Vater und Erzieher geeinte Familie, die die Vielfalt der vorbürgerlichen Beziehungsformen ausschließt, fordert ihren Preis.

Die Töchter und adoptierten (Schwieger-)Söhne sterben[60], und zurück bleibt der frauenlose Vater.

> "Während das Tauschsystem, das Kultur ist, die Exogamie, d.h. die Mehrheit der Familien und Väter impliziert, ist in Lessings Dramen alles jenseits der einen Familie afamilial und jeder, der das Singularetantum Vater nicht anerkennt (auch wenn er diese Unterlassung sich selber als Fehler zurechnet), aufseiten des Abfalls (...) Um den Preis solcher Ausschließung, kann Lessings Dramatik der einen Familie die Aufgabe zuschreiben, durch Adoption die Menschheit zu erfassen und im Sinn der 'realen Utopie' Familiarität zu regenerieren. Diese Aufgabe ist ein Phantasma. Ihre Durchführung erweist ganz im Gegenteil, daß die symbolische Ordnung kultureller Allianz nicht in einer Familie begründet werden kann, weil umgekehrt die Familien von Gesetzen des Tauschs und der Kommunikation begründet werden."[61]

Das Erdbeben in Chili im Sinne des bürgerlichen Trauerspiels als Apotheose der Transzendierung leiblicher Vaterschaft zu lesen[62], hieße die Ambivalenz des Schlusses zu verkennen.

> "... und wenn Don Fernando Philippen mit Juan verglich, und wie er beide erworben hatte, so war es ihm fast, als müßt er sich freuen." (II 159)

Die einschränkenden und konjunktivischen Wendungen lassen es nicht zu, den Status der Gefühle Don Fernandos eindeutig zu bestimmen.[63] Zwar ist es möglich, das Ende als Ausdruck der im Kind symbolisch bewahrten gesellschaftlichen Utopie zu interpretieren[64], doch würde damit wiederum die Bedeutung des Opfers[65], durch das sie sich erst konstituiert, übergangen. Unter diesem Blickwinkel liest sich der Schluß wie eine bittere Parodie[66] auf die Versöhnlichkeit des bürgerlichen Trauerspiels, das die mit der Durchsetzung der familialen Grundstruktur verbundene Gewalt verkennt und als Idee der einen Menschheitsfamilie camoufliert.

Anmerkungen

[1] 1810 wurde sie unter dem Titel *Das Erdbeben in Chili* in den ersten Band der *Erzählungen* aufgenommen. Friedrich Kittler verweist auf die mit der Änderung des Titels verbundene gattungsgeschichtliche Implikation: "Denn wenn aus dem anaphorischen Sprach- und Liebesspiel zwischen Jeronimo und Josephe durch Titeländerung eine Naturkatastrophe von 1647 wird, zählt das vom Titel Bezeichnete zu jenen unerhörten Begebenheiten, die seit Goethes zeitgenössischer Definition 'Novellen' und nicht nur (sehr viel vager) 'Erzählungen' heißen." *Ein Erdbeben in Chili und Preußen*, in: *Positionen der Literaturwissenschaft. Acht Modellanalysen am Beispiel von Kleists 'Das Erdbeben in Chili'*, hg. v. David E. Wellbery, München 1985, S. 24-38, hier S. 25. Der Band wird im folgenden unter dem Kurztitel *Modellanalysen* zitiert.

[2] Helmut J. Schneider spricht in diesem Zusammenhang von einem "Modellkonflikt der Empfindsamkeit". *Der Zusammensturz des Allgemeinen*, in: *Modellanalysen*, S. 110-129, hier S. 117

[3] Ähnlich handeln die Brüder der Littegarde im *Zweikampf*. Nachdem sie die junge Witwe schon dazu gebracht haben, zu ihren Gunsten auf eine zweite Heirat zu verzichten - ihre Hinterlassenschaft soll an die Brüder fallen -, benutzen sie die gegen Littegarde vorgebrachten Anschuldigungen, um sie fast mittellos aus dem väterlichen Haus zu weisen. In einem weiteren Schritt erbitten sie vom obersten Gericht, ihre Schwester aus der Ahnentafel ihres Hauses tilgen zu dürfen und sie aller Erbansprüche zu entheben. Der Erzähler läßt die Unlauterkeit ihrer Motive deutlich anklingen: "sei es nun, daß sie dieselbe wirklich für schuldig hielten, oder daß sie sonst Gründe haben mochten, sie zu verderben" (II 241). Jakob der Rotbart geht noch einen Schritt weiter; um die Krone seines Bruders zu erhalten, läßt er ihn von einem gedungenen Mörder umbringen.
Es ist anzunehmen, daß sich hinter der skrupellosen Durchsetzung finanzieller Interessen und tödlichem Haß Geschwisterrivalität und Eifersucht verbergen. Eine subtilere Form von Geschwisterneid zeigt auch der Bruder der Marquise von O.... Er - genauso namenlos wie Josephes Bruder - übt keinerlei geschwisterliche Solidarität; bereitwillig läßt er sich zum Handlanger seines Vaters machen und fordert von seiner Schwester die Herausgabe ihrer Kinder.
Auch die Zuneigung zwischen Ottokar und seinem Halbbruder Johann in der *Familie Schroffenstein* wandelt sich in Konkurrenz, als sie entdecken, daß sie beide dasselbe Mädchen lieben.

[4] Die sofortige Empfängnis bei der ersten sexuellen Begegnung erscheint hier "mit jener Zwangsläufigkeit, die das Motiv der verlorenen Unschuld im 18. und 19. Jahrhundert von der Trivial- bis zur Hochliteratur begleitet." Peter K. Jansen, *"Monk Lewis" und Heinrich von Kleist*, in: *Kleist-Jahrbuch 1984*, S. 25-54, hier S. 40
Bei Kleist erscheint das Motiv zudem häufig in Anspielung auf die Heilsgeschichte. So verweist Philipps Empfängnis durch die bis dahin unberührte Josephe auf die jungfräuliche Empfängnis des Gottessohnes und zugleich auf die Differenz - die unangetastete Virginität Mariens.
Wie Josephe wird auch die Marquise von O..., die bereits Mutter von zwei Kindern ist, bei der ersten sexuellen Begegnung mit dem Grafen schwanger und interpretiert die ihr unbegreifliche Empfängnis des dritten Kindes in der Nachfolge der Gottesmutter: "... dessen Ursprung, eben weil er geheimnisvoller war, auch göttlicher zu sein schien, als der anderer Menschen" (II 126).
Im *Amphitryon* folgt Kleist dem antiken Mythos, wenn aus Alkmenes einziger Nacht mit Jupiter der Halbgott Herkules hervorgeht. Schon Goethe konstatierte hierzu "nichts Geringeres, als eine Deutung der Fabel ins Christliche, in die Überschattung der Maria vom Heiligen Geist". (*Lebensspuren*, Nr. 182a, S. 132) In Analogie zum Matthäus-Evangelium (1,20 -21):
"Jupiter. Es sei. Dir wird ein Sohn geboren werden,
    Deß Name Herkules (...)" (I 319, V. 2335f.)

Auch die Schwängerung der Amazonen verdankt sich nach Aussage Penthesileas letztlich (dem antiken) Gott; die gefangengenommenen Männer wirken nur als seine Stellvertreter.

"Der Gott zeigt uns, durch seine Priesterin,
Ein Volk an, keusch und herrlich, das, statt seiner,
Als Stellvertreter, uns erscheinen soll." (I 391, V. 2051-2053)

[5] Josephes Wehen präfigurieren die Reihe der Geburten, die durch den Schock des Erdbebens ausgelöst werden. Dazu Dagmar Lorenz: "Es ist ein Paradox, wenn die deutlichste Manifestation des Lebens, die Geburt, die Todesstrafe erfordert, wenn das Ende der Welt mit Hilfe niederkommender Frauen prophezeit wird." *Väter und Mütter in der Sozialstruktur von Kleists 'Erdbeben in Chili'*, S. 271

Zugleich scheinen durch die Erdbebenkatastrophe die Unterschiede zwischen Josephe, die sich der Sünde der Unkeuschheit schuldig gemacht hat, und den ehrbaren Matronen der Stadt aufgehoben zu sein, da sie in gleicher Weise der Natur unterworfen sind und die Öffentlichkeit in beiden Fällen Zeuge ihres Gebärens wird.

[6] Nach Karl Otto Conrady *(Kleists 'Erdbeben in Chili'. Ein Interpretationsversuch*, in: *Germanisch-Romanische Monatsschrift*. N.F. 1954, S. 185-195) stellt die Novelle die Frage "nach dem Gültigen, dem Absoluten, nach Gott" (ebd., S. 187). Die Existenz Gottes werde nicht nur für die Protagonisten zweifelhaft, sondern auch für den Leser. Doch die Rettung des Kindes könne "nur Gottes Werk sein" (ebd., S. 192); in ihr zeige er sein Einverständnis mit Jeronimos und Josephes Liebe.

[7] Vgl. David E. Wellbery: "Vom Standpunkt der Literatursemiotik ist Kleists Handhabung des 'Zufalls' nicht weltanschaulich, als Ausdruck metaphysischer Ansichten, zu deuten, sondern vielmehr kulturell. Das Interessante an ihr ist, daß Kleist, in der Blütezeit der teleologischen Textorganisation, mit nicht-teleologischen Strukturen experimentiert." *Semiotische Anmerkungen zu Kleists 'Das Erdbeben in Chili'*, in: *Modellanalysen*, S. 69-87, hier S. 75

[8] John M. Ellis erhebt auf Grund dessen die Interpretation zum eigentlichen Thema der Novelle: "In the *Erdbeben* there is a constant struggle by the narrator, and also by the characters to interpret the events of the story; and so previous interpretations achieve a special interest for a story whose very theme is interpretation. This is because the point of the story lies not in the meaning of the events themselves but in the attempts made by the narrator and the characters to give them meaning." *Heinrich von Kleist. Studies in the Character and Meanings of his Writings*, Chapel Hill 1979, S. 37

[9] Jochen Schmidt spricht in diesem Zusammenhang von einer "mit hoher Virtuosität geübte(n) Kunst der Perspektive". "Sie läßt die Ambivalenz eines Geschehens hervortreten, das einmal so, einmal anders erscheinen kann und sich damit jeder gültigen Festellung, jedem 'Sinn' entzieht; die Unwirklichkeit einer Lösung, die mindestens ebenso ein bloßer Glücksfall ist; schließlich die Relativierung der Menschen und der 'Welt' überhaupt zum 'Gebrechlichen' hin, das keinen absoluten Ansprüchen genügt, sondern die Humanität der Resignation fordert." *Heinrich von Kleist. Studien zu seiner poetischen Verfahrensweise*, Tübingen 1974 (Habil.), S. 148f.

[10] "Die beschränkte, gleitende und mehr noch sprunghaft widersprüchliche Perspektive des Erzählers ist ihrerseits ein Konstruktionsfaktor im erzählerischen Prozeß, der eine empfindsam-rationalistische und eine kirchlich-religiöse Deutungshaltung gegeneinander ins Spiel bringt - und damit die beiden konkurrierenden weltanschaulichen Systeme des 18. Jahrhunderts." Helmut J. Schneider, *Der Zusammensturz des Allgemeinen*, S. 121

Kleists eigenes Wertsystem war durch die Kant-Krise nachhaltig erschüttert worden; da "hienieden keine Wahrheit zu finden ist" (II 634), erscheinen auch 'gut' und 'böse' als relative Begriffe.

"- Und so mögen wir denn vielleicht am Ende tun, was wir wollen, wir tun recht - Ja, wahrlich, wenn man überlegt, daß wir ein Leben bedürfen, um zu lernen, wie wir leben müßten, daß wir selbst im Tode noch nicht ahnden, was der Himmel mit uns will, wenn niemand den Zweck seines Daseins und seine Bestimmung kennt, wenn die menschliche Vernunft nicht hinreicht, sich und die Seele und das Leben und die Dinge um sich zu begreifen, wenn man seit Jahrtausenden noch zweifelt, ob es ein *Recht* gibt -- kann Gott von solchen Wesen *Verantwortlichkeit* fordern? Man sage nicht, daß eine Stimme im Innern uns heimlich und deutlich anvertraue, was recht sei. Dieselbe Stimme, die dem Christen zuruft, seinem Feinde zu vergeben, ruft dem Seeländer zu, ihn zu braten, und mit Andacht ißt er ihn auf - Wenn die Überzeugung solche Taten rechtfertigen kann, darf man ihr trauen? - Was heißt das auch, etwas Böses tun, der Wirkung nach? Was ist *böse? Absolut böse?* Tausendfältig verknüpft und verschlungen sind die Dinge der Welt, jede Handlung ist die Mutter von Millionen andern, und oft die schlechteste erzeugt die besten - Sage mir, wer auf dieser Erde hat schon etwas *Böses* getan? Etwas, das böse wäre *in alle Ewigkeit fort* - ?" (Brief an Wilhelmine von Zenge vom 15. August 1801, II 682 f.)

Die Schwierigkeit der Interpretation der Welt angesichts des Schweigens Gottes ist *ein* Thema der Novelle.

[11] Vgl. dazu Helmut J. Schneider, *Der Zusammensturz des Allgemeinen*, S. 115 und die Ausführungen zum Einfluß von Voltaires *Candide* auf Kleists Novelle bei Werner Hamacher, *Das Beben der Darstellung*, in: *Modellanalysen*, S. 149-173, hier S. 151-153

Dem Theodizeeproblem widmet sich insbesondere Susanne Ledanff, *Kleist und die "beste aller Welten". 'Das Erdbeben in Chili' - gesehen im Spiegel der philosophischen und literarischen Stellungnahmen zur Theodizee im 18. Jahrhundert*, in: *Kleist-Jahrbuch 1986*, S. 125-155. Die Frage nach der Bedeutung des Übels werde in Kleists Novelle in das Innere der Figuren verlegt und dadurch psychologisiert.

[12] Teil I beinhaltet die Vorgeschichte Jeronimos und Josephes und den Umschlag der Handlung auf Grund des Erdbebens (II 144-149). Teil II berichtet von der Wiederbegegnung der Liebenden und dem idyllischen Zwischenzustand im Tal (II 149-155). Teil III beschreibt die Vorgänge in der Dominikanerkirche und ihre Folgen (II 155-159). Ort der Handlung von Teil I und III ist demgemäß die Stadt, Teil II hat dagegen in der Natur statt.

[13] Vgl. Helmut J. Schneider, *Der Zusammensturz des Allgemeinen*, S. 118f. "Revolution ('Umsturz aller Verhältnisse'), utopische Illusion und politische Enttäuschung wären die drei Stufen einer zeitgeschichtlich-allegorischen Lektüre des *Erdbebens*." Ebd., S. 119

[14] Vgl. den Brief an Wilhelmine von Zenge vom 15. August 1801: "Wohin das Schicksal diese Nation [Frankreich] führen wird - ? Gott weiß es. Sie ist reifer zum Untergange als irgend eine andere europäische Nation. Zuweilen, wenn ich die Bibliotheken ansehe, wo in prächtigen Sälen und in prächtigen Bänden die Werke Rousseaus, Helvetius', Voltaires stehen, so denke ich, was haben sie genutzt? Hat ein einziges seinen Zweck erreicht? Haben sie das Rad aufhalten können, das unaufhaltsam stürzend seinem Abgrund entgegeneilt? O hätten alle, die gute Werke *geschrieben* haben, die Hälfte von diesem Guten *getan*, es stünde besser um die Welt." (II 681)

[15] Vgl. Helmut J. Schneider, *Der Zusammensturz des Allgemeinen*, S. 120: "Vor dem ikonographischen Hintergrund des biblischen und bukolischen Paradieses bildet sich die Vision der befriedeten familiären Gemeinschaft, die der Lieblingstraum der empfindsamen Aufklärung war."

[16] Vgl. Jeronimos Reaktion, als er Josephe an der Quelle entdeckt: "Und das Herz hüpfte ihm bei diesem Anblick: er sprang voll Ahndung über die Gesteine herab, und rief: O Mutter Gottes, du Heilige! und erkannte Josephen, als sie sich bei dem Geräusche schüchtern umsah. Mit welcher Seligkeit umarmten sie sich, die Unglücklichen, die ein Wunder des Himmels gerettet hatte!" (II 148) Es ist nicht entscheidbar, ob Jeronimo mit diesem Ausruf Josephe apostrophiert oder seinen Dank an die Gottesmutter richtet.

Die Orientierung am biblischen Vorbild zeitigt eine extreme Subjektivität der Deutung: "Denn Unendliches hatten sie zu schwatzen vom Klostergarten und den Gefängnissen, und was sie um einander gelitten hätten; und waren sehr gerührt, wenn sie dachten, wie viel Elend über die Welt kommen mußte, damit sie glücklich würden!" (II 150)

17 Werner Hamacher, *Das Beben der Darstellung*, S. 163

18 In der *Familie Schroffenstein* wird in der Gestalt der Agnes die andere Seite der Gottesmutter angesprochen - ihre Jungfräulichkeit. Agnes (spanisch Ignez) bedeutet 'die Keusche'; und die Heilige, die diesen Namen trägt, wird als Patronin der Jungfräulichkeit verehrt. Indem Ottokar Agnes auf den Namen 'Maria' tauft, bestätigt er ihre Bestimmung zur Virginität.

19 Während Teil I die väterliche Autorität in ihren unterschiedlichen Ausprägungen und ihren Zusammenbruch thematisiert, zeichnet sich Teil II durch die Dominanz des mütterlichen Prinzips aus. In Teil III restituiert sich das patriarchale System.

20 Vgl. Werner Hamacher, *Das Beben der Darstellung*, S. 163

21 Ebd., S. 168f.

22 Norbert Altenhofer, *Der erschütterte Sinn. Hermeneutische Überlegungen zu 'Das Erdbeben in Chili'*, in: *Modellanalysen*, S. 39-53, hier S. 51

23 Rieger weist Don Fernando durch den Vergleich mit Don Alonzo als Komplementärfigur die Tätigkeit des Offiziers zu, die bis zur preußischen Heeresreform von 1808 nur Adeligen zugänglich war. Vgl. *Geschlechterrollen und Familienstrukturen*, S. 60. Auch für Friedrich Kittler ist Don Fernando "jeder Zoll ein preußischer Offizier". *Ein Erdbeben in Chili und Preußen*, S. 34

24 Die niedrigste Position in der Hierarchie nimmt als Bürgerlicher Jeronimo ein. Doch auch das Wort der unverheirateten Schwester Donna Elvires gilt im Haushalt ihres Schwagers nicht allzu viel.

25 Friedrich A. Kittler, *Ein Erdbeben in Chili und Preußen*, S. 29

26 Vgl. Dagmar Lorenz: "In der Ausnahmesituation erhalten Frauen und Mütter aufgrund ihrer Bedeutung für das Überleben der Kinder den Vorrang, während Männer die Rolle des Helfers und Beschützers einnehmen, nicht aber die des Unterdrückers. Frauenbelange sind plötzlich ernstzunehmende Anliegen. Kurzfristig ist im Tal die soziale Stellung 'Gattin und Mutter' durch die natürlichere und freiere 'Frau und Mutter' ersetzt." *Väter und Mütter in der Sozialstruktur von Kleists 'Erdbeben in Chili'*, S. 277

27 Josephe (II 150f.): "'... in diesen schrecklichen Zeiten weigert sich niemand, von dem, was er besitzen mag, mitzuteilen': und nahm den kleinen Fremdling, indem sie ihr eigenes Kind dem Vater gab, und legte ihn an ihre Brust."

28 Der Begriff 'stillen' wird zwar an keiner Stelle genannt, doch erscheint immer wieder das Morphem 'still' im Sinne von Innehalten und Beruhigung, wie sie auch mit dem Stillen verbunden sind.
"An dem nächsten Scheidewege stand sie [Josephe] still, und harrte, ob nicht einer, der ihr, nach dem kleinen Philipp, der liebste auf der Welt war, noch erscheinen würde." (II 149)
"Jeronimo nahm Josephen, nachdem sich beide in diesen Betrachtungen stillschweigend erschöpft hatten, beim Arm, und führte sie mit unaussprechlicher Heiterkeit unter den schattigen Lauben des Granatwaldes auf und nieder. (II 153)
"... doch da dieser [Juan] über das Unrecht, das ihm geschah, kläglich schrie, und auf keine Art darein willigte, so sagte Josephe lächelnd, daß sie ihn nur behalten wolle, und küßte ihn wieder still." (II 154)
"Hierauf ward es still, und alles entfernte sich." (II 158; nach dem Mord an Juan)
"... doch kurze Zeit nachher, durch einen Besuch zufällig von allem, was geschehen war, benachrichtigt, weinte diese treffliche Dame [Donna Elvire] im Stillen ihren mütterlichen Schmerz aus, und fiel ihm [Don Fernando] mit dem Rest einer erglänzenden Träne eines Morgens un den Hals und küßte ihn." (II 159)

29 Edward Shorter, *Die Geburt der modernen Familie*, S. 210; passim S. 196-234. S. auch vom selben Autor *Der Wandel der Mutter - Kind - Beziehungen zu Beginn der Moderne*, in: *Geschichte und Gesellschaft. Zeitschrift für Historische Sozialwissenschaft*. 1 (1975), S. 256-287

30 Einheit kann nur um den Preis des Opfers erzielt werden, davon kündet Penthesilea. "Achilles. - Die ungeheure Sage wäre wahr?

Und alle diese blühenden Gestalten,
Die dich umstehn, die Zierden des Geschlechts,
Vollständig, einem Altar gleich, jedwede
Geschmückt, in Liebe davor hinzuknien,
Sie sind beraubt, unmenschlich, frevelhaft - ?
Penthesilea. Hast du das nicht gewußt?
Achilles *indem er sein Gesicht an ihre Brust drückt.*
      O Königin!
Der Sitz der jungen, lieblichen Gefühle,
Um eines Wahns, barbarisch -
Penthesilea.   Sei ganz ruhig.
Sie retteten in diese Linke sich,
Wo sie dem Herzen um so näher wohnen.
Du wirst mir, hoff ich, deren keins vermissen. - "
(I 390, Z. 2006-2017)
Vgl. auch Werner Hamacher, *Das Beben der Darstellung,* S. 191, Anm. 23

[31] Sigmund Freud, *Drei Abhandlungen zur Sexualtheorie,* in: *Studienausgabe Bd. V, Sexualleben,* Frankfurt a.M. [4]1972, S. 37-145, hier S. 65 (Zusatz 1915)

[32] Vgl. Werner Hamacher, *Das Beben der Darstellung,* S. 191, Anm. 23

[33] Vgl. Friedrich Kittler, *Ein Erdbeben in Chili und Preußen,* S. 29f.

[34] "Nur Donna Elisabeth (...) ruhte zuweilen mit träumerischem Blicke auf Josephen; doch der Bericht, der über irgend ein neues gräßliches Unglück erstattet ward, riß ihre, der Gegenwart kaum entflohene Seele schon wieder in dieselbe zurück." (II 151)

[35] "... in ihr werden die alten Antagonismen und das Verlangen nach Opfern aufbewahrt." René Girard, *Mythos und Gegenmythos: Zu Kleists 'Erdbeben in Chili",* in: *Modellanalysen,* S. 130-148, hier S. 146

[36] Werner Hamacher, *Das Beben der Darstellung,* S. 166

[37] Ihre Eigenschaft als Paar wird durch einen Vergleich mit Kleists *Käthchen von Heilbronn* gestützt. So wie Käthchen unter dem Schutz eines Cherubs das Bild des Grafen aus dem brennenden, zusammensinkenden Schloß rettet, rettet Josephe ihren Sohn. "Josephe stürzte sich, unerschrocken durch den Dampf, der ihr entgegenqualmte, in das von allen Seiten schon zusammenfallende Gebäude, und gleich, als ob alle Engel des Himmels sie umschirmten, trat sie mit ihm [Philipp] unbeschädigt wieder aus dem Portal hervor." (II 148) Und wenn Don Fernando seine Gegner zu Boden "wetterstrahlt" (II 158), klingt darin der Name von Friedrich Wetter, Graf vom Strahl, an.

[38] Johann Gottlieb Fichte, *Grundlage des Naturrechts nach Prinzipien der Wissenschaftslehre,* § 42, S. 353

[39] "Entscheidend (...) wird erst, daß im Mann der Wille zur Fortsetzung und Erneuerung seines Wirkens und Werkes in die Zukunft hinein und über seinen Tod hinaus sich auf das Kind erstreckt, es in die Linie dieser Strebung sorgend und hoffend einbefaßt. Das hat nichts mit dem Willen oder Trieb zur Art-Erhaltung im biologischen Sinne zu tun, sondern gehört in den Bereich des *kulturgeschichtlichen Lebens hinein.* In diesem Aktgeschehen (...) entsteht die eigentliche Vaterschaft für dieses Kind. Es liegt da ein Grundzug der männlichen Existenz vor, der als *Wille zur Vaterschaft* zu charakterisieren ist. Diese Grundtendenz besondert sich auf das leibliche Kind hin, gründet aber keineswegs in der leiblichen Vaterschaft, in der Erzeuger-Situation. Es findet hier vielmehr von dem außergeschlechtlichen Willen zur Vaterschaft her in die natürliche Mutter-Kind-Beziehung, in dieses natürliche Ur-Wir hinein, gewissermaßen eine *Adoption* statt. Durch sie erst wird *Familie* als eine Sozialform eigener Art begründet: als menschlich-kulturelle Sozialform und keineswegs als Naturform." Ernst Michel, *Das Vaterproblem heute in soziologischer Sicht,* in: *Vorträge über das Vaterproblem in Psychotherapie, Religion und Gesellschaft,* hg. v. Wilhelm Bitter, Stuttgart 1954, S. 44-74, hier S. 52f.

[40] Ebd., S. 53 Dabei ist der Vater "in der jeweiligen Kernfamilie der Agent ihrer allgemeinen Regel. Sein Wort steht dafür ein, daß die Familie, Ort der biologischen

Reproduktion, selber immer wieder kulturell reproduziert wird." Friedrich A. Kittler, *"Erziehung ist Offenbarung"*, S. 117

[41] Helmut J. Schneider, *Der Zusammensturz des Allgemeinen*, S. 122

[42] "Sie [Josephe] hatte noch wenig Schritte getan, als ihr auch schon die Leiche des *Erzbischofs* begegnete, die man soeben zerschmettert aus dem Schutt der Kathedrale hervorgezogen hatte. Der Palast des *Vizekönigs* war versunken, der *Gerichtshof*, in welchem ihr das Urteil gesprochen worden war, stand in Flammen, und an die Stelle, wo sich ihr *väterliches Haus* befunden hatte, war ein See getreten, und kochte rötliche Dämpfe aus." (II 148f., Hervorhebungen von mir, E.-M. A.-M.)

[43] Vgl. Ernst Michel: "Die *Zukunftsbestimmung* der Kinder ist es, die die Vaterschaft des Mannes in selbständiger Weise hervorruft, zum Wirken bringt und die besondere Art und Stärke der väterlichen Verantwortung aufruft. Die Mutter als solche wirkt nicht in Ausrichtung auf die Zukunft. Sie verbleibt von Grund aus im Kreislauf der Natur, des zyklischen Verlaufs und in der Bewahrung der Überlieferung in Sitte, Brauch und Gewohnheit. Sie ist dem Sein zugewandt und nicht dem Werden im geschichtlichen Sinne, das eine qualitativ andere Zeitrealität ist als die Zeit des Werdeprozesses der Natur und die Zeit des menschlichen Bios." *Das Vaterproblem heute in soziologischer Sicht*, S. 54

[44] So wird zunächst der Vater in die Novelle eingeführt, Josephe tritt erst als seine Tochter in Erscheinung. "*Don Henrico Asteron*, einer der reichsten Edelleute der Stadt, hatte ihn [Jeronimo] ungefähr ein Jahr zuvor aus seinem Hause, wo er als Lehrer angestellt war, entfernt, weil er sich mit *Donna Josephe*, seiner einzigen Tochter, in einem zärtlichen Einverständnis befunden hatte." (II 144)
Auf der Flucht vor den Folgen des Erdbebens wagt Jeronimo "schüchtern nach der Tochter Asterons" (II 147) zu fragen, in dieser Funktion ist sie in der Gesellschaft bekannt. Er sucht sie überall; "wo nur irgend ein weibliches Gewand im Winde flatterte, da trug ihn sein zitternder Fuß hin: doch keines deckte die geliebte Tochter Asterons." (II 147f.)
Auch Meister Pedrillo rekurriert auf die Prominenz von Josephes Familie: "Der Schuster rief: Don Alonzo Onoreja, ich frage Euch auf Euer Gewissen, ist dieses Mädchen nicht Josephe Asteron?" (II 157)

[45] David E. Wellbery, *Semiotische Anmerkungen zu Kleists 'Das Erdbeben in Chili'*, S. 85

[46] Schneider ordnet Don Fernando dem mütterlichen Bereich zu (*Der Zusammensturz des Allgemeinen*, S. 122), doch gerade an ihm wird die zeitliche und strukturelle Begrenztheit der mütterlichen Kompetenz deutlich. Don Fernando markiert die Ablösung der mütterlich-geschichtslosen Natur durch die väterliche Genealogie.

[47] Ebd., S. 123

[48] Mit ihr wiederholt sich symbolisch die ontogenetische Erfahrung der unvermeidbaren Aufhebung der Mutter-Kind-Dyade zugunsten eines Dritten.
Dietzfelbingers Interpretation des Mutteropfers erscheint dagegen beinahe zynisch: "Blutsverwandtschaft, das Band der bloß biologischen Familie, war Ausdruck der naiven, instinktiven Einheit; Wahlverwandtschaft, Adoption, Ausdruck der wiedergewonnenen oder wieder zu gewinnenden stabilen Einheit auf der Basis geistiger Verwandtschaft. So macht Kleist explizit, daß die soziale Einheit in einer nur emotionalen und biologischen Verbundenheit von einer neuen Einheit in der Wachheit des Bewußtseins abgelöst werden muß. (...) im 'Erdbeben in Chili' ist die Adoption des kleinen Juan [sic!] durch Don Fernando Verheißung einer neuen Einheit von Familie und Gesellschaft auf der Basis eines neuen Bewußtseins (...)", *Familie bei Kleist*, S. 316
Eine ähnlich harmonisierende Interpretation des Schlusses findet sich auch bei Manfred Durzak: "Diese von Schmerz beschattete Freude stellt nicht nur eine subjektive versöhnliche Geste des Erzählers dar, sondern sie ist Ausdruck der Erkenntnis, daß die Reinheit des Kindes, die Don Fernando in seinem eigenen Sohn konfliktlos geschenkt war, in seinem Pflegesohn über alle bestandenen Konflikte hinaus fortdauert." *Zur utopischen Funktion des Kindesbildes in Kleists Erzählungen*, S. 125f.

[49] Vgl. Bernhard Rieger, *Geschlechterrollen und Familienstrukturen*, S. 63f.

[50] Zitate aus Lessings Werken nach der Ausgabe von Herbert G. Göpfert, 8 Bände, München 1970 ff. Die bürgerlichen Trauerspiele und *Nathan* befinden sich im zweiten Band der Ausgabe.

[51] "... das höhere Bürgertum und der niedere Adel werden als Träger der tragischen Handlung zugelassen, und zwar in ihrer Eigenschaft als Privatmenschen, die in familialen Zusammenhängen leben und in das familiale Beziehungsnetz von emotionalen und ideellen Abhängigkeiten eingebunden sind. Durch diese Verlagerung der tragischen Handlung von einer staatspolitischen Öffentlichkeitssphäre auf die privatmenschliche Existenz des Hauses und der Familie wurde nach der Ansicht der damaligen Theoretiker nicht nur der Gegenstand des Dramas allgemein menschlich und somit den Zuschauern näher gerückt, sondern die erwünschten Rühreffekte ließen sich damit leichter erreichen. Die familiale Thematik besaß anscheinend schon an sich und von vornherein ein emotionales Potential, dessen Freisetzung eine wesentliche Aufgabe des Schriftstellers - nicht nur des dramatischen - war." Bengt Algot Sørensen, *Herrschaft und Zärtlichkeit. Der Patriarchalismus und das Drama im 18. Jahrhundert*, München 1984, S. 69

[52] Ebd., S. 80

[53] Sørensen weist auf die mit der Nennung der Verwandtschaftsbezeichnungen (Vater, Mutter, Sohn) verbundene Gefühlswirkung hin. "Diese Namen waren nicht nur 'geheiligt', sondern auch 'pathetisch', was in der Sprache des 18. Jahrhunderts so viel wie 'erschütternd, eindringlich, hohe Empfindungen erregend' heißt. (...) Es handelt sich anscheinend um emotional geladene Schlüsselwörter der damaligen Zeit, Gefühlssignale, die in der Literatur selten ihre Wirkung verfehlten, weil sie dem in sozial- und literaturgeschichtlicher Hinsicht gleich bedeutungsvollen familialen Wertsystem entsprangen, das den 'mittleren Stand' des Bürgertums und des Adels mit dem neuen Drama verband." (Ebd., S. 70)
Daß auch Mellefonts Mutter früh verstorben ist, fällt für seine charakterliche Entwicklung nicht weiter ins Gewicht, wie am Beispiel der ebenfalls mutterlos sozialisierten Sara zu erkennen ist.

[54] Wie Mellefont erstreben auch der Tempelherr im *Nathan*, Graf Appiani und selbst der Prinz von Guastalla in *Emilia Galotti* die Annahme an Kindes Statt.
"Tempelherr *(nach einer kurzen Pause ihm plötzlich um den Hals fallend)*.
               Mein Vater!
Nathan.   - Junger Mann!
Tempelherr *(ihn eben so plötzlich wieder lassend)*.
                    Nicht Sohn? -
Ich bitt'Euch, Nathan! -
Nathan.   Lieber junger Mann!
Tempelherr.
  Nicht Sohn? - Ich bitt' Euch, Nathan! - Ich beschwör'
  Euch bei den ersten Banden der Natur! -
  Zieht ihnen spätre Fesseln doch nicht vor! -
  Begnügt Euch doch ein Mensch zu sein! - Stoßt mich
  Nicht von Euch!
Nathan.   Lieber, lieber Freund!...
Tempelherr.   Und Sohn?
  Sohn nicht? - Auch dann nicht, dann nicht einmal, wenn
  Erkenntlichkeit zum Herzen Eurer Tochter
  Der Liebe schon den Weg gebahnet hätte?
  Auch dann nicht einmal, wenn in eins zu schmelzen,
  Auf Euern Wink nur beide warteten? -
  Ihr schweigt?" (III, 9, S. 285)
"Appiani. Eben hab' ich mich aus seinen Armen gerissen: -
  oder vielmehr er, sich aus meinen. - Welch ein Mann,
  meine Emilia, Ihr Vater! Das Muster aller männlichen
  Tugend! Zu was für Gesinnungen erhebt sich meine Seele in

seiner Gegenwart! Nie ist mein Entschluß immer gut, immer
edel zu sein, lebendiger, als wenn ich ihn sehe - wenn
ich ihn mir denke. Und womit sonst, als mit der Erfüllung
dieses Entschlusses kann ich mich der Ehre würdig machen,
sein Sohn zu heißen; - der Ihrige zu sein, meine Emilia?"
(II, 7, S. 154)

"Der Prinz. ... - O Galotti, wenn Sie mein Freund, mein
Führer, mein Vater sein wollten!" (V, 5, S. 200)

[55] Friedrich A. Kittler, *"Erziehung ist Offenbarung"*, S. 130

[56] Auch Recha im *Nathan* hat nie ihre leibliche Mutter vermißt; die "gute böse", weil
tyrannisch liebende Daja hat als Muttersubstitut die Aufgaben der Primärsozialisation übernommen.

"Recha.   Eine Christin, die
In meiner Kindheit mich gepflegt; mich so
Gepflegt! - Du glaubst nicht! - Die mir eine Mutter
So wenig missen lassen! - Gott vergelt'
Es ihr! - Die aber mich auch so geängstet!
Mich so gequält!" (V, 6, S. 336)

Rechas "wahrer Vater" aber ist Nathan, der sie zwar nicht gezeugt, aber durch
Erziehung erst zu der gemacht hat, die der Tempelherr liebt.

"Kein kleiner Raub, ein solch Geschöpf! - Geschöpf?
Und wessen? - Doch des Sklaven nicht, der auf
Des Lebens öden Strand den Block geflößt,
Und sich davon gemacht? Des Künstlers doch
Wohl mehr, der in dem hingeworfnen Blocke
Die göttliche Gestalt sich dachte, die
Er dargestellt? - Ach! Rechas wahrer Vater
Bleibt, trotz dem Christen, der sie zeugte - bleibt
In Ewigkeit der Jude. - Wenn ich mir
Sie lediglich als Christendirne denke,
Sie sonder alles das mir denke, was
Allein ihr so ein Jude geben konnte: -
Sprich, Herz, - was wär' an ihr, das dir gefiel?
Nichts! Wenig! Selbst ihr Lächeln, wär' es nichts
Als sanfte schöne Zuckung ihrer Muskeln;
Wär', was sie lächeln macht, des Reizes unwert,
In den es sich auf ihrem Munde kleidet: -
Nein; selbst ihr Lächeln nicht!" (V, 3, S. 324f.)

[57] Vgl. Bengt Algot Sørensen, *Herrschaft und Zärtlichkeit*, S. 17

[58] Den gleichen Sachverhalt - ein quantitatives und qualitatives Übergewicht von
Vätern als Erzieher - konstatiert Reiner Wild für die Kinderbuchliteratur des 18.
Jahrhunderts, deren Aufgabe maßgeblich darin bestand, die Kinder auf ihre künftigen Rollen durch die Darstellung idealer Repräsentanten des gewünschten Sozialver-
haltens vorzubereiten.

"Die Erziehungstätigkeit der Mutter ist abgeleitet aus der väterlichen Dominanz. Die
Mutter fungiert als Stellvertreterin des Vaters; nur in dieser Funktion erhält sie in
den ersten Jahren der Kindheit aus gewissermaßen natürlichen Gründen eine gradu-
ell bedeutsamere Rolle zugesprochen als in den späteren Jahren." *Die Vernunft der
Väter*, S. 220

"Macht und Wissen, Autorität und Vernunft gehen ineins und sind in der Person des
Vaters vereinigt. Die Dominanz des Vaters geht mit der Vernunft in der Erziehung
zusammen; die männlich-väterliche Dominanz garantiert die Vernünftigkeit der
Erziehung." (Ebd., S. 230)

[59] S. dazu Friedrich A. Kittler, *Aufschreibesysteme 1800/ 1900*, München 1985.

[60] Dem Tod entgehen sie nur um den Preis der Ehelosigkeit wie Recha und der Tempelherr. Das Geschwisterpaar wird von einem ebenfalls unverheiratet gebliebenen
Geschwisterpaar, Bruder und Schwester ihres verstorbenen Vaters, an Kindesstatt

angenommen. In Nathan aber verkörpert sich ideale Vaterschaft als rein geistige Beziehung, ohne den geringsten Anteil der Natur.

[61] Friedrich A. Kittler, *"Erziehung ist Offenbarung"*, S. 134f.

[62] Vgl. Peter Horst Neumann, *Der Preis der Mündigkeit. Über Lessings Dramen.* Anhang: *Über Fanny Hill*, Stuttgart 1977, S. 52. "Ein leiblicher Vater muß weder besser noch schlechter sein als ein Adoptiv-Vater. Lessings Dramen akzentuieren nur jene größere Schwierigkeit der natürlichen Väter, vernünftige Väter zu sein. Aus der Befangenheit der Blutsbindung müssen sie sich auf jenes Niveau der Vernunft erst erheben, auf dem in Lessings Dramatik der adoptierende Vater schon steht. Er hat die Erfahrung der leiblichen Vaterschaft freilich schon vorher durchlaufen. Vater im Sinne der Vernunft - und das heißt zugleich: des Herzens - ist allein der, welcher ein Kind, das leibliche oder das fremde, annimmt und es als ein zur Mündigkeit bestimmtes Wesen begreift."

[63] Karl Heinz Bohrer interpretiert "die Signifikanz des Kleistschen Gefühlsausdrucks im Sinne eines nicht symbolischen Zeichens, sondern eines energetischen, psychisch ambivalenten Vorgangs". *Kleists Selbstmord* (1978), in: *Kleists Aktualität. Neue Aufsätze und Essays 1966-1978*, hg. v. Walter Müller-Seidel, Darmstadt 1981, S. 281-306, hier S. 298

[64] Vgl. Karlheinz Stierle, *Die narrative Struktur von Kleists 'Das Erdbeben in Chili'*, in: *Modellanalysen*, S. 54-68, hier S. 65: "Die Dynamis des 'anderen Zustands' verbraucht sich gewaltsam, wird gewaltsam verschlungen durch die explosionshafte Rückkehr in die Kontinuität der Zeit. Vor diesem Hintergrund aber steht der Schluß der Geschichte als Abglanz der Erfahrung der Außerzeitlichkeit in der wiedergefundenen Zeit. Die Versöhnung zwischen Don Fernando und seiner Frau hat teil an diesem Zusammenhang. Das Unterpfand aber für die Dauer des paradiesischen Paktes in der geschichtlichen Zeit ist das Kind Philipp."

[65] Vgl. Anthony Stephens, *Kleists Familienmodelle*, S. 222-237, bes. S. 234-236. Stephens verweist auf die Funktion realer oder symbolischer Opferhandlungen zur Sicherung der familialen Zukunft. "Im allgemeinen scheint die Aufrechterhaltung einer fragwürdig gewordenen patriarchalischen Familienordnung nach Opfern zu verlangen, wenn diese auch vom 'Schicksal' bzw. von der auktorialen Absicht gleichsam abgelehnt oder als nichtig hingestellt werden." (Ebd., S. 235)

[66] Auch Anthony Stephens betont die Bedeutung der Parodie für Kleists Umgang mit tradierten Familienmodellen. Vgl. ebd., S. 232

2. Der Findling

"'Der Findling' erscheint in gewisser Weise als Komplementärerzählung zum 'Erdbeben in Chili'. Er beginnt dort, wo die andere Erzählung aufhört. (...) Während die Adoption das 'Erdbeben in Chili' beschließt, eröffnet sie den 'Findling'. Doch die Aspekte sind bedeutsam verändert worden. Am Ende des 'Erdbebens in Chili' wird die Wirklichkeit der Erzählung in der Utopie transzendiert, die im Bild des Kindes konkret sichtbar wird. Im 'Findling' wird der umgekehrte Prozeß gestaltet. Es wird gezeigt, wie die Wirklichkeit die Utopie notwendig überlagert und auslöscht."[1]

Wie Manfred Durzak den Schluß des *Erdbebens* als Apotheose der im Kind inkarnierten Hoffnung zu lesen, bedeutet, die damit verbundene willkürliche Opferung eines anderen Kindes zu negieren. Die Gegenüberstellung 'Utopie' versus 'Wirklichkeit' ist in dieser Weise nicht haltbar. Beide Novellen erzählen nicht nur die Geschichte einer Adoption, sondern auch die einer Substitution. So wie Philipp an Juans Stelle tritt, muß Nicolo Paolos[2] Platz einnehmen.[3]

Als Antonio Piachi, ein "wohlhabender Güterhändler" und "Landmäkler" aus Rom, auf einer Geschäftsreise, die er zusammen mit seinem elfjährigen Sohn Paolo unternimmt, dem von einer "pestartigen Krankheit" befallenen Nicolo begegnet, ist er zunächst ratlos, was er mit ihm beginnen soll.

"Piachi wollte in der ersten Regung des Entsetzens, den Jungen weit von sich schleudern; doch da dieser, in eben diesem Augenblick, seine Farbe veränderte und ohnmächtig auf den Boden niedersank, so regte sich des guten Alten Mitleid: er stieg mit seinem Sohn aus, legte den Jungen in den Wagen, und fuhr mit ihm fort, obschon er auf der Welt nicht wußte, was er mit demselben anfangen sollte." (II 199)

Hoffmeister sieht darin die "aus irrationalen Tiefenschichten stammende Güte Piachis"[4], Stephens eine Parodie auf Rousseaus Lob des Mitleids[5], während Erna Moore in ihrer Deutung auf die psychologischen Motive der Protagonisten abhebt: Piachi wolle sich mit seiner Tat Colino ebenbürtig erweisen und um Elvires Liebe werben.[6]

Die Annahme leidenschaftlicher Gefühle Piachis für seine Frau beruht jedoch auf reiner Spekulation, vom Text wird sie nicht belegt. Zunächst einmal verdankt Nicolo seine Aufnahme schlicht einer Ohnmacht, die Piachi zu einer spontanen Handlung verleitet; einer von vielen Zufällen, die das Geschehen vorantreiben.[7] Das Problem, was mit dem Jungen anzufangen sei, löst sich, als Piachis Sohn, von Nicolo angesteckt, stirbt.[8]

"Er bestieg eben, sehr von Schmerz bewegt, den Wagen und nahm, bei dem Anblick des Platzes, der neben ihm leer blieb, sein Schnupftuch heraus, um seine Tränen fließen zu lassen: als Nicolo, mit der Mütze in der Hand, an seinen Wagen trat und ihm eine glückliche Reise wünschte. Piachi beugte sich aus dem Schlage heraus und fragte ihn, mit einer von heftigem Schluchzen unterbrochenen Stimme: ob er mit ihm reisen wollte? Der Junge, sobald er den Alten nur verstanden hatte, nickte und sprach: o ja! sehr gern; und da die Vorsteher des Krankenhauses, auf die Frage des Güterhändlers: ob es dem Jungen wohl erlaubt wäre, einzusteigen? lächelten und versicherten: daß er Gottes Sohn wäre[9] und niemand ihn vermissen würde; so hob ihn Piachi, in einer großen Bewegung, in den Wagen, und nahm ihn, an seines Sohnes Statt, mit sich nach Rom." (II 200)

Durch seine Waisenschaft ist Nicolo zum Substitut geradezu prädestiniert; er muß jedem das ihm Fehlende ersetzen, sei es familialer, ökonomischer oder erotischer Natur. Nach seiner Rolle als Ersatzsohn übernimmt er die Funktion des Kommis, bis er, bei Piachis Rückzug ins Privatleben, seinen Platz als Güterhändler einnimmt. Bei Elvire vertritt er die Stelle des toten Colino und bei Xaviera Tartini die des Bischofs.[10]

Doch Nicolo ist nicht der einzige Stellvertreter; innerhalb der Familie ersetzt Elvire Piachi die verstorbene Frau und Paolo die leibliche Mutter. Nach Paolos Tod treten Piachi und Elvire an die Stelle von Nicolos verstorbenen Eltern; Nicolo wird für Elvire zum Supplement des Supplements, der Adoptivsohn ersetzt den Stiefsohn. Die einzelnen Mitglieder der Familie - mit Ausnahme des Vaters[11] - sind austauschbar; die Grundstruktur der Familie wird auch bei wechselnden Personen aufrechterhalten.

Das Spiel der Substitutionen ist damit nicht zu Ende. Piachi ist offiziell an die Stelle Colinos getreten, während in Elvires Gefühlsleben das Bild den Platz des verstorbenen Geliebten eingenommen hat. Nicolo wiederum versucht in der Kleidung des genuesischen Ritters das Bild zu substituieren; im anagrammatischen Spiel wird Nicolo zu Colino. Indem er seine Rechte als Besitzer geltend macht, wird Nicolo zu Piachi und dieser zum anarchischen Findling, der den Kirchenstaat zwingt, seine eigenen Gesetze zu brechen.

Auch die Randfiguren sind in das Stellvertretersystem einbezogen. Elvire ersetzt ihre verstorbene Nichte Constance Parquet durch eine andere junge Verwandte, bei Nicolo tritt Xaviera Tartini wieder an ihre Stelle. Nicolo nimmt den Platz des Bischofs ein, so wie der Bischof den Platz eines anderen eingenommen hat - er ist nicht Klaras Vater. Dies enthüllt Nicolos Antwort auf Klaras Bemerkung über sein identisches Aussehen mit der in dem Portrait dargestellten Person: "... wahrhaftig, liebste Klara, das Bild gleicht mir, wie du demjenigen, der sich deinen Vater glaubt!" (II 208)[12]

Die Identität des potentiellen 'wahren' Vaters könnte zudem ein weiteres Indiz für den Sittenverfall unter den Repräsentanten des Kirchenstaates sein[13]: Xaviera Tartini, die "Beischläferin ihres Bischofs" (II 201) hat eine Tochter von "dem Kardinal" (II 208). Ein Bischof steht in der Hierarchie unter einem Kardinal; der erste der Kardinäle aber ist der Papst.

Nähme Nicolo Klara an Kindes Statt an, stände er damit in inverser Analogie zu Elvire: So wie er für sie das Substitut des Sohnessubstitutes ist, wäre er für Klara das Substitut des Vatersubstitutes. Zugleich träte er damit wieder an die Stelle Piachis, der ihn als Ersatz für seinen Sohn adoptiert hat, so wie Klara an die Stelle seines verstorbenen Kindes träte. Auch in diesem Fall bliebe die familiale Grundstruktur mit dem Vater als Zentrum erhalten.

Die Substitutionen schrieben sich ad infinitum fort: Die ursprüngliche Familie Piachi - erste Frau - Paolo wurde von der Familie Piachi - Elvire - Paolo substituiert, diese von der Familie Piachi - Elvire - Nicolo. Die Familie Nicolo - Xaviera - Klara substituierte diese und zugleich die Familie Nicolo - Constance - erstes Kind und die illegitime Familie Bischof - Xaviera - Klara, die ein Substitut der natürlichen Familie Kardinal - Xaviera - Klara war.

Kleists Darstellung der Familie, in die Nicolo aufgenommen wird, weist sie als eine Mischform aus Elementen der alten Haushaltsfamilie und der neuen bürgerlichen Kernfamilie aus. Der Tod des einzigen Sohnes evoziert nicht, wie im bürgerlichen Trauerspiel, den "absoluten Schmerz"; die Möglichkeit seiner Substitution resultiert jedoch hier wie dort aus der symbolischen Unsterblichkeit der Familie[14], wobei sie in der Novelle eng mit der Weitergabe und dem Fortbestand des Besitzes verknüpft ist.

> "In Rom stellte ihn Piachi, unter einer kurzen Erzählung des Vorfalls, Elviren, seiner jungen trefflichen Gemahlin vor, welche sich zwar nicht enthalten konnte, bei dem Gedanken an Paolo, ihren kleinen Stiefsohn, den sie sehr geliebt hatte, herzlich zu weinen; gleichwohl aber den Nicolo, so fremd und steif er auch vor ihr stand, an ihre Brust drückte, ihm das Bette, worin jener geschlafen hatte, zum Lager anwies, und sämtliche Kleider desselben zum Geschenk machte." (II 201)

Die distanzierte Schilderung des Erzählers deutet auf das Fehlen tieferer emotionaler Bindungen zwischen Piachi, Elvire und Paolo hin.[15] Der Begriff 'Vorfall' erscheint völlig unangemessen im Zusammenhang mit dem Tod des eigenen Kindes und der Annahme eines anderen.

Die "kurze Erzählung" läßt eine sachlich knappe Schilderung der Ereignisse vermuten und relativiert die Äußerung über Piachis Schmerz ("sehr von Schmerz bewegt" II 200). Daß Elvire Paolo "sehr geliebt hatte" läßt sich auf Grund der steifen und zurückhaltenden Formulierung, daß sie sich "nicht enthalten konnte (...), herzlich zu weinen" ebenfalls in Zweifel ziehen. Auch die sofortige Schenkung von Paolos Kleidung und Bett zeugt von keinem ausgeprägten Gefühl des Verlustes.[16]

Auch retrospektiv ergreift Piachi keine Rührung bei Erinnerungsstücken aus Nicolos Kindheit, wie sich an den "elfenbeinernen Buchstaben" zeigt, die er, "weil sie niemand mehr brauchte" (II 210), verschenken möchte. Die Buchstaben, pädagogisches Spielzeug zum Lesenlernen, enthüllen indirekt einige Details aus Nicolos Primärsozialisation. Sein genaues Alter bei der Aufnahme in Piachis Haus wird nicht erwähnt, doch scheint er, da er die Funktion des Stellvertreters innehat, ungefähr gleichaltrig mit dem "eilfjährigen" Paolo zu sein. Seinem Alter gemäß schickt Piachi "ihn in die Schule, wo er Schreiben, Lesen und Rechnen lernte" (II 201).

Auf seiner Entwicklungsstufe wären die Buchstaben, "vermittelst welcher Nicolo in seiner Kindheit unterrichtet worden" (II 210), eigentlich völlig obsolet. Sie sind für jüngere Kinder gedacht, dementsprechend will sie Piachi "an ein kleines Kind in der Nachbarschaft" (II 210) verschenken. Die Buchstaben scheinen nicht aus Paolos Besitz zu stammen, sondern für Nicolo gekauft worden zu sein. Daß er sie - vielleicht in Ergänzung zum Schulunterricht - brauchte, deutet darauf hin, daß er bei seinem Eintritt in die neue Familie noch nicht alphabetisiert war.

Die Buchstabiermethode, nach der die Kinder über das Auswendiglernen der Buchstaben allmählich das Lesen erlernen sollten, wird um 1800 von der Lautiermethode abgelöst, bei der die Mutter dem Kind die einzelnen Laute vorspricht. Mit ihr wird der Spracherwerb zur mütterlichen Domäne; schulische Methoden des Lesenlehrens werden weitgehend abgelehnt.[17]

Nun ist Nicolo bei seiner Aufnahme in Piachis Haus zwar kein Infans mehr, doch daß er noch nicht lesen und schreiben kann, deutet auf keine die neuen Kulturisationstechniken praktizierende Mutter hin. Der Mangel einer ihn liebevoll unterweisenden mütterlichen Stimme wiederholt sich in seinem neuen Zuhause; von einer Kommunikation zwischen Elvire und Nicolo ist nicht die Rede. Elvire spricht nur den Namen 'Colino' "recht mit dem Akzent der Liebe" aus (II 207); dem Adoptivsohn gegenüber bleibt sie reserviert. Auch einer jungen Verwandten, die sie nach Constanzes Tod für einige Zeit zu sich nach Rom holt, bringt sie mehr Zuneigung als ihm entgegen. Sie ist "mit Artigkeiten gegen diese beschäftigt", während sie auf Nicolo, "der sie sehr freundlich aus dem Wagen hob, nur einen flüchtigen nichtsbedeutenden Blick" wirft (II 209), nachdem sie ihn mehrere Tage nicht gesehen hat.

Worauf sich Piachis Liebe gründet, ist - entgegen der beiläufig Selbstverständlichkeit supponierenden Erwähnung im Text - im höchsten Maße rätselhaft[18]:

"... und da er, auf eine leicht begreifliche Weise, den Jungen in dem Maße lieb gewonnen, als er ihm teuer zu stehen gekommen war, so adoptierte er ihn" (II 201)

Der Satz läßt extreme Deutungen zu; ihn als Emanation von Piachis Seelenstärke zu lesen, wie Hoffmeister[19], hieße jedoch, den Substitutionscharakter der Beziehung zu verkennen. Darin andererseits nur einen Ausdruck von Piachis unbestreitbar merkantiler Geisteshaltung[20] zu sehen, würde der Komplexität der Empfindung ebensowenig gerecht. Durch Paolos Tod hat Piachi zwar 'Verwendung' für Nicolo gefunden, die Aussage des Satzes geht jedoch weiter. Es wird ein Kausalzusammenhang zwischen dem durch Nicolo erlittenen Verlust und Piachis Liebe zu ihm behauptet; zudem sei der 'Grad' der Liebe der Schwere des Verlustes proportional. Ein ungeheurer Sachverhalt, der den Leser so ratlos macht, wie Don Fernandos ambivalente Gefühle im *Erdbeben in Chili*. Zwei Väter verlieren ihre Söhne wegen eines anderen Kindes, der eine wird von diesem mit einer tödlichen Krankheit infiziert, der andere an seiner Stelle ermordet, und beide Male richten die Väter keine Aggressionen gegen dieses Kind, das unschuldig den Tod des eigenen ausgelöst hat, sondern setzen es an dessen Platz. Ein Verhalten, dessen Rätselhaftigkeit keine Auflösung findet.

In Nicolos Erziehung treffen alte und neue Elemente aufeinander. Zwar besucht er zur allgemeinen Wissensvermittlung die Institution Schule, doch seine Berufsausbildung vollzieht sich über das traditionelle imitative Lernen. Seine Erziehung ist zweckbestimmt; er wird zum geschäftlichen Nachfolger seines Vaters ausgebildet, dem er zunächst den Kommis ersetzt, bis er schließlich an seine Stelle tritt. Als Nicolo heiratet, überlassen ihm die Eltern einen großen Teil des Hauses und anläßlich seines sechzigsten Geburtstages überschreibt ihm Piachi bis auf ein kleines Privatkapital sein gesamtes Geschäftsvermögen.

Mit Berufstätigkeit, Heirat und Besitz eines eigenen Vermögens endet nach Fichtes Ausführungen in der *Grundlage des Naturrechts* die Erziehung und damit die Herrschaft der Eltern über ihre Kinder.

"Der allgemeine Zweck derselben [der Erziehung] ist die Brauchbarkeit unserer Kräfte zur Beförderung vernünftiger Zwecke: und der äußere, von den Eltern zu

respektierende Richter über diese Brauchbarkeit ist der Staat. Nun kann zwar der Staat nicht unmittelbar die Kinder freisprechen, weil er dann in die Erziehung einen Eingriff täte: aber er kann es mittelbar, indem er dem Sohne ein Staatsamt, oder ein anderes bürgerliches Recht, etwa die Meisterschaft in einem Handwerk durch die Zunft, die insofern von ihm bevollmächtigt ist, überträgt. Er fällt dann das Urteil der Brauchbarkeit. (...)
Endlich (...) kann die Erziehung und mit ihr die Unterwürfigkeit der Kinder aufgehoben werden, dadurch, daß sie, der Natur der Sache nach, nicht mehr möglich ist. Dies geschieht durch die Verheiratung. Die Tochter wird dem Willen ihres Ehemannes unbegrenzt unterworfen, und kann daher keinem anderen Willen, dem ihrer Eltern, unterworfen bleiben. Der Mann hat mit unbegrenzter Zärtlichkeit für das Glück seiner Gattin zu sorgen; er kann in dieser Sorge durch keinen fremden Willen, den der Eltern, sich stören lassen." (§ 56, S. 362)
"Jeder selbständige Bürger muß ein eignes Vermögen haben, und dem Staate angeben können, wovon er lebe. Sonach kann der Staat mit Recht von den Eltern, die ein Kind aus ihren Händen herausgehen lassen, verlangen, daß sie ihm ein gewisses Vermögen geben, oder, mit einem sehr gut bezeichnenden Worte, daß sie dasselbe *ausstatten*. Wie viel aber sie ihm geben sollen, darüber kann er nichts vorschreiben, sondern das hängt ab von ihrem eignen freien Ermessen." (§ 58, S. 363)

Nicolos Heirat mit Constanze Parquet, "Elvirens Nichte, die unter ihrer Aufsicht in Rom erzogen wurde" (II 201), ist von seiner Seite keine Liebesheirat, sondern kommt auf Betreiben der Eltern zustande, die hoffen, damit seinen erotischen Abenteuern ein Ende zu machen.[21] Aber auch durch die Standhaftigkeit und Beständigkeit seiner Frau, die sie schon in ihrem Namen bekundet, kann Nicolos Libertinage nicht überwunden werden. Als ein weiterer Grund für die Heirat lassen sich geschäftliche Interessen vermuten; Piachis Haus wird durch die Eheschließung noch enger mit dem der Parquets verbunden, zu dem schon vorher ein guter Kontakt besteht.[22]

Der Moment des Übergangs von der Herkunftsfamilie in die Gattenfamilie ist potentiell konfliktträchtig, solange durch ihn gesamtfamiliale Interessen berührt werden, seien sie ökonomischer, sozialer oder psychologischer Provenienz.[23] In der fiktiven und nicht-fiktiven Literatur des 18. Jahrhunderts werden die mit der Eheschließung verbundenen ethischen und rechtlichen Probleme ausführlich diskutiert. Die grundlegende Tendenz hinsichtlich der Entscheidungskompetenzen von Eltern und Kindern verläuft vom unhinterfragbaren Recht der Eltern zur Alleinentscheidung der Kinder.

"Innerhalb der letzten 1000 Jahre haben die Vorstellungen über die richtige Methode der Ehestiftung vier aufeinanderfolgende Phasen durchlaufen. In der ersten Phase wurde die Heirat von den Eltern mit relativ wenig Rücksicht auf die Wünsche der Kinder arrangiert; in der zweiten bereiteten die Eltern die Heirat immer noch vor, gestanden aber ihren Kindern ein Vetorecht zu; in der dritten trafen die Kinder die Wahl, aber die Eltern behielten ein Vetorecht; in der vierten Phase schließlich, die erst in diesem Jahrhundert erreicht wurde, treffen die Kinder die Auswahl ihrer Ehepartner ganz allein und kümmern sich nur sehr wenig um die Meinung der Eltern."[24]

Am Allgemeinen Preußischen Landrecht ist abzulesen, daß sowohl Eltern als auch Kinder an der Entscheidung bezüglich des Ehepartners beteiligt sein sollen. Dabei ergibt sich ein leichter Überhang zugunsten des Rechtes der Kinder, sie treffen die Wahl; die Eltern können zwar Einspruch erheben, gegen ihren Willen dürfen sie die Kinder jedoch nicht verheiraten.

> "Kinder aus einer Ehe zur rechten Hand können sich, ohne Einwilligung ihres leiblichen Vaters, nicht gültig verheirathen." (ALR II 1, § 45, S. 346)

Bei Adoption, wie im Falle Nicolos, tritt der Adoptivvater in die Rechte des leiblichen Vaters:

> "Wer an Kindesstatt förmlich angenommen worden, bedarf zu seiner Heirath nur der Genehmigung desjenigen, welcher ihn dazu angenommen hat." (ALR II 1, § 47, S. 346)

Zwang darf in keinem Fall ausgeübt werden:

> "Aeltern können ihre Kinder zur Wahl eines künftigen Ehegatten nicht zwingen." (ALR II 2, § 119, S. 386)

Nun kann bei der Verheiratung Nicolos mit Constanze von direktem Zwang keine Rede sein; Nicolo erfüllt die Erwartungen seiner Eltern, wie es Pflicht der Kinder war, solange nur geringe emotionale Ansprüche an die eheliche Verbindung gestellt wurden. Erst in dem Moment, als eine individualisierte Liebe, die sich nur auf einen bestimmten Menschen richtet, zur notwendigen ethischen und psychologischen Bedingung der Ehe erklärt wird, wird komplementär die Berechtigung der elterlichen Einflußnahme in Frage gestellt.[25]

Nicolos Ehe fällt in die Umbruchphase zwischen beiden Konzepten: Zwar wird sie nicht durch eine Gefühlsbindung begründet, sondern durch elterliche Interessen, gleichwohl ist der Erwartungshorizont der Umgebung von Ansprüchen an die emotionale Qualität der Beziehung geprägt, wie sich an der Bewertung von Nicolos Verhalten zeigt, nachdem seine Frau und ihr gemeinsames Kind im Wochenbett gestorben sind.

> "Dieser Vorfall, bedauernswürdig an sich, weil ein tugendhaftes und wohlerzogenes Wesen verloren ging, war es doppelt, weil er den beiden Leidenschaften Nicolos, seiner Bigotterie und seinem Hange zu den Weibern, wieder Tor und Tür öffnete. Ganze Tage lang trieb er sich wieder, unter dem Vorwand, sich zu trösten, in den Zellen der Karmelitermönche umher, und gleichwohl wußte man, daß er während der Lebzeiten seiner Frau, nur mit geringer Liebe und Treue an ihr gehangen hatte." (II 205)

Die Darstellung des Erzählers, der die Perspektive von Nicolos sozialem Umfeld einnimmt, kommt einer moralischen Verurteilung gleich. Die Tatsache, daß Nicolo seine Frau nicht, oder nur in geringem Maße liebte, diskreditiert ihn als Mensch; zu Beginn des 19. Jahrhunderts ist es 'schicklich' geworden, den Tod des Gatten zu betrauern.

> "Der Schmerz, den man nun an den Tag legt, bezeugt die Liebe, die man für den Verstorbenen hegte; und die Ehe wird als Einrichtung betrachtet, die eine Gefühlsbindung zwischen den Partnern herstellt oder heiligt."[26]

Der Tod des Kindes dagegen wird vom Erzähler nur kurz erwähnt und erfährt nicht dieselbe Anteilnahme wie der Tod der Mutter. Dies ist zum einen noch ein Ausdruck der traditionellen Gleichgültigkeit, mit der die alte Gesellschaft auf die hohe Rate der Säuglings- und Kindersterblichkeit reagierte, und die diese zum Teil mit verursachte.[27] Zum anderen wird Constanzes Tod betrauert, weil mit ihm der Gemeinschaft ein moralisch integres Wesen verlorengeht. Dies ist bei ihrem

Kind nicht der Fall, denn Kleinkindern wurde noch keine vollentwickelte Seele zugestanden[28] - ein weiterer Grund für die indifferente Haltung der Umgebung.

Mit der wachsenden Hochschätzung der Gattenliebe geht die Verurteilung des Mätressenwesens einher. Nicolos langjähriges Verhältnis mit Xaviera Tartini[29] wird dementsprechend vom Vater, als Repräsentanten der Gesellschaft sanktioniert[30], völlig unterbinden kann er es jedoch nicht.

Während ihrer sechs Jahre dauernden Beziehung, die erst mit Nicolos Tod endet, kommt es zu keiner Schwangerschaft. Wenn man bedenkt, daß Constanze nach einem Ehejahr niederkommt, und Josephe im *Erdbeben in Chili* und die Marquise von O... bei der ersten sexuellen Begegnung geschwängert werden, läßt dies implizit auf empfängnisverhütende Praktiken im Fall Nicolos und Xavieras schließen.

In der zweiten Hälfte des 18. Jahrhunderts betreiben immer mehr Ehepaare Empfängnisverhütung mit Hilfe des Koitus interruptus. Diese Entwicklung beruht weniger auf ökonomischen Überlegungen, da sie bei den privilegierten Schichten ihren Anfang nimmt[31], sondern hängt mit der Sittenreform des 18. Jahrhunderts und der gewandelten Einstellung zur Ehe zusammen.[32]

Indem der 'ritterliche' Ehemann Rücksicht auf seine Frau nimmt und ihr nicht mehr alljährlich eine gefährliche Schwangerschaft zumutet, ist zugleich das Leben des Kleinkindes besser geschützt, da die Mutter es nun über einen längeren Zeitraum selbst nähren kann.

Foucault beschreibt die "Sozialisierung des Fortpflanzungsverhaltens" als einen der vier strategischen Komplexe - neben der "Hysterisierung des weiblichen Körpers", der "Pädagogisierung des kindlichen Sexes" und der "Psychiatrisierung der perversen Lust" -, die seit dem 18. Jahrhundert um den Sex spezifische Dispositive entfalten.

> "Die *Sozialisierung des Fortpflanzungsverhaltens* vollzieht sich als ökonomische Sozialisierung über 'soziale' oder steuerliche Maßnahmen, die die Fruchtbarkeit der Paare fördern oder zügeln; als politische Sozialisierung durch Weckung der Verantwortlichkeit gegenüber dem gesamten Gesellschaftskörper (der ausgeweitet oder eingeschränkt werden muß); als medizinische Sozialisierung, die den Praktiken der Geburtenkontrolle krankheitserregende Wirkungen für Individuum und Art zuschreibt."[33]

Nicolo und Xaviera betreiben aus anderen Motiven Empfängnisverhütung als die gesellschaftliche Avantgarde. Xaviera, "Beischläferin ihres Bischofs" (II 201), ist eine Mischung aus Nobelprostituierter, denn "einer ausgebreiteten Bekanntschaft unter den Edelleuten Italiens konnte sie sich rühmen" (II 208), und dem erotischen Vergnügen lebender Gesellschaftsdame.[34] Unter Prostituierten waren empfängnisverhütende Mittel wie Vaginaltampons aus beruflichen Gründen immer schon im Gebrauch, und viele reiche - und aufgeklärte - Damen betrachteten "die Fortpflanzung der Art als eine Fopperei der alten Zeiten".[35] Nicolos und Xavieras sinnlich-erotische Beziehung bildet den Ausgleich zu der Langeweile, die Nicolo in seiner von der Pflicht diktierten Ehe empfindet und Xaviera im Konkubinat mit dem Bischof.[36]

In einer Zeit, in der die gebildeten Schichten sich zunehmend darum bemühen, den Dualismus von außerehelicher Sinnlichkeit und ehelicher Freundschaft zu überwinden und beides in die Ehe zu integrieren, fungieren Nicolo, Xaviera und der Bischof als Repräsentanten der alten, vorbürgerlichen Gesellschaft. Denn auch das Konkubinat zwischen Xaviera und dem Bischof, das neben pekuniären Interessen und Korruption ebenfalls Kennzeichen des moralischen Verfalls des Klerus ist, wurde nicht immer so beurteilt; erst seit dem 16. Jahrhundert bemühte sich die Kirche, es abzuschaffen.[37]

Die Ehe zwischen Piachi und Elvire hält dem modernen Kriterium der gegenseitigen emotionalen Erfüllung ebenfalls nicht stand; sie ist eine Zweckgemeinschaft. Piachi lernt Elvire bei einer seiner Geschäftsreisen im Haus des Marquis von Montferrat kennen, mit dem er Handelsbeziehungen unterhält; zwei Jahre später heiratet er sie. Elvire, die als Dreizehnjährige von Colino, dem Sohn des Marquis, gerettet wurde und ihn bis zu seinem Tod, drei Jahre später pflegt, ist demnach bei der Eheschließung mindestens sechzehn und höchstens achtzehn Jahre alt, da sich die Zeitangabe "zwei Jahre darauf" (II 203) auf ihr Kennenlernen bezieht, das irgendwann während der dreijährigen Pflegezeit stattgefunden hat. Sie muß mindestens sechzehn Jahre alt sein, da sie "nicht von seiner [Colinos] Seite wich" (II 203), Piachi aber bei der Eheschließung von Genua nach Rom folgt. Und selbst wenn Piachi sie erst kurz vor Colinos Tod kennengelernt hätte, könnte sie - "zwei Jahre darauf" - nicht älter als achtzehn Jahre sein.

Auch der Altersabstand zwischen Piachi und Elvire läßt sich aus den verstreuten Angaben im Text eruieren. Piachi ist sechzig Jahre alt, als er Nicolo sein gesamtes Geschäftsvermögen überläßt; bis zu der dramatischen Zuspitzung der Ereignisse vergeht ungefähr noch ein Jahr, denn die Überschreibung fällt in die Zeit nach Nicolos Hochzeit mit zwanzig Jahren und vor seine Entdeckung von Elvires Geheimnis, etwa ein Jahr darauf, nachdem Constanze bereits gestorben ist. Piachi ist gegen Ende der Novelle also Anfang sechzig, Nicolo Anfang zwanzig und Elvire Ende zwanzig, wenn "der Gegenstand von Elvirens Liebe ein, schon seit zwölf Jahren, im Grabe schlummernder Toter" ist (II 211).[38]

Piachi heiratet die über dreißig Jahre jüngere Frau, um seinem Sohn einen Ersatz für die verstorbene Mutter zu bieten. Es ist vorstellbar, daß er Elvire als verheirateter Mann kennengelernt hat und "zwei Jahre darauf" heiratet, als er Witwer wird.[39] Große Altersunterschiede waren bei Ehen, die aus instrumentellen Erwägungen geschlossen wurden, keineswegs selten, während zunehmende Altersgleichheit der Partner nach Shorter auf romantische Liebe als Motiv für die Ehe schließen läßt.[40]

Auch Elvire profitiert von dieser Ehe; die Feststellung, daß sie "von dem Alten keine Kinder mehr zu erhalten hoffen konnte" (II 201), evoziert die Frage, ob sie das überhaupt wolle. Die Tuchfärbertochter und Kaufmannsfrau Elvire ist von ihrem romantischen Liebeskult um den Patrizier so absorbiert, daß sie für die Menschen, die sie umgeben, keine tieferen Gefühle hegt. Piachi weiß von ihrer schwärmerischen Liebe zu dem toten Ritter und scheint sie zu akzeptieren[41], ohne selbst sexuelle Ansprüche an Elvire zu stellen oder auf Grund von Impotenz stellen zu können.[42] Damit ist jedoch die Verbindung zwischen Piachi und Elvire keine wahre Ehe im Sinne der zeitgenössischen Philosophie; erinnert sei an Fichtes "Deduktion der Ehe" in der bereits erwähnten *Grundlage des Naturrechts*.[43]

Kant schreibt in der *Metaphysik der Sitten:*

"Der Ehe-Vertrag wird nur durch eheliche Beiwohnung *(copula carnalis)* vollzogen. Ein Vertrag zweier Personen beiderlei Geschlechts mit dem geheimen Einverständnis entweder sich der fleischlichen Gemeinschaft zu enthalten, oder mit dem Bewußtsein eines oder beider Teile, dazu unvermögend zu sein, ist ein simulierter Vertrag und stiftet keine Ehe; kann auch durch jeden von beiden nach Belieben aufgelöset werden. (...)
Die Erwerbung einer Gattin oder eines Gatten geschieht also nicht *facto* (durch die Beiwohnung) ohne vorhergehenden Vertrag, auch nicht *pacto* (durch den bloßen ehelichen Vertrag ohne nachfolgende Beiwohnung), sondern nur *lege:* d.i. als rechtliche Folge aus der Verbindlichkeit in eine Geschlechtsverbindung nicht anders, als vermittelst des wechselseitigen Besitzes der Personen, als welcher nur durch den gleichfalls wechselseitigen Gebrauch ihrer Geschlechtseigentümlichkeiten seine Wirklichkeit erhält, zu treten." (§ 27, S. 84)

Im kirchlichen und staatlichen Recht ist die Möglichkeit zur Trennung verbürgt, wenn die Ehe nicht vollzogen werden kann. Nach katholischem Kirchenrecht fällt Impotenz unter die "trennenden Hindernisse", die, da sie auf göttlichem oder natürlichem Recht beruhen, nicht durch Dispens aufgehoben werden können. Während eine kirchenrechtlich gültig geschlossene und durch copula carnalis von den Gatten vollzogene Ehe nur durch den Tod lösbar ist, kann eine zwar kirchenrechtlich gültig geschlossene, aber nicht vollzogene Ehe durch päpstlichen Dispens oder das Keuschheitsgelübde eines Gatten wieder gelöst werden.[44] Im Preußischen Landrecht wird "Unvermögen" ebenfalls als Scheidungsgrund anerkannt:

"Ein auch während der Ehe erst entstandnes, gänzlich und unheilbares Unvermögen zur Leistung der ehelichen Pflicht, begründet (...) die Scheidung." (ALR II 1, § 696, S. 368)

Nun wird Piachis Impotenz nirgendwo im Text explizit erwähnt, dagegen ein Elvire betreffendes Detail, das geeignet scheint, diese Annahme in Zweifel zu ziehen. Es handelt sich um ein "hitziges Fieber", "in welches sie gleich nach ihrer Verheiratung verfiel" (II 203). Dies bleibt nicht das einzige Mal, daß Elvire mit einem Fieberanfall reagiert: Nachdem ihr Nicolo zufällig "in der Maske eines genuesischen Ritters" (II 204) und damit als Revenant Colinos erschienen ist, liegt sie "mehrere Tage lang an einem heftigen Fieber" darnieder (II 204). Schließlich stirbt Elvire nach Nicolos gescheitertem Vergewaltigungsversuch "an den Folgen eines hitzigen Fiebers, das ihr jener Vorfall zugezogen hatte" (II 214).

Das Fieber steht beide Male mit einer erotischen Irritation bzw. einem sexuellen Annäherungsversuch in Verbindung. Vor diesem Hintergrund läßt sich darauf schließen, daß Piachi in seiner neuen Rolle als Ehemann möglicherweise seine Rechte eingeklagt hatte. In dem Moment, als ihr das Begehren des anderen ihr eigenes unterdrücktes Begehren zu Bewußtsein bringen könnte, flüchtet Elvire in eine psychosomatische Reaktion.[45]

Ob die sexuelle Unerfülltheit nun aus Piachis Impotenz oder Elvires Unwillen herrührt, sie muß für beide die Atmosphäre hochexplosiv aufladen. Bis zu welchem Grad Piachi über Elvires Liebeskult informiert ist, ob er sie vielleicht sogar wie Nicolo heimlich dabei beobachtet, ist vom Text nicht eindeutig belegbar. Da er sich mit seinem Schlüssel bisweilen Zugang zu ihrem verschlossenen Zimmer verschafft[46], wird er zumindest mit ihrer Ikone vertraut sein: "dem Bild eines jungen Ritters in Lebensgröße, das in einer Nische der Wand, hinter einem rotseidenen Vorhang, von einem besondern Lichte bestraht, aufgestellt war." (II 207)

Einzelheiten des Kultes erfährt der Leser aus der voyeuristischen Perspektive Nicolos:

> "Da lag sie, in der Stellung der Verzückung, zu jemandes Füßen, und ob er gleich die Person nicht erkennen konnte, so vernahm er doch ganz deutlich, recht mit dem Akzent der Liebe ausgesprochen, das geflüsterte Wort: Colino." (II 207)

Elvires allabendliches Ritual erweist sich als eine sublime Form von Masturbation: "nach einer stillen und ruhigen Entkleidung, wie sie gewöhnlich zu tun pflegte", öffnet sie "den seidnen Vorhang, der die Nische bedeckte" (II 212).[47]

Selbst wenn Piachi kein detailliertes Wissen über Elvires Kult hätte, genügte allein die Präsenz des Portraits, ihm seine untergeordnete Rolle deutlich zu machen.[48]

Das empfindliche Gleichgewicht wird gestört, und es kommt zu einer eruptiven Entladung der bis dahin latent vorhandenen Spannungen, als sich Nicolo seine tatsächliche oder vermeintliche Ähnlichkeit mit Colino zunutze macht. Der Status der Ähnlichkeit läßt sich nicht eindeutig entscheiden; in der Darstellung des Erzählers mischen sich Hinweise auf unerklärliche Übereinstimmungen und in der Psyche der Protagonisten begründete Sichtweisen.[49]

Zu den auf eine schicksalhafte Fügung hindeutenden Einzelheiten gehört, daß Nicolo "zufällig" die Verkleidung eines genuesischen Ritters wählt, sein unwillkürliches Erschrecken beim Anblick des Portraits[50] und das Namensanagramm[51]. Auf der anderen Seite verwechselt Elvire, die zudem "ein wenig kurzsichtig" ist (II 210), Nicolo erst und nur dann mit einer Erscheinung Colinos, als er "in der Maske eines genuesischen Ritters" auftritt (II 204), während ihr in der ganzen Zeit ihres Zusammenlebens bis dahin keine Ähnlichkeit zwischen ihnen aufgefallen ist und auch weiterhin, ohne die Verkleidung, nicht auffällt.[52] Piachi, der Colino zu Lebzeiten gekannt haben wird, da er mit dem Haus seines Vaters Geschäftsverbindungen unterhielt, und wahrscheinlich auch das Portrait des öfteren gesehen hat, bemerkt die angebliche Ähnlichkeit zwischen ihm und Nicolo überhaupt nicht. Auch Xaviera Tartini entdeckt die Ähnlichkeit nicht spontan, sondern retrospektiv, nachdem ihre Tochter darauf hingewiesen hat. Da Xaviera die ähnlichkeitssteigernde Wirkung des Ritterkostüms betont, verstärkt sich der Verdacht, daß Elvire dem äußeren Schein erlegen ist; die Möglichkeit einer geheimnisvollen physiognomischen Ähnlichkeit wird relativiert.

> "Das Bild, in der Tat, je länger sie es ansah, hatte eine auffallende Ähnlichkeit mit ihm: besonders wenn sie sich ihn, wie ihrem Gedächtnis gar wohl möglich war, in dem ritterlichen Aufzug dachte, in welchem er, vor wenigen Monaten, heimlich mit ihr auf dem Karneval gewesen war." (II 208)

Nicolo selbst schwankt zwischen den Möglichkeiten, in dem Bild sich selber oder "den Unbekannten" (II 209) dargestellt zu sehen, bis Xaviera die Identität des Portraitierten enthüllt.[53]

Marjorie Gelus betont, daß das Erkennen der Ähnlichkeit vom Interesse des Betrachters bestimmt wird.[54] Elvires und Nicolos Beweggründe sind leicht durchschaubar: Elvire fände durch Colinos Auferstehung endlich Erlösung von ihrem unerfüllten Dasein; Nicolo fände Bestätigung durch die Erwiderung seines Begehrens. Auch für Xaviera ist ein Motiv auszumachen: "in dem Interesse, Elviren zu stürzen (...), indem alle Schwierigkeiten, die sie in ihrem Umgang fanden, von ihr herrührten" (II 208). Allein durch die Tatsache einer geheimen Leidenschaft wäre Elvire moralisch kompromittiert; handelte es sich dabei zudem um ihren Adoptivsohn, bedeutete dies ihre gesellschaftliche Vernichtung. Aber gerade bei der kleinen Klara, die Nicolo spontan für den Portraitierten hält und damit über die Feststellung einer Ähnlichkeit weit hinausgeht, versagt die psychologische Erklärung des zweckgerichteten Interesses, da sie keine Absichten damit verfolgt.

Wurde für Elvire und Xaviera schon die Bedeutung der 'Maske' als ähnlichkeitsstiftendes Element betont, so ist es zweifelhaft, ob Klara Nicolo ebenfalls in dem Ritterkostüm gesehen hat, als er mit ihrer Mutter ein nächtliches Karnevalsfest besuchte. Klaras Identifizierung gründete sich damit nicht auf zufällig übereinstimmenden Accessoires der äußeren Erscheinung, sondern auf einer wesenhaften physiognomischen Gleichheit und verwiese damit auf ein geheimnisvolles Doppelgängertum. Sollte Klara, wie ihr Name sagt, hier klarer und deutlicher sehen als die anderen? Tatsächlich ist die Ähnlichkeit zwischen Colino und Nicolo von vielen Interpreten als klassisches Doppelgänger-Motiv gedeutet worden[55], wobei psychologische Implikationen, wie sie dem Motiv seit der Romantik inhärent sind, durchaus einfließen. Häufig wurde auf die Parallelen und signifikanten Unterschiede zum Doppelgänger-Motiv im *Amphitryon* verwiesen.[56]

Ob Elvire Nicolos geschicktem optischen Täuschungsmanöver erliegt oder ob tatsächlich eine unerklärliche physiognomische Ähnlichkeit zwischen ihm und Colino besteht, sei einmal dahingestellt. Das Faktum, daß sie eine Erscheinung Colinos für gegeben hält, nachdem er in ihrem Beisein gestorben ist (vgl. II 203), ist höchst befremdlich.

Elvire kann ihre unterdrückten sexuellen Bedürfnisse nur zulassen, wenn sie sich der Illusion hingibt, es handle sich bei 'diesem obskuren Objekt der Begierde' um Colino.[57] Die Schuldgefühle, die sie wegen seines Todes empfindet, verstärken noch die imaginäre Bindung an ihren idealisierten Retter und machen es ihr unmöglich, sich einem realen Partner zuzuwenden. Die Frage ist, ob Elvire nicht infolgedessen psychisch erkrankt ist und Anzeichen von Schizophrenie zeigt.

> "Die mindeste Veranlassung, die sie auch nur von fern an die Zeit erinnerte, da der Jüngling für sie litt und starb, rührte sie immer bis zu Tränen, und alsdann gab es keinen Trost und keine Beruhigung für sie; sie brach, wo sie auch sein mochte, auf, und keiner folgte ihr, weil man schon erprobt hatte, daß jedes andere Mittel vergeblich war, als sie still für sich, in der Einsamkeit, ihren Schmerz ausweinen zu lassen." (II 203)

Da Elvire Colinos Tod weitgehend verdrängt, ist sie anfällig für metaphysische Erklärungsmuster und verstrickt sich in die pseudoreligiöse Wahnidee von seiner Auferstehung. Indem sich dem Leser durch die Kenntnis des wahren Sachverhalts die psychologisch entlastende Funktion dieser Vorstellungen enthüllt, leistet Kleist "ein gutes Stück aufklärerischer Religionspsychologie".[58]

Auch Elvires "scheinbare Gleichgültigkeit" (II 207), sobald sie ihre Kultstätte verlassen hat, erscheint angesichts ihrer psychischen Devianz in einem schillernden

Licht.[59] Ihre Fixierung auf die Überwachung von Nicolos Sexualität ist ein weiteres Indiz für ihre unterdrückte Libido[60]; was sie sich selbst nicht zugesteht, soll auch kein anderer genießen. Doch ist es fraglich, ob sie ihre Umgebung bewußt über ihre erotischen Wünsche täuscht oder ob ihr Verhalten nicht Ausdruck einer Schizophrenie ist; dergestalt, daß sie ihren erotischen Kult, nachdem sie ihn praktiziert hat, ebenso verdrängt wie Colinos Tod.

Zwischen Elvire und Nicolo gibt es signifikante Gemeinsamkeiten: Beide sind, im Gegensatz zu Piachi, jung; beide sind für ihn Ersatzfiguren. Sie teilen frühe Todeserfahrungen und heimliche erotische Erlebnisse. Zudem stehen beide in enger Beziehung zum Kloster. Diese Parallelen verbinden sie auch innerhalb des familialen Dreiecks auf besondere Weise. Durch ihre Jugend - Elvire ist nur sieben Jahre älter als Nicolo - sind sie zum Paar prädestiniert. Der über dreißig Jahre ältere Piachi erscheint in dieser Konstellation als Stereotyp des alten, ungeliebten Ehemanns, gegen den die Natur sich durchsetzt.

Zugleich sind sie durch ihren Verwandtschaftsgrad, der in diesem Fall rein rechtlich bestimmt ist, füreinander tabuisiert. Am Beispiel von Elvire und Nicolo zeigt sich, daß das Inzestverbot das Bindeglied zwischen Natur und Kultur darstellt. Denn obwohl zwischen ihnen keine Blutsverwandtschaft besteht und erbbiologische Begründungen damit wegfallen, sind die sozialen und gesellschaftspolitischen Implikationen des Inzestverbots gleichwohl wirksam. Indem Nicolo seine (Adoptiv-)Mutter begehrt, zerstört er die Kernfamilie, da er den Platz des Vaters einnehmen und ihn überflüssig machen will. Gleichzeitig handelt er gegen das Exogamiegebot; statt sich außen zu verbinden, soll Elvire den einer anderen bestimmten Platz einnehmen. Die ödipale Struktur ist nicht an die Blutsverwandtschaft gebunden, sondern auch im Falle rechtlicher Verwandtschaftsbeziehungen als Gesellschaft konstituierendes und regulierendes Element wirksam.[61]

Frank Ryder dagegen stellt die Hypothese auf, Nicolo sei Elvires und Colinos Sohn; nur auf Grund dieser Annahme seien die psychischen Reaktionen der Protagonisten erklärbar.

> "What the associative metaphor offers in terms of enhanced understanding of Piachi is obvious. The extremity of his unrelenting vengeance, otherwise merely shocking, becomes potentially most credible. He is not simply the beneficiary of callous affront and base ingratitude; he becomes a man raging at cruel fate and his own blindness; Nicolo becomes the unbearable evidence of his wife's greater love for another, the ultimate rebuke to his old age and childlessness, the instrument not only of his fiscal but also of his most literal and unnatural cuckolding. But this gain is unearned unless we can picture Piachi as in whole or in part, overtly or subconsciously, aware."[62]

Das Kriterium der Glaubwürdigkeit, das hier aus der Angemessenheit der psychischen Reaktion abgeleitet wird, verfehlt völlig das Zentrum der Kleistschen Darstellung hochemotioneller Zustände.[63] In Kleists Werk steht Piachi mit seinem überbordenden Rachebedürfnis nicht allein; erinnert sei an die Racheorgien des Michael Kohlhaas[64] und Meister Pedrillos, deren Taten auf ein genuines Bedürfnis nach energetischer Entladung verweisen, das sich nicht auf ein psychologisches oder sozialhistorisches Erklärungsmuster reduzieren läßt.

Die Enthüllung, daß Nicolo Elvires und Colinos Sohn sei, machte Piachis maßlose Rache nicht erklärlicher. Er weiß von Elvires Leidenschaft für Colino und hat sie stets akzeptiert. Nicolos Verrat an *ihm*, seinem Adoptivvater, bliebe in beiden Fällen gleich, während er an Elvire unwissend das schwerste Verbrechen verübte.[65]

Auch die Elvire betreffenden Erklärungen sind wenig überzeugend:

> "What it *would* explain is a great deal: her enduring love for Colino, even in effigy; her psychosomatic misfortunes, from flight to fever; her collapse at the sight of Nicolo dressed like Colino and her subsequent 'Entsetzen', illness, and 'sonderbare Schwermut'; her looking at Nicolo (who has just discovered his anagram) 'mit einer Wehmut, die man nicht beschreiben kann', her penultimate collapse, before the costumed Nicolo."[66]

Elvire ist von ihrer idealisierenden Liebe zu Colino völlig gefangengenommen; der Tote ist für sie lebendiger als alle sie umgebenden Personen. Ihre psychosomatischen und emotionalen Reaktionen lassen sich allein aus ihrer Beziehung zu Colino erklären; so will sie seinen Tod nicht anerkennen und ihre Leidenschaft für ihn vor ihrer Umgebung verbergen. Nicolo ist als eigenständige Person für sie überhaupt nicht präsent.

Kleist arbeitet zwar mit Versatzstücken der Dreiecksgeschichte, des Doppelgängermotivs und des Ödipus-Mythos, aber er kombiniert sie auf eine Weise, die eine eindeutige Lesart und Sinnfindung unmöglich macht.[67]

Der kognitiv unentscheidbare Status des Textes manifestiert sich auch in der schwankenden Haltung des Erzählers Nicolo und seiner Tat gegenüber. Seiner Rolle als Substitut gemäß, muß Nicolo Elvire in Colinos Gestalt erscheinen.[68] Die bewußte mimetische Angleichung an den Toten stellt den Höhepunkt seines parasitären Daseins dar, in das er durch seine Stellvertreterfunktion gepreßt wurde.[69] Zwar wird der Plan, den Nicolo "im Scharfsinn seiner schändlichen Leidenschaft" ersinnt, als "satanisch" bezeichnet, die Tat als die "abscheulichste (...), die je verübt worden ist" (II 212). Diese Begrifflichkeit erscheint für den Verführungsversuch eines jungen Mannes an seiner kaum älteren Adoptivmutter, von der er zudem weiß, daß sie ihren Mann nicht liebt und in ihren Phantasien einem anderen gehört, fast übertrieben und wäre eher dem Sachverhalt eines Mutter-Sohn-Inzests angemessen. Doch nennt der Erzähler denselben Sachverhalt auch lakonisch eine "Büberei"; eine mehr als verharmlosende Bezeichnung, die sein moralisches Verdammungsurteil stark relativiert. Nicolo selbst, der Piachi "unter der Beteurung, den Blick nie wieder zu seiner Frau zu erheben" (II 213) um Vergebung bittet, erklärt damit die Tatsache, daß es sich um seine Adoptivmutter handelt, zur Marginalie. Ein junger Mann hat sich dazu hinreißen lassen, der jungen Frau seines alten Gönners zu nahe zu treten.

> "Und in der Tat war der Alte auch geneigt, die Sache still abzumachen; sprachlos, wie ihn einige Worte Elvirens gemacht hatten, die sich von seinen Armen umfaßt, mit einem entsetzlichen Blick, den sie auf den Elenden warf, erholt hatte, nahm er bloß, indem er die Vorhänge des Bettes, auf welchem sie ruhte, zuzog, die Peitsche von der Wand, öffnete ihm die Tür und zeigte ihm den Weg, den er unmittelbar wandern sollte." (II 213)

Erst als Nicolo den Platz mit ihm tauscht[70] und nicht nur seine Frau, sondern auch das Haus für sich beansprucht[71], schlägt Piachis Zustand um[72]. Nachdem Nicolo durch die korrupte Allianz von Kirche und Staat in seinem Besitz bestätigt worden ist, nimmt er tödliche Rache, die die eigene Vernichtung willig einschließt. Nicht der Vergewaltigungsversuch an Elvire und auch nicht ihr Tod geben den letzten Ausschlag, sondern die Versagung seines Rechtes[73].

Wie durch das Dekret das Gesetz hintergangen wird, zeigt ein Vergleich mit dem Preußischen Landrecht, das Eltern zur völligen Enterbung ihrer Kinder berechtigt:

> "Wenn Kinder mit dem andern Theile der leiblichen oder Stiefältern blutschänderischen oder ehebrecherischen Umgang gepflogen haben." (ALR II 2, § 405, S. 396)

Das Recht ist als Insignie patriarchaler Macht libidinös besetzt, es repräsentiert den Phallus. Während Nicolo sich mit der "Verschreibung" seines Besitzes an die Ersatzfamilie der Mönche dem väterlichen Gesetz unterstellt und dafür durch das Dekret anerkannt und bestätigt wird, wird Piachi vom väterlichen Gesetz verworfen; er erleidet eine symbolische Kastration[74]. Indem die Gesellschaft die Erfüllung seines Begehrens verweigert, wird Piachi der gleichen Struktur unterworfen wie in seinem Privatleben: Wie in der Ehe mit Elvire der Platz des Vaters schon durch Colino besetzt war, so wird Piachi auch hier auf den Platz des vergeblich begehrenden Sohnes verwiesen.

Gleichwohl erfährt Piachi einen persönlichen Triumph; durch seine Verweigerung der Absolution, der sie schließlich nachgeben, zwingt er die Gesetzesvertreter, die selbst der symbolischen Instanz des Gesetzes verpflichtet sind, das Gesetz zu brechen. Sein Begehren nach dem Gesetz wird damit auf paradoxe Weise erfüllt: Die Korrumpierung des weltlichen Gesetzes verheißt ihm die Erfüllung des Gesetzes im Jenseits.[75]

> "Ich will nicht selig sein. Ich will in den untersten Grund der Hölle hinabfahren. Ich will den Nicolo, der nicht im Himmel sein wird, wiederfinden, und meine Rache, die ich hier nur unvollständig befriedigen konnte, wieder aufnehmen!" (II 214f.)

Mit dieser furiosen Absage an die christlichen Grundwerte der Nächstenliebe und Vergebung und der Verweigerung von Erlösung und Auferstehung endet "eine pervertierte, negative Identitätsgeschichte"[76].

Anmerkungen

[1] Manfred Durzak, *Zur utopischen Funktion des Kindesbildes in Kleists Erzählungen,* S. 126

[2] Neben der lateinischen Bedeutung 'der Kleine' scheint der ursprüngliche Name des Apostels Paulus, den er vor seiner Bekehrung zum Christentum trug, im Kontext der Novelle interessant: Saulus - der Erbetene. Der 'kleine' Paolo wird als einziges Kind sicher ein 'erbetenes' gewesen sein.

[3] Darauf hat schon Alfred Heubi verwiesen: "So muss der Findling in der Familie Piachi den Sohn ersetzen (...)" *H. v. Kleists Novelle 'Der Findling'. Motivuntersuchungen und Erklärung im Rahmen des Gesamtwerks,* Diss. Zürich 1948, S. 27

[4] Werner Hoffmeister, *Heinrich von Kleists "Findling",* in: *Monatshefte, 58* (1966), S. 49-63, hier S. 53

[5] "Das Schicksal des Antonio Piachi parodiert Rousseaus Lob des Mitleids als 'la seule vertu naturelle' im <Discours sur l'origine de l'inégalité>, indem der Sinn des Rousseauschen Textes durch den Verlauf der Handlung auf den Kopf gestellt wird. (...) Daß der mitleidsvolle Adoptivvater am Ende der Erzählung zum Mörder Nicolos aus Rache und ohne jegliche Spur von Reue wird, scheint eine gezielte Umkehrung des Sonderstatus des Mitleids bei Rousseau zu sein (...)" Antony Stephens, *Kleists Familienmodelle,* S. 233

[6] "Aber in diesem Augenblick bestimmen Bilder, Wünsche, Träume aus dem Unbewußten Piacchis [sic] äußeres Handeln. Die Rettung des Knaben kann mit der Rettung Elvires verglichen werden: nun tut auch Piacchi etwas Heroisches; seine Tat schützt - wie die Tat Colinos - ein Leben und gefährdet gleichzeitig ein Leben. Piacchi will sich auf die gleiche Höhe mit Colino stellen, damit er sich um die Liebe Elvires bewerben kann." Erna Moore, *Heinrich von Kleists 'Findling'. Psychologie des Verhängnisses,* in: *Colloquia Germanica,* 8. 1974, S. 275 -297, hier S. 278

[7] "Es traf sich", daß in Ragusa gerade eine pestartige Krankheit ausgebrochen ist, als Piachi mit seinem Sohn dorthin reist (II 199). Als Elvire sich schon mit dem Tod abgefunden hat, erscheint "plötzlich" ein junger genuesischer Patrizier zu ihrer Rettung (II 202). Später wählt Nicolo für den Karneval "zufällig" das Kostüm eines genuesischen Ritters (II 204). "Es traf sich", daß Piachi sich unwohl fühlt und Elvire, die ihm etwas gegen die Übelkeit holen will, Nicolo in seinem Kostüm erblickt (II 204). "Zufällig (...) traf es sich", daß Piachi der Zofe Xaviera Tartinis begegnet (II 205). Nicolo geht in dem Moment an Elvires Zimmer vorbei, als sie gerade zu dem toten Colino spricht, und entdeckt so ihren Liebeskult (II 206). "Es traf sich", daß Piachi nach dem Buchstabenspiel aus Nicolos Kindheit fragt (II 209) und "zufällig" entdeckt Nicolo die logographische Eigenschaft seines Namens, die "ihm mehr als ein bloßer Zufall" scheint (II 210). Nicolos minuziös geplanter Verführungsversuch wird von der "Nemesis" durchkreuzt, die Piachi früher als erwartet zurückkehren läßt (II 213).

[8] Die Übertragung der Krankheit wird von verschiedenen Interpreten intentional gedeutet: Josef Kunz: "... sofort bekommt Piachi zu spüren, was von Nicolo an Zerstörung und Auflösung ausgeht: von diesem angesteckt, stirbt sein Sohn Paolo. (...) Und kaum hat dieser [Nicolo] die Stelle Paolos angetreten, da vermag sich die Zersetzung von ihm aus weiter auszubreiten bis zur völligen Vernichtung der Familie." *Heinrich von Kleists Novelle 'Der Findling',* in: *Festschrift für Ludwig Wolff zum 70. Geburtstag,* hg. v. Werner Schröder, Neumünster 1962, S. 337-355, hier S. 339.

Werner Hoffmeister: "Nicolo hat mit der Lebenskraft des Bösen die pestartige Krankheit überlebt und hat mit seinem Eintritt in den Umkreis Piachis dessen Sohn Paolo den Tod gebracht. Es scheint seine Sendung zu sein, Tod und Unglück zu bringen." *Heinrich von Kleists "Findling",* S. 55

In ausdrücklicher Übereinstimmung mit Hoffmeister auch Bernhard Rieger, der betont, "daß Nicolo nicht nur Substitut, sondern selbst auch aktiver Substituent ist, allerdings ersetzt er eine andere Figur immer mit sich selbst. Er sorgt dafür, daß sein Platz auch wirklich frei wird. So gibt er zunächst die gefährdende Krankheit an den natürlichen Sohn Paolo weiter, als ob er sein Leben für den Tod des anderen eintausche (...) Das Weiterleben des natürlichen Sohnes wird nicht zugelassen." *Geschlechterrollen und Familienstrukturen,* S. 156

Genauso könnte Piachi verantwortlich gemacht werden, der, obwohl er erfahren hat, daß die Stadt von der Krankheit betroffen ist, nicht sofort umkehrt und damit zu spät "die Sorge für seinen Sohn alle kaufmännischen Interessen" überwinden läßt. (II 199)

Von der älteren Forschung wird Nicolo überwiegend als Inkarnation des Bösen gesehen, der die Güte Piachis und Elvires schamlos ausnutze.

Kunz bezeichnet ihn als "die Erscheinung des Bösen in einer fast gnostischen Konsequenz" (*Heinrich von Kleists Novelle 'Der Findling'*, S. 341), Hoffmeister als "Zeichen des unbegreiflich Bösen, das in die Welt Piachis und Elvires einbricht." *Heinrich von Kleists "Findling"*, S. 55

Neuere Arbeiten unterziehen immer häufiger auch Piachi und Elvire einer kritischen Wertung und kommen zum Teil zu entgegengesetzten Ergebnissen. So ist es nach Durzak "die depravierte Umwelt, die die ursprünglich in Nicolo angelegte 'Unschuld', die reine Natur des Kindes, zerstört." *Zur utopischen Funktion des Kindesbildes in Kleists Erzählungen,* S. 128

In dieselbe Richtung geht die mit Hoffmeister fast zeitgleiche Interpretation von Rolf Dürst: "Kleist hat mit dem Schicksal dieser einzigen Familie die bürgerliche Gesellschaft, die Justiz, die Moral, die Kirche - sämtliche Institutionen, in deren Bahnen das moderne Leben verläuft - fragwürdig gemacht. Ihre Unzulänglichkeit ist erwiesen. Es fehlt überall das Wichtigste: das Gefühl des Herzens, die Liebe." *Heinrich von Kleist. Dichter zwischen Ursprung und Endzeit,* S. 72

Auch Beat Beckmann macht die Adoptiveltern für Nicolos Entwicklung verantwortlich: "Nicolos Verderblichkeit ist weitgehend bedingt durch seine Umgebung, durch die sozialen Verhaltensmuster, wonach ihn seine Pflegeeltern bemessen. Nicht Nicolo steckt mit seiner angeblichen Bosheit schliesslich den Pflegevater an, sondern Nicolo ist umgekehrt das Produkt einer auf Aeusserlichkeiten bedachten Erziehung, eines Familienmilieus, worin fundamentale menschliche Gegebenheiten verdrängt und verteufelt werden." *Kleists Bewußtseinskritik. Eine Untersuchung der Erzählformen seiner Novellen,* Bern 1978, S. 111

Dietzfelbinger dagegen sieht die Lebensweise auf beiden Seiten als existentiell verfehlt an: Nicolo stelle "die Kraft der entfesselten Elemente des Ichs, die schrankenlosen Interessen dar, während seine Familie die schon brüchig gewordene Ordnung der Verträge, d.h. der rationalen und auf den Sicherheitsinteressen aller Beteiligten beruhenden Einschränkung der elementaren Interessen der Menschen abbildet. Als Einzelner zerstört Nicolo die brüchige Einheit der Familie; und diese ist nicht Agent, verlängerter Arm der Gesellschaft, sondern umgekehrt: der Einzelne faßt die Kräfte der in ihre Elemente zerfallenden Gesellschaft, ihre Leidenschaften, Besitzgier und Bigotterie zusammen. Die Familie zerbricht hier somit in zwei feindliche Lager, deren eines eine konventionelle Moral und vermeintliche Rechtlichkeit, deren anderes ungezügelte Leidenschaft und unbeherrschten Egoismus darstellt. (...) so daß in dieser einen Familie ein Konflikt zwischen zwei feindlichen gesellschaftlichen Tendenzen abgespiegelt würde: einer anarchischen Tendenz und einer restaurativen." *Familie bei Kleist,* S. 335f.

9 Schon hier deutet sich Nicolos Rolle als pervertierter Christusnachfolger an, in die er in seiner Funktion als Imitatio Colini gegenüber Elvire gerät. Colinos Tod, der durch die Verletzungen verursacht wird, die er sich bei der Rettung Elvires zugezogen hat, wird zum Opfertod Christi in Beziehung gesetzt, indem er als "der Jüngling [,der] für sie litt und starb" (II 203) apostrophiert wird.

10 Vgl. Jürgen Schröder, *Kleists Novelle 'Der Findling'. Ein Plädoyer für Nicolo,* in: *Kleist-Jahrbuch 1985,* S. 109-127, hier S. 113: "Sie [die Figur des Findlings] ist der Mensch ohne Herkunft und Heimat, ohne Identität (...), der geborene Stellvertreter und Lückenbüßer, eine Unperson."

11 "Bei der Figur des einen Vaters hat das System kultureller Ersetzungen, das die Familie ist, denn doch seine Lücke: Er ist unersetzlich." Friedrich A. Kittler, *"Erziehung ist Offenbarung",* S. 134

[12] Daß an dieser Stelle das Motiv 'Pater semper incertus est' anklingt, erweist sich auch an ihrer Interpretation. Nach Rieger apostrophiert Klara mit dem Ausruf "Gott, mein Vater!" (II 208) tatsächlich Nicolo als ihren Vater. Ob Nicolo ebenfalls an seine Vaterschaft glaube oder ob er wisse, daß der Bischof Klaras Vater sei, gehe aus dem Text nicht hervor. (Vgl. *Geschlechterrollen und Familienstrukturen*, S. 154) Gegen diese Deutung spricht zum einen, daß Klara ihn zugleich mit "Signor Nicolo" anredet; zum anderen ist Nicolos Rede nicht selbstreferentiell, sondern bezieht sich auf den Bischof, der sich über die Vaterschaft täuscht.

[13] "Wenn man an das kulturell bekannte Zölibat des Priesters denkt, wenn die Karmeliter in ihrer Ordensbezeichnung 'Ordo fratrum Beatae Mariae Virginis de Monte Carmelo' die Keuschheit sogar noch unterstreichen, wenn darüber hinaus der ausschließlich am Vermögen des Piachi interessierte Orden als Bettelorden fungiert, so ist zu erkennen, welche Normdurchbrechungen der Text hier evoziert." Bernhard Rieger, *Geschlechterrollen und Familienstrukturen*, S. 204f.

[14] Vgl. Friedrich A. Kittler, *"Erziehung ist Offenbarung"*, S. 130: "So erklären Lessings Dramen die Familie in ihrer symbolischen Wirkung für unsterblich. Der Tod kann ihr nichts rauben, was Adoption nicht ersetzen könnte. Obwohl und weil das bürgerliche Drama den Verlust von Familienangehörigen zum absoluten Schmerz erhebt (...), verneint es ihre Unersetzlichkeit. (...) Der Familie des bürgerlichen Trauerspiels kann der Tod nichts rauben, weil der Tod und der ideale Vater eins sind. Wer stirbt, kehrt symbolisch in die Familie zurück."

[15] Rieger weist darauf hin, daß der Begriff 'Familie' im *Findling* nicht gebraucht wird. (Vgl. *Geschlechterrollen und Familienstrukturen*, S. 203) Wenn die Kernfamilie nach Shorter ein Bewußtseinszustand ist, der sich durch ein besonderes Zusammengehörigkeitsgefühl auszeichnet, kann die Konstellation Piachi, Elvire, Paolo bzw. Nicolo nicht als Familie in diesem Sinne bezeichnet werden.

[16] Die Interpretation von Harry W. Paulin geht an diesem Punkt völlig fehl, da sie die Beziehung zu Paolo mit einem der bürgerlichen Kernfamilie entsprechenden Liebesbegriff beschreibt, der die funktionalen Elemente übersieht und damit die Nicolo zugewiesene Rolle als Substitut verkennt. "Under the circumstances that brought the orphan to Piachi's home it is unlikely that he was ever really accepted because he was a painful reminder of Paolo, whose death he had caused and whose place he took." *"Papa hat es nicht gern getan"*, S. 228. Die alte Haushaltsfamilie war jedoch anders strukturiert: "Die Familie erfüllte eine Funktion - sie sorgte für den Fortbestand des Lebens, der Besitztümer und der Namen -, für das Gefühls- und Geistesleben spielte sie jedoch keine große Rolle." Philippe Ariès, *Geschichte der Kindheit*, S. 559

[17] S. dazu Friedrich A. Kittler, *Aufschreibesysteme 1800/ 1900*, S. 33-48

[18] Marjorie Gelus beschreibt das Übergehen fraglicher Punkte oder die Behauptung ihrer Evidenz und das Aufbauschen von Nebensächlichkeiten als Kleists generelle Technik zur Mystifizierung seiner Erzählungen. "At regular intervals the narrator infuses the text with graphic material, taking exaggerated care to demonstrate the solidity, verisimilitude, and intelligibility of the world portrayed - thus lulling the reader into a specious conviction of the stability of things. On closer inspection, however, we begin to notice that whereas the issues thus accounted for are often of little consequence, or would not have been questioned to begin with, there are in fact crucial issues elsewhere that are passed over with barely a nod - issues presented as self-evident that may actually be profoundly puzzling. This neatly resembles the work of a magician, whose graceful movements serve ostensibly to demonstrate the ordinariness of the props and the authenticity of the magic, yet are in fact designed for the purpose of diverting the audience's attention to the inessential so that the actual sleight of hand can be accomplished unnoticed." *Displacement of Meaning: Kleist's "Der Findling"*, in: *German Quarterly*, 55 (1982), S. 541-553, hier S. 543

[19] "Das ist erheblich mehr und ist etwas anderes, als wenn es hieße, er habe ihn lieb gewonnen, *obwohl* er ihm teuer zu stehen gekommem war. Kleists Ausdrucksweise zielt auf die außergewöhnliche, fast übermenschliche seelische Kraft Piachis, den

äußersten Schmerz in ein äußerstes Maß an Güte und Liebe zu verwandeln. Dieselbe Liebe, die dem Sohn Paolo gehörte, wird umgepägt auf Nicolo." Werner Hoffmeister, *Heinrich von Kleists "Findling"*, S. 53

[20] Vgl. Rieger, *Geschlechterrollen und Familienstrukturen*, S. 30: "Auch seine [Piachis] Zuneigung wird terminologisch auf die kaufmännische Meßwaage gelegt (...)" Bis zur Peripetie des Schlusses ist Beckmanns Einschätzung zuzustimmen: "Piachis Wesen ist charakterisiert als das des Kaufmanns, der Menschliches dem Geschäftlichen unterordnet, dem es um die Reinheit der Fassade geht und der demnach Skandalöses zu verhindern trachtet, koste es was es wolle." *Kleists Bewußtseinskritik*, S. 109

[21] Auch Kleist selber stellte sich die Ehe als Bollwerk gegen sinnliche Anfechtungen vor, wie dem Brief an Wilhelmine vom 13. November 1800 zu entnehmen ist: "Ich fühle, daß es mir notwendig ist, *bald* ein Weib zu haben. Dir selbst wird meine Ungeduld nicht entgangen sein - ich muß diese unruhigen Wünsche, die mich unaufhörlich wie Schuldner mahnen, zu befriedigen suchen. Sie stören mich in meinen Beschäftigungen - auch damit ich moralisch gut bleibe, ist es nötig - Sei aber ganz ruhig, ich bleibe es *gewiß*. Nur kämpfen möchte ich nicht gern. Man muß sich die Tugend so leicht machen als möglich. Wenn ich nur erst ein Weib habe, so werde ich meinem Ziele ganz ruhig und ganz sicher entgegen gehen - aber bis dahin - o werde *bald, bald,* mein Weib." (II 588)

[22] Ob es sich bei den Verwandten, in deren Obhut die junge Frau bei Piachis Geschäftsreisen bleibt (vgl. II 199), um Elvires Familie oder um angeheiratete Verwandte von Piachis Seite handelt, läßt sich zwar nicht eindeutig eruieren, da sich das Pronomen "ihre" sowohl auf die 3. Person Singular, Femininum, als auch auf die 3. Person Plural beziehen kann. Es ist aber zu vermuten, daß es sich um Elvires Familie handelt, da sie zunächst ihre Nichte Constanze bei sich aufnimmt, und nach deren Tod wieder "aus dem Hause des Vetters, den sie besucht hatte, eine junge Verwandte mitbrachte" (II 209), während von Piachis Angehörigen keine Rede ist.

[23] Vgl. zum Folgenden: Bengt Algot Sørensen, *Herrschaft und Zärtlichkeit*, S. 19-25 *(Die Ehestiftung der Kinder)*

[24] Lawrence Stone, *Heirat und Ehe im englischen Adel des 16. und 17. Jahrhunderts*, in: *Seminar: Familie und Gesellschaftsstruktur. Materialien zu den sozioökonomischen Bedingungen von Familienformen*, hg. v. Heidi Rosenbaum, Frankfurt a.M. 1978, S. 444-479, hier S. 475. Der Hinweis auf Stone verdankt sich Sørensen, *Herrschaft und Zärtlichkeit*, S. 20

[25] Kleist selber versuchte während seiner Verlobungszeit die Braut zur Hintansetzung der elterlichen Ansprüche zu bewegen. Als Rousseau-Verehrer wird ihm die maßgeblich durch die Romane *Julie ou La Nouvelle Héloise* (1761) und *Émile* (1762) beeinflußte Diskussion nicht entgangen sein. Sørensen hat nachgewiesen, daß Rousseau nicht ungebrochen als Repräsentant eines neuen absoluten Liebesbegriffs gelten kann, sondern durchaus patriarchale Elemente in seinem Denken aufweist. "Rousseau sucht eine Lösung, die es ihm möglich macht, die Wertvorstellung einer patriarchalischen, in Liebe verbundenen Familie mit dem Recht des Einzelnen auf eine individuelle Liebeswahl zu vereinigen." *Herrschaft und Zärtlichkeit*, S. 24 Bei Kleist wird der Konflikt zwischen elterlichen Wertvorstellungen und kindlichen Wünschen nie offen ausgetragen. Die Kinder artikulieren sich nicht, sondern agieren heimlich, die Eltern setzen ihre Interessen vermittels Machtstrategien durch. Das Ende ist, mit Ausnahme der *Marquise von O...*, für die Kinder immer tödlich.

[26] Jean-Louis Flandrin, *Familien. Soziologie-Ökonomie-Sexualität*, S. 137

[27] "Nun wußten die Eltern schon im späten achtzehnten Jahrhundert, zumindest auf eine abstrakte Weise, daß es eine schädliche Sitte war, neugeborene Kinder im eigenen Kot schmoren zu lassen oder sie schon vom zweiten Monat an mit Brei zu füttern. Denn das Netz des medizinischen Personals war zu dieser Zeit in Europa bereits so dicht, daß interessierte Mütter in Hörweite von vernünftigem Rat waren. Der Kernpunkt ist, daß diesen Müttern *nichts daran lag*, und darum gingen ihre Kinder in dem furchtbaren Kindermord unter, den die traditionelle Kindererziehung darstellte. Sitte und Tradition und die frostige Emotionalität des Lebens im Ancien régime griffen mit tödlicher Macht zu. Als das Aufwallen des Gefühls

diesen Zugriff erschütterte, ging die Kindersterblichkeit rasch zurück, und die Mutterliebe wurde ein Teil der Welt, die uns so vertraut ist." Edward Shorter, *Die Geburt der modernen Familie*, S. 234

28 "Kaum mit einer eigenen Seele begabt, kamen sie [die kleinen Kinder] auf Grund von Gottes Willen, gingen wieder auf sein Geheiß und verdienten bei ihrem kurzen irdischen Aufenthalt wenig Sympathie oder Mitleid von seiten der Erwachsenen. (...) Im achtzehnten und frühen neunzehnten Jahrhundert war die Gleichgültigkeit der Eltern gegenüber den Kleinkindern bei allen Gruppen des gewöhnlichen Volks und allen Arten von Gemeinschaften noch weit verbreitet." Ebd., S. 197f.

29 "Denn schon in seinem funfzehnten Jahre, war er, bei Gelegenheit dieser Mönchsbesuche, die Beute der Verführung einer gewissen *Xaviera Tartini*, Beischläferin ihres Bischofs, geworden (...)" (II 201)

Rieger führt zum Beleg seiner These, daß Nicolos früher und häufiger Geschlechtsverkehr ihn nach zeitgenössischer Auffassung zum "von Natur schwächeren" Mann (II 214) (im Vergleich mit dem vierzig Jahre älteren Piachi) werden läßt, Hufelands *Makrobiotik* an.

"Was kann aber wohl mehr die Summe der Lebenskraft vermindern, als die Verschwendung desjenigen Stoffes, der dieselbe in der konzentriertesten Gestalt enthält, der den ersten Lebensfunken für ein neues Geschöpf und den größten Balsam für unser eigenes Blut in sich faßt?"

"Was heißt zuviel in dem Genuß der physischen Liebe? Ich antworte, wenn man sie zu frühzeitig (ehe man noch selbst völlig ausgebildet ist, beim weiblichen vor dem 18., beim männlichen vor dem 20. Jahr) genießt, wenn man diesen Genuß zu oft und zu stark wiederholt." Christoph Wilhelm Hufeland, *Makrobiotik oder die Kunst das menschliche Leben zu verlängern*. (Nach der 5. Auflage 1823) bearbeitet und für die heutige Zeit herausgegeben von Karl Ed. Rothschuh, Stuttgart 1975, S. 228 u. 230, zitiert nach Bernhard Rieger, *Geschlechterrollen und Familienstrukturen*, S. 69

30 "Die öffentliche Meinung selbst, die im XV. Jahrhundert voll und ganz zugestand, daß die Junggesellen Umgang mit den öffentlichen Mädchen pflegten, fand ihn vor dem Ende des XVII. Jahrhunderts skandalös." Jean-Louis Flandrin, *Familien. Soziologie-Ökonomie-Sexualität*, S. 242

31 Vgl. Michel Foucault, *Sexualität und Wahrheit*, S. 147f. "... das Sexualitätsdispositiv scheint keineswegs von den traditionell so genannten 'leitenden Klassen' zur Einschränkung der Lust der anderen installiert worden zu sein. Vielmehr scheinen sie es zuerst an sich selbst versucht zu haben. (...) Es scheint gerade nicht um eine Asketik im Sinne eines Verzichtes auf die Lust oder einer Disqualifizierung des Fleisches zu handeln, sondern im Gegenteil um eine Intensivierung des Körpers, eine Problematisierung der Gesundheit und ihrer Funktionsbedingungen. Es handelt sich um neue Techniken der Maximalisierung des Lebens. Nicht um eine Unterdrückung am Sex der auszubeutenden Klassen ging es, sondern um den Körper, die Stärke, die Langlebigkeit, die Zeugungskraft und die Nachkommenschaft der 'herrschenden' Klassen."

32 "Ein galanter Mann im XVIII. Jahrhundert verlangte von seiner Frau nicht mehr die 'eheliche Pflicht': Er liebte sie, wenn sie dem zustimmte, und auf so maßvolle Weise, wie sie verlangte." Jean-Louis Flandrin, *Familien. Soziologie-Ökonomie-Sexualität*, S. 258

Von der Problematisierung der 'ehelichen Pflicht' handelt u.a. auch *Amphitryon*.
"Jupiter. Was ich dir fühle, teuerste Alkmene
Das überflügelt, sieh, um Sonnenferne,
Was ein Gemahl dir schuldig ist. Entwöhne,
Geliebte, von dem Gatten dich,
Und unterscheide zwischen mir und ihm.
Sie schmerzt mich, diese schmähliche Verwechslung,
Und der Gedanke ist mir unerträglich,
Daß du den Laffen bloß empfangen hast,
Der kalt ein Recht auf dich zu haben wähnt." (I 261,
V. 465-473)

[33] Michel Foucault, *Sexualität und Wahrheit*, S. 127
Nach dem preußischen Landrecht von 1794 bieten nicht von beiden Ehepartnern gebilligte empfängnisverhütende Maßnahmen einen Scheidungsgrund: "Ein Ehegatte, welcher durch sein Betragen, bey oder nach der Beywohnung, die Erreichung des gesetzmäßigen Zwecks derselben vorsetzlich hindert, giebt dem andern zur Scheidung rechtmäßigen Anlaß." (ALR II 1, § 695, S. 368)

[34] Xaviera ist die einzige Figur, bei deren Schilderung der Erzähler sich ungebrochen dem zeitgenössischen moralischen (Vor-)Urteil anschließt. Während die Darstellung der anderen Figuren schillernd ist, wird sie eindeutig als unsympathische Erscheinung gezeichnet und gleicht darin der Luciane in Goethes *Wahlverwandtschaften*.
Vgl. Bernhard Rieger, *Geschlechterrollen und Familienstrukturen*, S. 78: "Auch der Erzähler spricht von 'einer gewissen Xaviera Tartini' (201) und 'jener Xaviera Tartini' (203) und bewirkt damit abwertende Distanz."
"Xaviera ist gegenüber Nicolo weit öfter Weisungsgeber als umgekehrt, denn sie repräsentiert die negative Seite der kulturellen Norm, welche die geschlechtsspezifische Unterordnung ablehnt. Zwischen Xaviera und ihrem positiven weiblichen Gegenpol Elvire besteht kein Kontakt." (Ebd., S. 255)

[35] Jean-Louis Flandrin, *Familien. Soziologie-Ökonomie-Sexualität*, S. 244

[36] Der Bischof wünscht, Xaviera "los zu sein" (II 214).

[37] Jean-Louis Flandrin, *Familien. Soziologie-Ökonomie-Sexualität*: "Im Mittelalter war das Konkubinat unter den Geistlichen oder anderen kirchlichen Pfründenbesitzern geläufig, deren Gelübde sie daran hinderte, legitim eine Frau zu ehelichen, die jedoch die Mittel hatten, eine auszuhalten und ihre Kinder großzuziehen." S. 211
"Das Konkubinat war an die inegalitären Strukturen der Gesellschaft angepaßt und ermöglichte den unehelichen Kindern das Überleben." S. 212

[38] Frank G. Ryder nimmt zum Beleg seiner Hypothese, daß Nicolo Elvires Sohn sei, eine unkorrekte Angabe von Colinos Sterbedatum an. Das Portrait zeige zwar einen Mann, der vor zwölf Jahren gestorben sei, doch handle es sich dabei um Colinos Vater, Colino selbst sei schon vor zwanzig Jahren gestorben. Ryders Beweisführung erscheint jedoch völlig konstruiert und läßt sich durch keine Textstelle belegen:
"... Xaviera's report itself contains the evidence of its own distortion, its essential falseness. What in effect she tells Nicolo is that the Marquis of Montferrat was the original of the portrait, that the Marquis of Montferrat died twelve years ago, and that the Marquis of Montferrat was Colino, the rescuer of Elvire. But the more impartial narrator of the flashback says no such thing. Indeed he says that the rescuer and young hero was the son of the Marquis, and that he was ill, suffered, and died in his father's house. Now the son of a marquis is not a marquis, and this son predeceased his father. So Xaviera's report may well identify a dead person, but it does not necessarily identify the portrait or the 'object of Elvire's love'." *Kleist's Findling, Oedipus Manqué?*, in: *Modern Language Notes 92* (1977), S. 509-524, hier S. 513
Wenn Paolo ungefähr gleichaltrig mit Nicolo war, wie sich aus dem Geschenk der Kleider und des Bettes schließen läßt, müßte Elvire, Ryders Hypothese zufolge, nachdem sie ihr eigenes Kind bei der Geburt weggegeben hatte, Paolo schon im Kleinkindalter die Mutter ersetzt haben. Paolo wäre damit für sie das Sohnessubstitut gewesen. Da Ryder davon ausgeht, daß Piachi von Elvires Mutterschaft nichts weiß, stellt sich die Frage, wie Elvire die Schwangerschaft vor ihm geheimhalten konnte, da sie ihn ja um diese Zeit kennengelernt haben müßte.

[39] Die Situation ähnelt der in Kleists Elternhaus, was die Altersdifferenz und den Versorgungsaspekt anbelangt (s. S. 20 dieser Arbeit).

[40] Vgl. Edward Shorter, *Die Geburt der modernen Familie*, S. 181. Nach Rieger gilt die Ehe zwischen Piachi und Elvire auch bei den zeitgenössischen Lesern wegen des großen Altersunterschieds als eine "Mißheyrath". Als Beleg führt er Krugs *Philosophie der Ehe* an, in der angeraten wird, "dass höchstens der Mann noch einmal so alt als seyn Weib sein dürfe". Wilhelm Traugott Krug, *Philosophie der Ehe. Ein Beytrag zur Philosophie des Lebens für beyde Geschlechter*, Leipzig 1800, zitiert nach Bernhard Rieger, *Geschlechterrollen und Familienstrukturen*, S. 206

[41] Nach Albert Heubi ist Piachi aus "Mangel an Liebe" nicht eifersüchtig. *H. v. Kleists Novelle 'Der Findling'*, S. 43. Erna Moores dem widersprechende These, daß Piachi eine romantische Bewunderung für Elvire hege, in der er "die Verkörperung einer ungewöhnlichen Liebesfähigkeit" sehe, ist vom Text nicht belegt. *Heinrich von Kleists 'Findling'*, S. 293

[42] Einen Hinweis auf seine freiwillige oder erzwungene Abstinenz gibt schon sein Vorname 'Antonius', den er mit dem heiligen Einsiedler teilt, der standhaft alle Versuchungen abgewehrt hat. Daneben wird der heilige Antonius von Padua als Patron der Ehe verehrt.
Rieger führt an, daß die zeitgenössische Anthropologie davon ausgehe, "daß die Potenz des Mannes mit Beginn der fünften Dekade seines Lebens zwar abnimmt, aber erst in der sechsten Dekade verschwindet. Die gänzliche Zeugungsunfähigkeit des Paares bereits im 51. Lebensjahr des Mannes ist also nur in Kombination mit der festgestellten Infertilität des weiblichen Geschlechtspartners erklärbar (...)" *Geschlechterrollen und Familienstrukturen*, S. 206
Elvire scheint jedoch eher auf Grund ihrer schwärmerischen Liebe zu Colino sexuell abstinent zu sein; die Annahme ihrer biologischen Unfruchtbarkeit beruht auf einer Hypothese, durch den Text läßt sie sich nicht belegen.
Schröder betont, daß Piachis scheinbare Schwäche zugleich seine Position gegenüber Elvire festigt. "Indem er sie geheiratet, aber nicht verführt hat, indem er ihre fast nekrophile Bindung an den toten Colino respektiert und schützt, indem er offenbar eine Josephs-Ehe mit ihr führt, hat er sie sich auch auf eine ungewöhnliche Weise verpflichtet und seine eigene Stellung gestärkt." *'Der Findling'. Ein Plädoyer für Nicolo*, S. 117

[43] Vgl. S. 39 dieser Arbeit.

[44] Vgl. den Artikel *Ehe* in: *Religion in Geschichte und Gegenwart*, hg. v. Hermann Gunkel und Leopold Tscharnack, Bd. II, Tübingen [2]1928, S. 22-38, bes. S. 37

[45] Auch als Elvire die Zofe Xaviera Tartinis in Nicolos Zimmer entdeckt, wird sie mit ihrer eigenen niedergekämpften Erotik konfrontiert und verliert für einen Augenblick die Kontrolle: "Der Unwille, der sich mit sanfter Glut auf ihren Wangen entzündete, goß einen unendlichen Reiz über ihr mildes, von Affekten nur selten bewegtes Antlitz (...)" (II 206)

[46] Piachi wird bei der zufälligen Entdeckung von Nicolos Vergewaltigungsversuch wahrscheinlich nicht zum ersten Mal auf diese Weise bei Elvire erscheinen: "leise, da er Elviren schon schlafen glaubte, schlich er durch den Korridor heran, und da er immer den Schlüssel bei sich trug, so gelang es ihm, plötzlich, ohne daß irgend ein Geräusch ihn angekündigt hätte, in das Zimmer einzutreten." (II 213) In Anbetracht ihrer sexuellen Enthaltsamkeit ein merkwürdiges Verhalten.
Im Text lassen sich noch weitere Beispiele für das indiskrete Eindringen in den Bereich eines anderen finden; so tritt Elvire ohne vorheriges Klopfen in Nicolos Zimmer, wo sie Xavieras Zofe vorfindet (vgl. II 205); ein Verhalten, das zu ihrer sonstigen Zurückhaltung in Widerspruch steht. Es fragt sich auch, wer und aus welchem Grund Nicolos Zimmer in der Nacht, als er heimlich den Ball besucht, verschlossen hat. "Harmlos, ohne Elviren zu sehen, trat er an die Tür, die in sein Schlafgemach führte, und bemerkte eben mit Bestürzung, daß sie verschlossen war (...)" (II 204) Dahinter läßt sich eine Entlarvungs- und Bestrafungsaktion der Eltern, ähnlich der bei Constanzes Begräbnis, vermuten.

[47] Hoffmeister, der die Darstellung "aus der Schlüsselloch-Perspektive" als Zeichen der Kleistschen Diskretion wertet, ist wohl kaum zuzustimmen. (*Heinrich von Kleists "Findling"*, S. 57f.) Im Gegenteil, Kleist delektiert sich geradezu an Voyeur-Szenen, beispielhaft hierfür ist die Beobachtung der Versöhnung von Vater und Tochter durch die Mutter in der *Marquise von O...*.
Auch Kunz versucht, die provokante Szenerie zu ignorieren, indem er Elvires Handlungen als "ein Gedenken, das in allen Zügen einem Heiligenkult entspricht" charakterisiert. Die Verdrängung gelingt ihm jedoch nicht ganz; er sieht "in der übersteigerten Art dieser Darstellung noch die Unbeholfenheit des Frühwerks störend bemerkbar bleiben". *Heinrich von Kleists Novelle 'Der Findling'*, S. 344

Thomas Mann dagegen lobt - zurecht - die "Finesse, welche der Dichter bewährt in der Darstellung des permanenten seelischen Ehebruchs Elvira Piachi's [sic] mit dem zärtlichen Andenken an ihren ritterlichen Lebensretter von einst, diesem romantischen und sittlich nicht einwandfreien geheimen Liebeskult (...)". *Heinrich von Kleist und seine Erzählungen*, in: *Gesammelte Werke in zwölf Bänden, Bd. IX: Reden und Aufsätze 1*, Frankfurt a.M. 1960, S. 823-842, hier S. 835

[48] "Piachi's active role toward Elvire resembles that of a father while his role as husband / lover is passive and subconscious." Harry W. Paulin, *"Papa hat es nicht gern getan"*, S. 232

[49] Kunz wertet diese Unentscheidbarkeit des kognitiven Status als darstellerischen Mangel, der sich als "Unsicherheit in der Wahl der erzählerischen Perspektive" und "in dem Unvermögen, die entscheidenden Konflikte ihren existentiellen Konsequenzen entsprechend entfalten zu können" äußere. *Heinrich von Kleists Novelle 'Der Findling'*, S. 338

Dabei handle es sich "im wesentlichen um den unbereinigten Widerspruch von zwei im Grunde nicht zu vereinbarenden Ebenen der Darstellung. Von der ursprünglichen Anlage des Werkes her ist die Thematik des Schicksals bestimmend. Sie wird aber immer wieder durchkreuzt durch die Neigung des Dichters, das Geschehen aus der Sphäre des Schicksals in die des Moralischen hinüberzuleiten, um auf diese Weise den spezifisch novellistischen Ansatz mit dem zu kombinieren, was das 18. Jahrhundert als moralische Erzählung herausgebildet hat." (Ebd., S. 345)

[50] "Nicolo erschrak, er wußte selbst nicht warum: und eine Menge von Gedanken fuhren ihm, den großen Augen des Bildes, das ihn starr ansah, gegenüber, durch die Brust (...)" (II 207) Der starre Blick des Portraitierten scheint auf eine geheime Verwandschaft mit seiner eigenen "etwas starren Schönheit" (II 200) zu verweisen.

[51] Dazu Sembdner: "*Colino* - italien. Verkleinerungsform von *Nicolo;* also eigentlich der gleiche Name, was Kleist entgangen war." (II 907) Kleists Vorliebe für Anagramme spricht eher gegen seine diesbezügliche Unkenntnis. Die Verwandtschaft der Namen verstärkt noch das mysteriöse Doppelgängertum ihrer Träger: 'Nic(c)olò' ist als italienische und 'Colin' als englische, französische und niederländische Kurzform zu 'Nikolaus' ausgewiesen. Diese etymologische Herleitung stimmt mit der im Text gegebenen genau überein und bestärkt damit die Annahme, daß Kleist die identische Bedeutung der Namen kannte.

"Aloysius, Marquis von Montferrat, dem ein Oheim zu Paris, bei dem er erzogen worden war, den Zunamen *Collin*, späterhin in Italien scherzhafter Weise in *Colino* umgewandelt, gegeben hatte (...)" (II 211) Fraglich bleibt nur, wie und warum aus einem 'Aloysius' ein 'Collin' wird - eines der vielen ungelösten Rätsel des Textes.

[52] Nicolo, der die anagrammatische Beziehung ihrer Namen als neues Zeichen von Elvires Leidenschaft für ihn interpretiert, beobachtet Elvires Reaktion auf seine Entdeckung: "Die Erwartung, in der er stand, täuschte ihn auch keineswegs; denn kaum hatte Elvire, in einem müßigen Moment, die Aufstellung der Buchstaben bemerkt, und harmlos und gedankenlos, weil sie ein wenig kurzsichtig war, sich näher darüber hingebeugt, um sie zu lesen: als sie schon Nicolos Antlitz, der in scheinbarer Gleichgültigkeit darauf niedersah, mit einem sonderbar beklommenen Blick überflog, ihre Arbeit, mit einer Wehmut, die man nicht beschreiben kann, wieder aufnahm, und, unbemerkt wie sie sich glaubte, eine Träne nach der anderen, unter sanftem Erröten, auf ihren Schoß fallen ließ. Nicolo, der alle diese innerlichen Bewegungen, ohne sie anzusehen, beobachtete, zweifelte gar nicht mehr, daß sie unter dieser Versetzung der Buchstaben nur seinen eignen Namen verberge. Er sah sie die Buchstaben mit einemmal sanft übereinander schieben, und seine wilden Hoffnungen erreichten den Gipfel der Zuversicht, als sie aufstand, ihre Handarbeit weglegte und in ihr Schlafzimmer verschwand." (II 210f.)

Nicolos und Elvires Erleben klaffen in dieser Szene völlig auseinander. Nicolos Wahrnehmung wird durch seine Wünsche gelenkt, dementsprechend sieht er durch Elvires Verhalten seine ihm schmeichelhaften Vermutungen bestätigt. Elvire dagegen hat für *ihn* überhaupt keinen Blick, sie setzt ihn noch nicht einmal zu Colino in Beziehung. Weder fällt ihr eine äußere Ähnlichkeit noch das Namensanagramm auf.

81

So wenig Nicolo als Person für sie von Interesse ist, ist es sein Name. Nur die Chimäre und der Name 'Colino' hat für sie Bedeutung, nur ihn nimmt sie wahr. Sie fürchtet, daß Nicolo das Geheimnis ihrer Liebe zu Colino entdecken könnte, während er glaubt, die Gewißheit über ihre Liebe zu ihm erlangt zu haben.

[53] Jürgen Schröder: "Er wird von diesem Bild angezogen bis zur restlosen Identifikation mit dem Geliebten Elvires, und er wird von diesem Bild ab- und ausgestoßen bis in die entgegengesetzte Rolle einer Unperson für Elvire, des Findlings und Fremdlings wie bisher. Das Bild gibt ihm Leben und es gibt ihm den Tod." *'Der Findling'. Ein Plädoyer für Nicolo*, S. 122f.

[54] "Consider the situation of the putative father: although he is not the real father, he assumes himself to be. Thus it is reasonable to believe that not only does he not notice a resemblance between Klara and her true father, but he may even see one between her and himself - as might anyone else not knowing the true state of affairs. A resemblance may then exist, merely by consensus. It is in this light that we might understand the resemblance between Nicolo and Colino: it exists depending upon who is looking at it and for what purposes. Nicolo's equation demonstrates to us the possibility that we are not necessarily dealing with inscrutable mysteries." Marjorie Gelus, *Displacement of Meaning: Kleist's "Der Findling"*, S. 546

[55] Vgl. Joseph Kunz: "Wenn dieser [Colino] nämlich im folgenden dank der Ähnlichkeit mit Nicolo in das Zwielicht des Doppelgängertums gerät, so gewinnt dieses tragische Relevanz, indem in ihm die Gestalt des Vollkommensten nicht mehr von der Erscheinung dessen zu unterscheiden ist, in dem sich das Äußerste an Verruchtheit und Verdorbenheit darbietet. *Heinrich von Kleists Novelle 'Der Findling'*, S. 344
Hoffmeister leitet daraus weltanschauliche Konsequenzen ab: "Wenn das Böse auf die verwirrendste Weise die Maske des Guten annehmen kann, so läßt sich kein vernünftiger Weltplan mehr erkennen. Wir können bestenfalls den Zusammenfall des Guten und des Bösen in einer höheren Macht erraten, die mit den Menschen nach Lust und Laune verfährt." *Heinrich von Kleists "Findling"*, S. 60
Wäre nach dieser Lesart das Gute und das Böse im *Findling* in die beiden Personen Colino und Nicolo aufgespalten, so vereinte es sich für die *Marquise von O...* in der Gestalt des Grafen F...: Er erscheint ihr als Engel und Teufel zugleich.

[56] Albert Heubi interpretiert Alkmenes Verwechslung Jupiters mit Amphitryon als Versagen, nicht als Erkennen einer höheren Wirklichkeit, in der Jupiter als gesteigerter Amphitryon erschiene; dementsprechend betont er die Entsprechungen zwischen Alkmene und Elvire, ohne die Unterschiede hervorzuheben: "Der Mangel Elvires ist also, dass sie ein Mensch ist wie Alkmene, allen Täuschungen der Erscheinungswelt erliegt und nicht wie Käthchen das Absolute körperlos und sicher zu sehen vermag." *Heinrich von Kleists Novelle 'Der Findling'*, S. 43
Auch Hoffmeister betont Elvires Idolatrie, setzt sie aber in Gegensatz zu Alkmenes Haltung: "während Alkmenes Liebe zu Amphitryon unerschütterlich ist, weil Alkmene in einem konkreten, personalen Verhältnis zur Wirklichkeit steht, bricht Elvires Gefühlswelt beim geringsten Anstoß zusammen, weil sie auf der surrogathaften Verehrung eines Idols beruht."*Heinrich von Kleists "Findling"*, S. 59
Jochen Schmidt: "Ebenso wie Jupiter tritt der Findling Nicolo als Doppelgänger auf. Und ebenso ist er kein fremd von außen hereinbrechendes Schicksal, sondern eine aus dem Innern einer Frau heraufbeschworene und durch sie erst lebensmächtige Erscheinung. Die entscheidende Differenz liegt denn auch nur im Innern der beiden Frauengestalten begründet und läßt sich daraus definieren. Während Alkmene sich der aus ihr selbst entstehenden Dissoziation zwischen 'Geliebtem' und 'Gemahl' mit äußerster Kraft widersetzt, kultiviert die 'kurzsichtige' Elvire (...) die Spaltung ihres Daseins zwischen der äußeren Gegenwart des alternden, ungeliebten, bei aller Rechtschaffenheit und Güte nur seinen Geschäften hingegebenen Gatten Piachi und der im Andenken dauernden inneren Gegenwart des jungen und schönen genuesischen Edelmannes Colino, der ihr einst das Leben gerettet hat. Mit seinem Bild treibt sie heimlich Idolatrie - Alkmene aber 'vergötzt' (...) den eigenen Gatten! Während also Alkmenes Idolatrie aus einem idealen Höchstmaß reiner Liebe entspringt, erliegt Elvire einem Verdrängungsphantom, das seinen eigentlichen Ur-

sprung in der gefühlsarmen und unerfüllten Ehe hat und dessen Kristallisationskern die ferne Rettergestalt Colinos ist. Elvirens schattenhaftes und witwenartig freudloses Dasein ist das genaue Gegenteil der glanzerfüllten 'Flitterwochen' Alkmenes. (...)

Nach diesen Grundgegebenheiten ist es nur folgerichtig, daß der Doppelgänger im *Findling* nicht als Doppelgänger des Ehemanns, wie Jupiter im *Amphitryon*, sondern als Doppelgänger des heimlich geliebten Colino auftritt, und nicht als Überhöhung ins Göttliche, sondern als Perversion ins Teuflische, ins schlimm Zerstörerische. (...) Auch faktisch ist Nicolo in einem präzisen Sinn die Perversion Colinos. Während dieser als strahlender Retter figuriert, erscheint der Findling ganz als Verderber und Zerstörer. Der Findling ist die zur Vernichtung treibende Inkarnation des tiefen menschlichen Versagens sowohl des alten 'Güterhändlers' Piachi als auch seiner Ehefrau Elvire. Er ist der vernichtende Dämon einer nichtigen Ehe." *Heinrich von Kleist. Studien zu seiner poetischen Verfahrensweise*, S. 177 f.

[57] Vgl. Marjorie Gelus, *Displacement of Meaning: Kleist's "Der Findling"*, S. 545: "She is either crazy as a loon or like a fox, and I would suggest that it is the latter: she has found an adquate vehicle for realizing her urgent desire, and she willingly suspends disbelief."

[58] Jochen Schmidt, *Heinrich von Kleist. Studien zu seiner poetischen Verfahrensweise*, S. 18. "Bei Kleist flüchtet immer der Mensch, der sich in der Wirklichkeit nicht mehr zurechtfindet, in religiöse Vorstellungen." (Ebd., S. 17)

[59] "The average reader would unthinkingly reject the assertion of her 'dissimulation, brazenness and cunning' as expressing only Nicolo's mistaken or even warped viewpoint. Yet anyone who, in passing through a door, can change the entire attitude of the body and face from one of passionate surrender to one of calm indifference must have developed advanced skills in dissimulation, and in her adoration of Colino, Elvire daily violates the spirit, if not the letter, of the law that Nicolo wishes to see her break." Marjorie Gelus, *Displacement of Meaning: Kleist's "Der Findling"*, S. 547

[60] Elvire hat an Nicolo nichts auszusetzen "als einen früh, wie es ihr schien, in der Brust desselben sich regenden Hang für das weibliche Geschlecht. (...) und ob er gleich, durch die strenge Forderung des Alten genötigt, diese Verbindung [mit Xaviera Tartini] zerriß, so hatte Elvire doch mancherlei Gründe zu glauben, daß seine Enthaltsamkeit auf diesem gefährlichen Felde nicht eben groß war." (II 201)
"Ja, Constanze war noch nicht unter der Erde, als Elvire schon zur Abendzeit, in Geschäften des bevorstehenden Begräbnisses in sein Zimmer tretend, ein Mädchen bei ihm fand, das, geschürzt und geschminkt, ihr als die Zofe der Xaviera Tartini nur zu wohl bekannt war. Elvire schlug bei diesem Anblick die Augen nieder, kehrte sich, ohne ein Wort zu sagen, um, und verließ das Zimmer; weder Piachi, noch sonst jemand, erfuhr ein Wort von diesem Vorfall, sie begnügte sich, mit betrübtem Herzen bei der Leiche Constanzens, die den Nicolo sehr geliebt hatte, niederzuknieen und zu weinen." (II 205)
Auf die bei Elvire verblüffende Indiskretion wurde bereits verwiesen (s. Anm. 46); dahinter könnte sich ihr Wunsch, Nicolo zu kontrollieren, verbergen. Ihr Weinen zeigt eine starke emotionale Betroffenheit an; ob diese nur aus ihrem Mitleid für die stets hintergangene Constanze herrührt, ist zweifelhaft. Zwar unterrichtet Elvire Piachi nicht von dem Vorfall, doch stellt sich die Frage, ob sie nicht indirekt für seine Reaktion mitverantwortlich ist, indem sie vielleicht immer wieder Nicolos Sinnlichkeit moniert hat. Nicolos Verdacht erwiese sich damit als nicht so falsch, wie es zunächst den Anschein hat. Ihre moralischen Vorstellungen mögen auch ein gut Teil dazu beigetragen haben, daß Piachi Nicolo schon vor der Ehe den Umgang mit Xaviera Tartini verbot, denn: "Nichts hatte der Vater, der ein geschworner Feind aller Bigotterie war, an ihm auszusetzen, als den Umgang mit den Mönchen des Karmeliterklosters (...)" (II 201) Marjorie Gelus: "Thus, while the reader is encouraged to view Elvire as closed off and remote from passion in all areas beyond Colino, there is a good deal of underlying material to contradict such an image." *Displacement of Meaning: Kleist's "Der Findling"*, S. 547

[61] Die Übertretung des Verbots wird durch Colino bewirkt, der als Katalysator die latent vorhandenen Spannungen zur Entladung bringt: "... [Kleist] hat Elvire durch ihre intensive, das Pathologische streifende Bindung an den toten Lebensretter und Geliebten einerseits fast ganz aus dem Dreieck [Piachi, Elvire, Nicolo] herausgedreht (sie schaut sozusagen starr in die falsche Richtung!); andererseits aber hat er sie durch das mechanische Arrangement der physiognomischen und logogriphischen Ähnlichkeit zwischen Colino und Nicolo und durch die Blendung dieses Motivs wieder so bewußtlos und gewaltsam in das Dreieck hineingedreht, daß sie über keinen eigenen Spielraum mehr verfügt. Dadurch wird sie paradoxerweise ebenso immun gegen Nicolo wie anfällig für ihn.
Ganz entsprechend wird Nicolo, der von Kleist durch seine Sohnschaft und seine frühe Bindung an Xaviera Tartini ebenfalls immunisiert und aus dem Dreieck herausgedreht wird (...), gerade durch dieses mechanische Arrangement anfällig für Elvire und seinen scheinbaren Doppelgänger." Jürgen Schröder, *'Der Findling'. Ein Plädoyer für Nicolo*, S. 116

[62] Frank G. Ryder, *Kleist's Findling: Oedipus Manqué?*, S. 515

[63] "Kleists elektrisch-physikalisches Verständnis emotioneller Ereignisse enthält einen ästhetischen Willen, dergestalt daß der exzentrische Erscheinungs-Charakter, das dramatische Wie der physischen Erscheinung das Was dieser Erscheinung notorisch verdeckt, woraus sich unmittelbar die Differenzen der Deutung erklären lassen. Insofern ist auch der extreme Augenblick, nämlich der der Vernichtung und des Todes, gewollt. Sein 'occasionalistischer' Charakter ist sozusagen das stilistische Indiz für die narzißtische Affinität: Die finale oder tödliche Situation ist nur eine letzte Steigerung immer schon 'elektrisch' verstandener emotioneller Augenblicke." Karl Heinz Bohrer, *Kleists Selbstmord*, S. 298

[64] Piachis Rachegebärde erinnert bis ins Detail an die des Michael Kohlhaas: "... er nahm den Zettel heraus, entsiegelte ihn, und überlas ihn: und das Auge unverwandt auf den Mann mit blauen und weißen Federbüschen gerichtet, der bereits süßen Hoffnungen Raum zu geben anfing, steckte er ihn in den Mund und verschlang ihn. Der Mann mit blauen und weißen Federbüschen sank, bei diesem Anblick, ohnmächtig, in Krämpfen nieder. Kohlhaas aber, während die bestürzten Begleiter desselben sich herabbeugten, und ihn vom Boden aufhoben, wandte sich zu dem Schafott, wo sein Haupt unter dem Beil des Scharfrichters fiel." (II 103)
Karl Heinz Bohrer hat darauf hingewiesen, daß beide verkappte Selbstmörder sind (*Kleists Selbstmord*, S. 299). Was er über Kohlhaas' Motivation schreibt, gilt auch für Piachi: "... 1. Michael Kohlhaas und der Erzähler vergessen im Laufe der Ereignisse das ursprüngliche Motiv, nämlich Recht zu finden. Kohlhaas sucht ab einem gewissen Zeitpunkt kein Recht mehr, sondern Rache. 2. Das Gefühl der Rache aber steigert sich zu einer Emotion, die, wenn sie nur den Gegner dabei vernichtet, den eigenen Tod mit Wollust antizipiert." (Ebd., S. 300f.)
Wie im *Kohlhaas* bildet auch im *Findling* "die tödliche Rache, die die Vernichtung des Gegners einschließt", das Zentrum der Erzählung (ebd., S. 304).

[65] Zwar ist das Motiv der unbekannten Herkunft des öfteren mit dem des Inzests verbunden und hat im Ödipus-Mythos überragende Bedeutung erlangt, doch erscheint Ryders Versuch einer etymologischen Untermauerung seiner Hypothese nicht zwingend: Er setzt 'Elvire' = 'die Strahlende' zu 'Iokaste' = 'die glänzend Schöne' in Beziehung. (Vgl. *Kleist's Findling: Oedipus Manqué?*, S. 524) In Kleists Werk begegnet der Name 'Elvire' jedoch auch dort, wo keine ödipalen Konflikte thematisiert werden - bei der Mutter des kleinen Juan im *Erdbeben in Chili* und, leicht verändert, als 'Elmire' in der *Familie Ghonorez*.
Ein indirekter Hinweis auf das Inzestmotiv könnte eher in der Episode der Rettung Elvires vorliegen, die an Rechas Rettung durch den Tempelherrn in Lessings *Nathan* erinnert. Zum Vergleich:
"... als plötzlich ein junger Genueser, vom Geschlecht der Patrizier, am Eingang erschien, seinen Mantel über den Balken warf, sie umfaßte, und sich, mit eben so viel Mut als Gewandtheit, an einem der feuchten Tücher, die von dem Balken niederhingen, in die See mit ihr herabließ. Hier griffen Gondeln, die auf dem Hafen

schwammen, sie auf, und brachten sie, unter vielem Jauchzen des Volks, ans Ufer (...)" (II 202)

"Daja. Er kam, und niemand weiß woher.
Er ging, und niemand weiß wohin. - Ohn' alle
Des Hauses Kundschaft, nur von seinem Ohr
Geleitet, drang, mit vorgespreiztem Mantel,
Er kühn durch Flamm' und Rauch der Stimme nach,
Die uns um Hülfe rief. Schon hielten wir
Ihn für verloren, als aus Rauch und Flamme
Mit eins er vor uns stand, im starken Arm
Empor sie tragend. Kalt und ungerührt
Vom Jauchzen unsers Danks, setzt seine Beute
Er nieder, drängt sich unters Volk und ist -
Verschwunden!" (I, 1, S. 210)

Der hier drohende Geschwisterinzest wäre im *Findling* in einen Mutter-Sohn-Inzest transformiert.

[66] Frank G. Ryder, *Kleist's Findling: Oedipus Manqué?*, S. 517

[67] Jürgen Schröder, *'Der Findling'. Ein Plädoyer für Nicolo*, S. 117: "Er hat die einzelnen Bestandteile und Motive des Stoffes und der novellistischen Konstellation wie isolierte Buchstaben und Splitter behandelt, die er den alten Sinnzusammenhängen und Kontexten willkürlich entnimmt und spielerisch-kaleidoskopisch zu neuen, bisher unerhörten Worten und Gebilden zusammensetzt. Sie erinnern noch an den alten Sinn, aber einen neuen und eigenen geben sie nicht mehr her. Kleist hat die schwankhafte Dreiecksgeschichte, ihren latenten Ödipus-Gehalt, das Motiv der Witwe von Ephesos und die am Schluß evozierte flüchtige Werther-Analogie (...) zu einer reinen seel- und sprachlosen Maschine veräußert und ausgebildet."

[68] "Da er keine Wahrheit über sich gefunden hat, muß er den 'Betrug' wählen, da er nicht lebendig als er selbst kommen kann, muß er als 'schlummernder Toter', als Revenant erscheinen." Ebd., S. 123

[69] So erstickt Nicolo den spontanen Impuls zur Hilfeleistung an der ohnmächtigen Elvire, weil er Zurechtweisungen befürchtet: "Nicolo, von Schrecken bleich, wandte sich um und wollte der Unglücklichen beispringen; doch da das Geräusch, das sie gemacht hatte, notwendig den Alten herbeiziehen mußte, so unterdrückte die Besorgnis, einen Verweis von ihm zu erhalten, alle anderen Rücksichten: er riß ihr, mit verstörter Beeiferung, ein Bund Schlüssel von der Hüfte, das sie bei sich trug, und einen gefunden, der paßte, warf er den Bund in den Saal zurück und verschwand." (II 204)
Auf Grund seiner ökonomischen Abhängigkeit bleibt ihm nichts anderes übrig, als sich nach außen von Piachi gängeln zu lassen und sein Privatleben durch Verstellung zu sichern: "Mehrere Tage lang sprach Piachi kein Wort mit ihm; und da er gleichwohl, wegen der Hinterlassenschaft Constanzens, seiner Geneigtheit und Gefälligkeit bedurfte: so sah er sich genötigt, an einem Abend des Alten Hand zu ergreifen und ihm mit der Miene der Reue, unverzüglich und auf immerdar, die Verabschiedung der Xaviera anzugeloben. Aber dies Versprechen war er wenig gesonnen zu halten; vielmehr schärfte der Widerstand, den man ihm entgegen setzte, nur seinen Trotz, und übte ihn in der Kunst, die Aufmerksamkeit des redlichen Alten zu umgehen." (II 206)
Während Piachi und Elvire seine Intimsphäre ohne Scheu verletzen, fürchtet Nicolo noch als Erwachsener für das heimliche Betreten von Elvires Zimmer wie ein Kind bestraft zu werden. "Nicolo erschrak, er wußte selbst nicht warum: und eine Menge von Gedanken fuhren ihm (...) durch die Brust: doch ehe er sie noch gesammelt und geordnet hatte, ergriff ihn schon Furcht, von Elviren entdeckt und gestraft zu werden; er schloß, in nicht geringer Verwirrung, die Tür wieder zu, und entfernte sich." (II 207)

[70] "Der Findling ist zu Piachi, Piachi zu einem Findling, einem gesellschaftlichen Outcast geworden. Das Plus-Minus-Verhältnis des Novellenbeginns hat sich bei diesem schlagartigen Schlußgewitter radikal umgepolt. Seltsam blasphemische Verkehrungen,

Perversionen finden statt. Der Sohn wird der Vater, der Vater der Sohn. Nicht der Sohn endet am Galgen und fährt nieder in die Hölle, sondern der Vater tut es. Hier in Rom, dem anderen Jerusalem, erlöst der Sohn niemanden mehr, und der Vater will nicht mehr erlöst sein." Jürgen Schröder, *'Der Findling'. Ein Plädoyer für Nicolo*, S. 123

[71] "So wie bisher jeder Okkupationsschritt eine Folgeentscheidung des väterlichen Räumungswillens war, so ist der Vatermann Piachi auch noch bereit, die 'Grenzverletzung' des weiblichen Körpers hinnehmen zu wollen. Zum Tod der Frau muß erst die vollkommene räumliche Verdrängung aus Haus und Besitz kommen, und erst jetzt, durch 'diesen doppelten Schmerz gereizt', reagiert Piachi (214). Erst damit ist sein Positionsverlust als Hausvater besiegelt, denn das 'Haus' bildete in der sozialen Hierarchie der Textentstehungzeit die kleinste politische und organisatorische Einheit, an deren Spitze der 'Hausvater' stand." Bernhard Rieger, *Geschlechterrollen und Familienstrukturen*, S. 32f.

[72] "Anstatt mittelwertiger Charakter-Beschreibungen oder Situationsschilderungen, die sich allmählich zur psychologischen Atmosphäre aufbauen, erkennen wir die Aufeinanderfolge transitorischer Zustände. Indem aber der Charakter oder die Psyche immer vornehmlich im Modus des Übergangs gesehen werden, meldet sich schon der radikalste Übergang, der vom Leben zum Tode, an." Karl Heinz Bohrer, *Kleists Selbstmord*, S. 292

[73] Vgl. (II 214): "Kurz, da er Xavieren, welche der Bischof los zu sein wünschte, zu heiraten willigte, siegte die Bosheit, und die Regierung erließ, auf Vermittelung dieses geistlichen Herrn, ein Dekret, in welchem Nicolo in den Besitz bestätigt und dem Piachi aufgegeben ward, ihn nicht darin zu belästigen.

Piachi hatte gerade Tags zuvor die unglückliche Elvire begraben, die an den Folgen eines hitzigen Fiebers, das ihr jener Vorfall zugezogen hatte, gestorben war. Durch diesen doppelten Schmerz gereizt, ging er, das Dekret in der Tasche, in das Haus, und stark, wie die Wut ihn machte, warf er den von Natur schwächeren Nicolo nieder und drückte ihm das Gehirn an der Wand ein."

Paulin dagegen akzentuiert die psychologischen Auswirkungen, die der sexuelle Übergriff auf Piachis Selbstwertgefühl hat und übersieht die Bedeutung des Rechtsbruchs: "Injured ego and revenge account (...) for Piachi's murder of Nicolo. The latter has caused Piachi's financial ruin and the death of his young wife; but, psychologically more significant, he has usurped his adoptive father's very position and exposed his marital duplicity. (...) potency, if only imaginary, is endangered, and a bruised male ego demands revenge." *"Papa hat es nicht gern getan"*, S. 231f.

[74] S. in diesem Zusammenhang die Kohlhaas-Interpretation von Helga Gallas, *Das Textbegehren des 'Michael Kohlhaas'. Die Sprache des Unbewußten und der Sinn der Literatur*, Reinbek bei Hamburg 1981

[75] Werner Hoffmeister, *Heinrich von Kleists "Findling"*, S. 51: "Gott wird in dieser Situation von Piachi auf zweideutige, ja paradoxe Weise begriffen. Indem Piachi einerseits den Vollzug der Strafe und Rache im Jenseits an sich reißt, ergreift er gegen Gott Partei und drückt sein Mißtrauen gegen Gottes Strafmaß aus. Indem er andererseits gewiß ist, daß Nicolo in der Hölle sein wird, baut er auf Gottes Gerechtigkeit. Himmel und Hölle bleiben als jenseitige Bezugspunkte bestehen. Darin liegt der metaphysische Trost dieses im irdischen Bereich trostlosen Werkes."

[76] Jürgen Schröder, *'Der Findling'. Ein Plädoyer für Nicolo*, S. 127

3. Die Marquise von O...

Die Marquise von O... erfüllt geradezu idealtypisch Goethes Definition der Novelle als Darstellung einer unerhörten Begebenheit:

> "In M..., einer bedeutenden Stadt im oberen Italien, ließ die verwitwete Marquise von O..., eine Dame von vortrefflichem Ruf, und Mutter von mehreren wohlerzogenen Kindern, durch die Zeitungen bekannt machen: daß sie, ohne ihr Wissen, in andre Umstände gekommen sei, daß der Vater zu dem Kinde, das sie gebären würde, sich melden solle; und daß sie, aus Familienrücksichten, entschlossen wäre, ihn zu heiraten." (II 104)

Als die Novelle 1808 in der von Kleist zusammen mit Adam Müller herausgegebenen Zeitschrift *Phöbus* erschien, wurde sie von der Kritik sehr unterschiedlich aufgenommen. Während sie für einen Teil der Rezensenten schon durch das skandalöse Sujet diskreditiert war, rühmten andere gerade ihren hohen ethischen Rang.[1] Die polare Beurteilung der Novelle setzt sich bis in heutige Interpretationsansätze fort[2], unzweifelhaft dürfte jedoch die zentrale Bedeutung der familialen Thematik sein.

Nach dem Tod ihres Mannes hatte die Marquise auf Wunsch "ihrer würdigen Mutter" ihren Landsitz verlassen "und war, mit ihren beiden Kindern, in das Kommandantenhaus, zu ihrem Vater, zurückgekehrt" (II 104); sie nimmt also, selbst Mutter, im Hause ihrer Eltern wieder die Rolle der Tochter ein. Damit ist sie zugleich in "die alte Ordnung der Dinge" (II 109), die die Ordnung des Elternhauses darstellt, zurückgekehrt.[3] Doch diese Ordnung erweist sich bei näherer Betrachtung von Anfang an als instabil und brüchig.

> "The formation of this family is such that not only is the father absolute master, but a master whose close, almost possessive relationship to this daughter overshadows the marital link between him and his wife. Thus the narration hints that the seemingly perfect balance of this family is in fact somewhat disturbed."[4]

Durch die Folgen der ausnahmehaften Begegnung zwischen dem Grafen und der Marquise gerät nicht nur die latent gefährdete Familienordnung aus dem Gleichgewicht: Die unerklärliche Schwangerschaft scheint auch die "Weltordnung" (II 122) außer Kraft zu setzen.[5] Die Logik des Bewußtseins, die sich in dem Satz 'Tertium non datur'- in der Sprache der Mutter, "und gleichwohl muß es doch notwendig eins oder das andere gewesen sein" (II 121), - manifestiert, wird durch die divergierende Logik des Leibes erschüttert.

Die Marquise versucht, den für sie unlösbaren Widerspruch durch Flucht in die Metaphysik aufzuheben.

> "Sie fragte, mit gebrochener Stimme, wie denn die Natur auf ihren Wegen walte? Und ob die Möglichkeit einer unwissentlichen Empfängnis sei? - Die Hebamme lächelte, machte ihr das Tuch los, und sagte, das würde ja doch der Frau Marquise Fall nicht sein. Nein, nein, antwortete die Marquise, sie habe wissentlich empfangen, sie wolle nur im allgemeinen wissen, ob diese Erscheinung im Reiche der Natur sei? Die Hebamme versetzte, daß dies, außer der heiligen Jungfrau, noch keinem Weibe auf Erden zugestoßen wäre. Die Marquise zitterte immer heftiger. Sie glaubte, daß sie augenblicklich niederkommen würde (...)" (II 124)

Das Vokabular in dieser Szene rekurriert auf Luthers Übersetzung des Lukas-Evangeliums. Dort antwortet Maria auf die Verkündigung des Engels: "Wie soll das zugehen, da ich doch von keinem Manne weiß?" (Lukas 1,34) Die Marquise fragt also nach der Möglichkeit einer 'unbefleckten Empfängnis', da 'Wissen' in diesem Kontext erotisches Wissen meint.[6] Dieses hat die Marquise durch ihre Ohnmacht aus dem Bewußtsein verdrängt[7]; wie es in der Anzeige heißt, ist sie "ohne ihr Wissen, in andre Umstände gekommen" (II 104).[8] Auch auf die Bemerkung der Hebamme, "daß sich der muntere Korsar, der zur Nachtzeit gelandet, schon finden würde" (II 124), die der Wahrheit recht nahekommt, reagiert sie mit einer Ohnmacht. Die immer deutlicher werdenden Anspielungen des Grafen ignoriert sie, und als er sich ihr schließlich in der Gartenszene offenbaren will, flüchtet sie vor der Erkenntnis, die nicht nur ihr Bild des Grafen, sondern auch ihr Ichideal zu zerstören droht.[9]

> "Ein einziges, heimliches, geflüstertes - ! sagte der Graf, und griff hastig nach ihrem glatten, ihm entschlüpfenden Arm. - Ich *will nichts* wissen, versetzte die Marquise, stieß ihn heftig vor die Brust zurück, eilte auf die Rampe, und verschwand." (II 129)

Die Tatsache, daß die Marquise ihr erotisches Wissen nicht in ihr Bewußtsein gelangen läßt, wird im Text selbst in indirekter Form mehrfach thematisiert. So versucht die Obristin sie angesichts der ärztlichen Diagnose zu beruhigen: "Wenn dein Bewußtsein dich rein spricht: wie kann dich ein Urteil (...) nur kümmern?" (II 121) Die Marquise: "Ich schwöre (...), daß mein Bewußtsein, gleich dem meiner Kinder ist; nicht reiner, Verehrungswürdigste, kann das Ihrige sein." (II 122) Ihr Wunsch nach einer zweiten Untersuchung läßt die Mutter ausrufen: "Ein reines Bewußtsein, und eine Hebamme!" (II 122)

Die Substitution des zu erwartenden Wortes 'Gewissen' durch das Wort 'Bewußtsein'[10] verweist auf die Verdrängung des für die Marquise unerträglichen Sachverhalts.[11]

Vor dem Hintergrund der Verdrängungssoperationen der Marquise relativiert sich auch der Satz, der nach Meinung vieler Interpreten den Wendepunkt der Novelle markiert:

> "Durch diese schöne Anstrengung mit sich selbst bekannt gemacht, hob sie sich plötzlich, wie an ihrer eigenen Hand, aus der ganzen Tiefe, in welche das Schicksal sie herabgestürzt hatte, empor." (II 126)

Der Satz stellt keine 'objektive' Aussage eines auktorialen Erzählers über den Selbstfindungs- und Reifeprozeß der Marquise dar, sondern vermittelt ihre perspektivisch begrenzte Selbsteinschätzung.[12] Da sie auch nach diesem scheinbaren Emanzipationsschritt keine logische Erklärung für ihren Zustand findet (bzw. zuläßt), nimmt sie wieder Zuflucht zu ihrer Mystifikationsstrategie, die bereits im Gespräch mit der Hebamme angeklungen war. Doch mischen sich ihre religiösen Vorstellungen mehr und mehr mit profanen und pragmatischen Überlegungen und werden schließlich von ihnen überlagert.

> "Ihr Verstand, stark genug, in ihrer sonderbaren Lage nicht zu reißen, gab sich ganz unter der großen, heiligen und unerklärlichen Einrichtung der Welt gefangen. (...) wenige Tage nur waren nach ihrer Ankunft in V... verflossen, als der Schmerz ganz und gar dem heldenmütigen Vorsatz Platz machte, sich mit Stolz gegen die Anfälle der Welt zu rüsten. Sie beschloß, sich ganz in ihr Innerstes zurückzuziehen, sich, mit ausschließendem Eifer, der Erziehung ihrer beiden

Kinder zu widmen, und des Geschenks, das ihr Gott mit dem dritten gemacht hatte, mit voller mütterlichen Liebe zu pflegen. (...) Und so war der Zeitpunkt, da der Graf F... von Neapel wiederkehren sollte, noch nicht abgelaufen, als sie schon völlig mit dem Schicksal, in ewig klösterlicher Eingezogenheit zu leben, vertraut war. (...) Nur der Gedanke war ihr unerträglich, daß dem jungen Wesen, das sie in der größten Unschuld und Reinheit empfangen hatte, und dessen Ursprung, eben weil er geheimnisvoller war, auch göttlicher zu sein schien, als der anderer Menschen, ein Schandfleck in der bürgerlichen Gesellschaft ankleben sollte. Ein sonderbares Mittel war ihr eingefallen, den Vater zu entdecken: ein Mittel, bei dem sie, als sie es zuerst dachte, das Strickzeug selbst vor Schrecken aus der Hand fallen ließ. (...) Immer noch sträubte sie sich, mit dem Menschen, der sie so hintergangen hatte, in irgend ein Verhältnis zu treten: indem sie sehr richtig schloß, daß derselbe doch, ohne alle Rettung, zum Auswurf seiner Gattung gehören müsse, und, auf welchem Platz der Welt man ihn auch denken wolle, nur aus dem zertretensten und unflätigsten Schlamm derselben, hervorgegangen sein könne. Doch da das Gefühl ihrer Selbständigkeit immer lebhafter in ihr ward, und sie bedachte, daß der Stein seinen Wert behält, er mag auch eingefaßt sein, wie man wolle, so griff sie eines Morgens, da sich das junge Leben wieder in ihr regte, ein Herz, und ließ jene sonderbare Aufforderung in die Intelligenzblätter von M... rücken, die man am Eingang dieser Erzählung gelesen hat." (II 126f.)

Die Widersprüchlichkeit ihrer Gedanken und Handlungen ist offensichtlich: Einerseits kompensiert sie ihre Lage, indem sie sie überhöht und die von ihrem Bewußtsein zensierten Umstände der Zeugung mit der Aura des Numinosen umgibt. Andererseits macht sie sich über den Charakter des 'Erzeugers' - scheinbar - keine Illusionen und führt damit selbst die Idee eines "göttlichen Usprungs" ad absurdum.[13] Die Annonce enthüllt das ganze Ausmaß ihrer Selbsttäuschung: Weder akzeptiert die Marquise in demutsvoller Entsagung ein eremitenhaftes Dasein, noch ist ihre Unabhängigkeit von der Meinung der "bürgerlichen Gesellschaft" so groß, wie sie selbst gern glauben möchte. Zudem fungiert die Zeitungsanzeige als Indikator ihres unbewußten Wissens. Indem die Marquise in den "Intelligenzblättern von M..." inseriert, gibt sie zu erkennen, daß sie den Vater ihres Kindes in den gebildeten und begüterten Schichten sucht; dort, wo sie und ihre Familie sicher nicht den "Auswurf seiner Gattung" vermuteten. Darüberhinaus hat schon Josef Kunz darauf hingewiesen, daß zwischen dem Zeitpunkt der erwarteten Rückkehr des Grafen und der Aufgabe der Annonce ein Zusammenhang besteht.[14]

Ein ambivalentes, zwischen Pathos und Pragmatik schwankendes Verhalten legen auch die übrigen Familienmitglieder an den Tag. So reagiert der Kommandant, als er von der Schwangerschaft seiner Tochter erfährt, mit einem großen, sich bis zur drohenden Gewalttätigkeit steigernden Auftritt, der sich in der ausnahmehaften Versöhnungsszene mit umgekehrtem Vorzeichen wiederholt.[15]

"Der Kommandant wandte ihr [der Marquise], bei ihrem Anblick, den Rücken zu, und eilte in sein Schlafgemach. Er rief, als sie ihn dahin verfolgte, hinweg! und wollte die Türe zuwerfen; doch da sie, unter Jammern und Flehen, daß er sie schließe, verhinderte, so gab er plötzlich nach und eilte, während die Marquise zu ihm hineintrat, nach der hintern Wand. Sie warf sich ihm, der ihr den Rücken zugekehrt hatte, eben zu Füßen, und umfaßte zitternd seine Kniee, als ein Pistol, das er ergriffen hatte, in dem Augenblick, da er es von der Wand herabriß, losging, und der Schuß schmetternd in die Decke fuhr." (II 125)

Nachdem jedoch die "Unschuld" der Marquise erwiesen ist, überlegt der Kommandant - am Morgen nach der exzessiven Begegnung mit der Tochter - zusammen mit den übrigen Familienmitgliedern, welche Lösung ihr die vorteilhafteste Stellung in der bürgerlichen Gesellschaft böte.

> "Vater und Mutter, und auch der Bruder (...) stimmten unbedingt, falls die Person nur von einiger Erträglichkeit sein würde, für Vermählung; alles, was nur immer möglich war, sollte geschehen, um die Lage der Marquise glücklich zu machen. Sollten die Verhältnisse derselben jedoch so beschaffen sein, daß sie selbst dann, wenn man ihnen durch Begünstigungen zu Hülfe käme, zu weit hinter den Verhältnissen der Marquise zurückblieben, so widersetzten sich die Eltern der Heirat; sie beschlossen, die Marquise nach wie vor bei sich zu behalten, und das Kind zu adoptieren." (II 139)

Als der Graf sich als der Gesuchte zu erkennen gibt, kommt der Kommandant schnell vom Himmel auf den Boden der bürgerlichen Gesellschaft: "Möge der Fluch des Himmels von diesen Scheiteln weichen! rief er: wann gedenken Sie zu heiraten?" (II 141)

Dem einerseits so übertriebenen Verhalten der Familie entspricht ihre hochtrabende, mit pseudoreligiösen Allusionen durchsetzte Sprache. Die Engel/Teufel-Dichotomie, mit der die Marquise den Grafen kennzeichnet und verzeichnet[16], findet ihren Widerhall in der elterlichen Rede, die ebenfalls zwischen Idealisierung und Dämonisierung abwechselt. So reagiert die Obristin auf die vermeintliche Weigerung der Tochter, ihr den Vater des Kindes zu nennen, ähnlich pathetisch und heftig wie der Kommandant. "... geh! geh! du bist nichtswürdig! Verflucht sei die Stunde, da ich dich gebar! (...)" (II 124) Als sie jedoch durch eine List herausfindet, daß die Marquise tatsächlich über die Identität des Vaters im unklaren ist, verfällt sie in das andere Extrem, verdammt sich selbst übermäßig für ihre, in dieser Situation mehr als verständliche Ungläubigkeit und reklamiert nun ihrerseits für die Tochter den Status einer unbefleckten Empfängnis:

> "O meine Tochter! rief sie; o du Vortreffliche! und schlug die Arme um sie. Und o ich Nichtswürdige! und verbarg das Antlitz in ihren Schoß. (...) Denn begreife (...), o du Reinere als Engel sind (...); daß meine verderbte Seele an solche Unschuld nicht, als von der du umstrahlt bist, glauben konnte, und daß ich dieser schändlichen List erst bedurfte, um mich davon zu überzeugen. (...) eher nicht von deinen Füßen weich ich, bis du mir sagst, ob du mir die Niedrigkeit meines Verhaltens, du Herrliche, Überirdische, verzeihen kannst." (II 135)[17]

Als sich der Graf anonym auf die Anzeige der Marquise meldet, glaubt der Kommandant an ein Komplott zwischen seiner Tochter und ihrem Liebhaber. Sein Gefühlsausbruch enthüllt zugleich Enttäuschung über ihren vermeintlichen Liebesverrat und sexuell begründete Eifersucht.[18]

> "O die Schändliche! versetzte der Kommandant, und stand auf; o die verschmitzte Heuchlerin! Zehnmal die Schamlosigkeit einer Hündin, mit zehnfacher List des Fuchses gepaart, reichen noch an die ihrige nicht! Solch eine Miene! Zwei solche Augen! Ein Cherub hat sie nicht treuer! - und jammerte und konnte sich nicht beruhigen." (II 132)

Während die Familie sich über ihre handfesten Interessen mit rhetorischem Bombast und metaphysischen Höhenflügen hinwegtäuscht, zeigt der Graf ein realistischeres und eindeutiger pragmatisches Verhalten - bis auf eine Ausnahme. Er sucht den Tod in der Schlacht, was angesichts seines Vergehens und des Umstands, daß fünf Soldaten für einen geringeren Tatbestand exekutiert wurden, als Sühnehandlung nach militärischem Ehrenkodex verständlich ist[19], für die Marquise jedoch jede Möglichkeit der Rehabilitierung zunichte machte. Er scheint sich aber nicht von Anfang an der Möglichkeit einer Schwangerschaft bewußt gewesen zu sein oder sie verdrängt zu haben, denn während seiner Rekonvaleszenz denkt er zwar ständig mit "Lust" und "Schmerz" (II 110) an die Marquise, empfindet dagegen erst bei seiner Rückkehr zum Militär die "lebhafteste Unruhe", so "daß er mehrere Male die Feder ergriffen, um in einem Briefe, an den Herrn Obristen und die Frau Marquise, seinem Herzen Luft zu machen" (II 111). Er bekennt, "daß ihm inzwischen unmöglich wäre, länger zu leben, ohne über eine notwendige Forderung seiner Seele ins Reine zu sein" (II 111), und "daß die einzige nichtswürdige Handlung, die er in seinem Leben begangen hätte, der Welt unbekannt, und er schon im Begriff sei, sie wieder gut zu machen" (II 112). Die "Welt" schließt die Familie mit ein; ein offenes Schuldbekenntnis legt der Graf auch vor ihr nicht ab. Er bemüht sich, für seine Verfehlung und deren eventuelle Folgen mit einer Heirat 'Schadenersatz zu leisten' und handelt damit ganz im Sinne des Allgemeinen Landrechts.

> "Wer aber eine unbescholtene ledige Weibsperson außer der Ehe schwängert, der ist ihr deshalb möglichst vollständige Genugthuung zu leisten verbunden.
> Wittwen werden, in ähnlichen Fällen, den Jungfrauen gleich geachtet." (ALR II 1, §§ 1044 u. 1045, S. 379)[20]

Da der Graf die Marquise vergewaltigt hat, gelten für ihn dabei verschärfte Bedingungen:

> "... so muß der Verführer der Geschwächten alles das leisten, wozu er in dem Falle einer unter dem Versprechen der Ehe erfolgten Schwängerung verpflichtet seyn würde." (ALR II 1, § 1127, S. 382)

Den Begriff 'Vergewaltiger' kennt das Allgemeine Landrecht nicht; es wird begrifflich nicht zwischen einem Mann, der sich des Verbrechens der "Nothzucht" schuldig gemacht hat, und einem Mann, der eine Frau zum freiwilligen außerehelichen Beischlaf 'verleitet' hat, unterschieden.

Die Bestimmungen im Falle der Schwängerung bei vorangegangenem Eheversprechen bzw. Vergewaltigung lauten nun, daß der "Verführer"/Vergewaltiger "von dem Richter, allenfalls mit Zuziehung eines Geistlichen, ernstlich aufgefordert und angemahnet werden [muß], die Ehe mit der Geschwächten wirklich zu vollziehen." (ALR II 1, § 1047, S. 379)

> "Weigert er sich dessen beharrlich, so soll zwar kein Zwang zur Vollziehung der Ehe durch priesterliche Copulation Statt finden.
> Dagegen sollen aber in dem abzufassenden Erkenntnisse der Geschwächten der Name, Stand und Rang des Schwängerers, so wie überhaupt alle Rechte einer geschiedenen für den unschuldigen Theil erklärten Ehefrau desselben, beygelegt werden.
> Dieser Rechte soll sie sich im bürgerlichen Leben, und bey allen Verhandlungen desselben, würklich zu erfreuen haben.

Auch sind ihr, zu ihrer Abfindung, die gesetzlichen Ehescheidungsstrafen aus dem Vermögen, oder den Einkünften des Schwängerers zuzuerkennen." (ALR II 1, §§ 1048 - 1051, S. 379)[21]

Vor dem Hintergrund der rechtlichen Bestimmungen wird deutlich, daß sich die Protagonisten in ihren Reaktionen auf die 'Normdurchbrechung Vergewaltigung' durchaus den zeitgenössischen Normen entsprechend verhalten. Wenn die Marquise verhindern will, daß dem Kind "ein Schandfleck in der bürgerlichen Gesellschaft" anklebt (II 126f.) und deshalb darauf bedacht ist, ihm, "es koste was es wolle, einen Vater zu verschaffen" (II 139), indem sie diesen Vater, der ein Vergewaltiger ist, "aus Familienrücksichten" entschlossen ist zu heiraten (II 104)[22], so ist diese Haltung nicht nur Camouflage ihrer unbewußten Motive, sondern auch Ausdruck der gesellschaftlichen Realität. Dies wird von den meisten Interpreten auf Grund einer ahistorischen Argumentation übersehen; Erika Swales ignoriert zudem, daß die Marquise mit dem Grafen tatsächlich ihren Vergewaltiger heiratet.

> "We immediately note (...) that the decision does not add up: neither socially - would the Marquise's family, let alone the world at large, accept this man as her husband? - nor morally - how can she possibly conceive of him as a father for her 'wohlerzogenen' children? - nor psychologically - how can a highly cultured and sensitive woman contemplate marrying a rapist and even make her decision public, thus provoking 'den Spott der Welt?'"[23]

Die angebliche soziale Barriere familialer Akzeptanz erweist sich als nichtig; der Vater erklärt im Gegenteil, "daß sie ihr Wort halten müsse; (...) und ordnete alles, nach gehöriger schriftlicher Rücksprache mit dem Grafen, zur Vermählung an" (II 142). Die behauptete moralische Inkompetenz des Grafen als Vater wird durch eine "ganze Reihe von jungen Russen" (II 143) Lügen gestraft, die dem ersten (und den beiden Töchtern der Marquise aus erster Ehe) folgen. Der psychologische Einwand, daß eine Frau nicht ernstlich daran denken könne, ihren Vergewaltiger zu heiraten, wird im Fall der Marquise zum einen faktisch widerlegt, zum andern zeigt ein Blick auf das Preußische Landrecht, daß diese 'Lösung' für die im Sinne der Frau wünschenswerteste erachtet wurde. Aus den dortigen Bestimmungen läßt sich implizit auf die verzweifelte Situation lediger Mütter schließen. Was schließlich den "Spott der Welt" anbelangt, so "reizt" die Marquise diesen wohl nicht so sehr, weil sie ihren Vergewaltiger heiraten will, sondern weil niemand das "Märchen" (II 122), "daß sie, ohne ihr Wissen, in andre Umstände gekommen sei" (II 104), glauben und stattdessen jeder annehmen wird, daß sie einen 'entlaufenen Verführer' an seine Pflichten erinnern will.

Auch dem Grafen schienen alle Probleme mit einer Regelung im Sinne des Preußischen Landrechts gelöst; psychologische Hindernisse zieht er überhaupt nicht in Betracht, dagegen sehr wohl gesellschaftliche Sanktionen bei unverhohlener Devianz. Das zeigt seine spontane Reaktion, als er bei seiner zweiten Rückkehr erfährt, daß die Marquise wegen ihrer Schwangerschaft das Elternhaus währenddessen verlassen mußte.

> "Warum legte man mir so viele Hindernisse in den Weg! rief er in der Vergessenheit seiner. Wenn die Vermählung erfolgt wäre: so wäre alle Schmach und jedes Unglück uns erspart!" (II 127f.)

Fichte geht in der *Grundlage des Naturrechts* in der Verurteilung der Vergewaltigung als schweres Verbrechen wesentlich weiter als das Preußische Landrecht. Er fordert strengste Strafen für den Mann und die größtmögliche materielle 'Entschädigung' der Frau. Die Möglichkeit einer Heirat zwischen Vergewaltiger und Opfer schließt sich für ihn auf Grund seiner Definition der Ehe von selbst aus; infolgedessen findet sie auch keine Erwähnung. Denn wenn die Frau durch den - freiwilligen - Beischlaf dem Mann ihre ganze Persönlichkeit unterwirft und damit die Ehe vollzogen ist[24], so kann der erzwungene Beischlaf niemals eine Ehe begründen. Nur der Mann, dem sich eine Frau aus Liebe hingegeben hat, kann mit Zwang zur Trauung, als öffentlicher Erklärung der bereits vollzogenen Ehe, angehalten werden.[25] Da Fichte die Frau immer in Hinblick auf den Mann definiert, bildet dieser auch hier das Zentrum seiner Argumentation, nicht die Frau. Würde z.B. eine verheiratete Frau vergewaltigt, und wollte ihr Ehemann nicht klagen, so dürfte sie selbst nicht Klage erheben, da sie seinem Willen unbedingt unterworfen sein muß.

> "Es kann gar keine Frage darüber sein, ob Notzucht ein Verbrechen sei. Man greift dadurch das Weib an/an ihrer Persönlichkeit, sonach an dem Inbegriff aller ihrer Rechte, auf die brutalste Weise.
> Der Staat hat Recht und Pflicht seiner Bürgerin gegen diese Gewalt zu schützen: teils durch Polizeiaufsicht, teils durch Androhung der Strafe für dieses Verbrechen. - Es bezeichnet dasselbe zuvörderst Brutalität, die zum Leben in der Gesellschaft überhaupt untüchtig macht. Stärke der Leidenschaft entschuldigt nicht, sondern erschwert vielmehr das Verbrechen. Wer seiner selbst nicht mächtig ist, ist ein wütendes Tier; die Gesellschaft kann durch kein Mittel ihn zähmen, sonach ihn nicht in ihrer Mitte dulden. Es bezeichnet ferner eine unbegrenzte Geringachtung und Vergessenheit alles Menschenrechts. In einigen Gesetzgebungen wird Notzucht mit dem Tode bestraft; und wenn eine Gesetzgebung einmal sich für berechtigt hält, den Tod als Strafe einzuführen, so verfährt dieselbe ganz konsequent, wenn sie ihn auch auf dieses Verbrechen setzt. Nach meinem Systeme würde ich für das Verbesserungshaus stimmen, weil, obgleich das Vergehen in Absicht der Verachtung der Menschenrechte dem Morde gleichkommt, dennoch es Männern nicht unmöglich wird, mit solchen Verbrechern beisammenzuleben.
> Was den Ersatz anbelangt, so sieht jeder, daß keiner möglich ist. Wie könnte dem unglücklichen Weibe das Bewußtsein ersetzt werden, dem Manne, den sie einst lieben wird, sich unberührt zu geben. Aber es muß ersetzt werden, soweit ein Ersatz möglich ist, und da der Verbrecher der Beleidigten nichts geben, und sie nichts von ihm annehmen könnte, als Vermögen; so würde ich für die Auslieferung seines ganzen Vermögens an die Geschwächte, stimmen." (§ 11, S. 313f.)

Indem der Graf zur Taufe des Kindes "zwei Papiere" auf die Wiege wirft - "eine Schenkung von 20 000 Rubel an den Knaben, und das andere ein Testament (...), in dem er die Mutter, falls er stürbe, zur Erbin seines ganzen Vermögens einsetzte" (II 143) - handelt er ganz im Sinne Fichtes.[26] Zugleich "kauft" er sich damit "in die eigene Ehe ein"[27], denn:

> "Von diesem Tage an ward er, auf Veranstaltung der Frau von G..., öfter eingeladen; das Haus stand seinem Eintritt offen, es verging bald kein Abend, da er sich nicht darin gezeigt hätte. Er fing, da sein Gefühl ihm sagte, daß ihm von allen Seiten, um der gebrechlichen Einrichtung der Welt willen, verziehen sei, seine Bewerbung um die Gräfin, seine Gemahlin, von neuem an, erhielt, nach Verlauf eines Jahres, ein zweites Jawort von ihr, und auch eine zweite Hochzeit

ward gefeiert, froher, als die erste, nach deren Abschluß die ganze Familie nach V... hinauszog." (II 143)

Die Schimäre von der "großen, heiligen und unerklärlichen Einrichtung der Welt" (II 126) hat sich damit auf das bürgerliche Maß der von ökonomischen und rechtlichen Strukturen bestimmten "gebrechlichen Einrichtung der Welt" reduziert. Eine zweite Hochzeit wird nötig, weil nach der ersten der Beischlaf nicht vollzogen wird, also weder eine Ehe im Sinne Kants und Fichtes, noch im Sinne des für die Marquise als Italienerin geltenden, katholischen Kirchenrechts besteht.[28] Danach ist jedoch die Möglichkeit der "Trennung von Tisch und Bett" gegeben, "in dem Sinne, daß ohne Lösung des E[he]bandes das eheliche Zusammenleben vorübergehend (...) aufgehoben werden kann."[29] Nach den Bestimmungen des Preußischen Landrechts hingegen müssen Eheleute "vereint mit einander leben" und dürfen "einander die eheliche Pflicht anhaltend nicht versagen" (ALR II 1, §§ 175 und 178, S. 351).

War die Familie nach der Eroberung der Zitadelle nicht auf die Güter des Kommandanten übergesiedelt, "wozu die Marquise einen großen Hang hatte" (II 109), weil "der Obrist das Landleben nicht liebte" (II 109), so "ergibt" er sich mit dem Umzug nach V... endgültig dem "Russen". "Der Vater hat den Anspruch eines *pater familias* aufgegeben und sich der Autorität, zwar nicht seiner Tochter, aber doch ihres Ehegatten unterstellt."[30]

Zuvor jedoch hatte der Kommandant in seinem Duell mit dem Grafen noch einen vorläufigen Sieg errungen.

> "Er legte demselben einen Heiratskontrakt vor, in welchem dieser auf alle Rechte eines Gemahls Verzicht tat, dagegen sich zu allen Pflichten, die man von ihm fordern würde, verstehen sollte." (II 142)

Mit diesem Vertrag gelingt es dem Kommandanten, seine ambivalenten Bedürfnisse zu befriedigen. Einerseits wird durch die Heirat die gesellschaftliche Position der Marquise nicht nur gesichert, sondern sogar verbessert; folgerichtig wird sie vom Erzähler nach der Trauung nur noch als 'Gräfin' apostrophiert. Andererseits frönt der Kommandant, "bei welchem die Gräfin zurückgeblieben war" (II 143), auf subtile Weise seinen Rachegelüsten, indem er das ihn betreffende sexuelle Tabu auf seinen Rivalen überträgt. Die Marquise ist immer noch enger mit ihm verbunden als mit dem Grafen. Damit wiederholt sich eine alte Struktur: wie nach dem Tod ihres ersten Mannes ist die Marquise "zu ihrem Vater (...) zurückgekehrt" (II 104).

Die für gewöhnlich unterdrückte erotische Komponente ihrer Bindung entlädt sich in der von der Mutter heimlich beobachteten ausnahmehaften Versöhnungsszene.[31]

> "Sie [die Mutter] vernahm, da sie mit sanft an die Tür gelegtem Ohr horchte, ein leises, eben verhallendes Gelispel, das, wie es ihr schien, von der Marquise kam; und, wie sie durchs Schlüsselloch bemerkte, saß sie auch auf des Kommandanten Schoß, was er sonst in seinem Leben nicht zugegeben hatte. Drauf endlich öffnete sie die Tür, und sah nun - und das Herz quoll ihr vor Freuden empor: die Tochter still, mit zurückgebeugtem Nacken, die Augen fest geschlossen, in des Vaters Armen liegen; indessen dieser, auf dem Lehnstuhl sitzend, lange, heiße und lechzende Küsse, das große Auge voll glänzender Tränen, auf ihren

Mund drückte: gerade wie ein Verliebter! Die Tochter sprach nicht, er sprach nicht; mit über sie gebeugtem Antlitz saß er, wie über das Mädchen seiner ersten Liebe, und legte ihr den Mund zurecht, und küßte sie. Die Mutter fühlte sich, wie eine Selige; ungesehen, wie sie hinter seinem Stuhle stand, säumte sie, die Lust der himmelfrohen Versöhnung, die ihrem Hause wieder geworden war, zu stören. Sie nahte sich dem Vater endlich, und sah ihn, da er eben wieder mit Fingern und Lippen in unsäglicher Lust über den Mund seiner Tochter beschäftigt war, sich um den Stuhl herumbeugend, von der Seite an. Der Kommandant schlug, bei ihrem Anblick, das Gesicht schon wieder ganz kraus nieder, und wollte etwas sagen; doch sie rief: o was für ein Gesicht ist das! küßte es jetzt auch ihrerseits in Ordnung, und machte der Rührung durch Scherzen ein Ende. Sie lud und führte beide, die wie Brautleute gingen, zur Abendtafel, an welcher der Kommandant zwar sehr heiter war, aber noch von Zeit zu Zeit schluchzte, wenig aß und sprach, auf den Teller niedersah, und mit der Hand seiner Tochter spielte." (II 138f.)

Von Interpreten ist wiederholt die Spiegelbildfunktion dieser Szene für das in einem Gedankenstrich verborgene Geschehen zu Anfang der Novelle betont worden.[32] Die Passivität der Marquise, ihr Gewährenlassen, die sie auch beim Besuch des Grafen in ihrem Landhaus zeigte, als sie "kein Glied in seinen Armen" rührte (II 129), scheinen auf ihr unbewußtes Einverständnis in der früheren Situation hinzudeuten.

Darüberhinaus werden durch die Versöhnungsszene auch Parallelen zwischen dem Kommandanten und dem Grafen deutlich. Beide, im allgemeinen 'kultivierte' und besonnene Charaktere, zeigen in Ausnahmesituationen eine Neigung zur Gewalt und lassen normalerweise tabuisierten Gefühlen freien Lauf, so daß sich ihre Beschützerrolle in das Gegenteil verkehrt.[33]

Das affirmative Verhalten der Mutter bei dieser "Inversion des urszenischen Normalfalles"[34] ist erstaunlich. Erika Swales führt dies darauf zurück, daß sie für die Implikationen der Szene blind sei[35], Joachim Pfeiffer betont dagegen den prädödipalen Charakter der Szene[36]. Die Tatsache, daß die Obristin "eine zweite Vermählung ihrer Tochter immer gewünscht hatte" (II 117) und von Anfang an so vehement den Heiratsantrag des Grafen unterstützt, könnte jedoch ein subtiler Hinweis darauf sein, daß sie sehr wohl um die inzestuöse Bindung zwischen dem Kommandanten und der Marquise weiß. Eine erneute Heirat böte die Möglichkeit, die dadurch gestörte familiale Ordnung wiederherzustellen, indem die dyadische Beziehung zwischen Vater und Tochter durch den Ehemann aufgelöst würde.

Der Graf lockert de facto nicht nur die Bindung zwischen Vater und Tochter, sein Heiratsantrag bewirkt eine erste Erschütterung der behaupteten familialen Einheit, wie sich an den unterschiedlichen Reaktionen der Familienmitglieder zeigt.[37] Der positiven und konstruktiven Aufnahme durch die Mutter steht die reservierte Haltung des Vaters gegenüber, der auf einer genauen Überprüfung der Person des Grafen und seiner familiären und ökonomischen Verhältnisse besteht. Obwohl er schon hier Anzeichen von Eifersucht zeigt, ist er jedoch grundsätzlich mit der Heirat einverstanden. Eine direkte Kommunikation zwischen dem Grafen und dem Bruder der Marquise findet nicht statt. Im Gespräch der Familienmitglieder untereinander äußert der Forstmeister jedoch einige pragmatische Überlegungen, die darauf abzielen, negative berufliche und soziale Konsequenzen vom

Grafen abzuwenden, da sie im Falle einer Heirat auch die Marquise beträfen. Zudem macht der Bruder sich zum Erfüllungsgehilfen des elterlichen Willens. Die somatischen Reaktionen der Marquise, ihr Erröten und ihre glänzenden Augen, deuten sowohl auf ihr unbewußtes Wissen, als auch darauf hin, daß ihr eine zweite Ehe nicht mehr so unwillkommen wäre, wie sie vorgibt. An die 'sitzengelassene' "Unglückliche, ihre Namensschwester" (II 108) verschwendet sie keinen Gedanken mehr.

Als die Schwangerschaft der Marquise bekannt wird, bricht die Einheit der Familie vollends auseinander, dementsprechend "fehlt das Lexem 'Familie'"[38] von nun an. Der Kommandant reagiert am heftigsten auf den "Fehltritt" der Tochter, wobei er jedoch nicht selbst als Strafender aktiv wird, sondern die Durchführung der Sanktionen an die übrigen Familienmitglieder delegiert.[39] So diktiert er der Mutter das Schreiben, mit dem die Marquise aus dem Haus gewiesen wird; dem Sohn befiehlt er, in seinem Namen, von ihr die Auslieferung der Kinder zu fordern. Als der Graf von seiner Reise zurückkehrt, überläßt er es wiederum dem Forstmeister, ihn von der Schwangerschaft der Marquise zu unterrichten, während er unter einem Vorwand das Haus verläßt. Der Sohn, der selbst nicht mehr im Haus des Kommandanten wohnt, jedoch in den entscheidenden Situationen immer zur Stelle ist, handelt damit stets nach dem Willen des Vaters. Seine Loyalität dem Kommandanten gegenüber geht dabei auf Kosten der geschwisterlichen Solidarität, was die Marquise auch indirekt zum Ausdruck bringt, indem sie sich von beiden distanziert. "Sag *deinem* unmenschlichen Vater, daß er kommen, und mich niederschießen, nicht aber mir meine Kinder entreißen könne!" (II 125f., Hervorhebung von mir, E.-M. A.-M.)

Letztendlich handelt der Forstmeister auch gegen den Willen der Mutter, wie sich an der retrospektiven Darstellung der Ereignisse erkennen läßt.

> "Nachher, da von der Abforderung der Kinder die Rede war, wagte sie [die Mutter] schüchtern, zu erklären, *daß man zu einem solchen Schritt kein Recht habe;* sie bat mit einer (...) schwachen und rührenden Stimme, heftige Auftritte im Hause zu vermeiden; doch der Kommandant erwiderte weiter nichts, als, indem er sich zum Forstmeister wandte, vor Wut schäumend: geh! und schaff sie mir!" (II 131; Hervorhebung von mir, E.-M. A.-M.)

Auch nachdem die "Unschuld" der Marquise erwiesen ist, und die Familie sich wieder als Einheit darstellt, bleibt der Sohn in seinen Handlungen ganz auf den Vater bezogen. "Vater und Mutter, und auch der Bruder, der sich mit *seiner* Versöhnung eingefunden hatte, stimmten unbedingt (...) für Vermählung (...)" (II 139, Hervorhebung von mir, E.-M. A.-M.)

Zwischen dem Kommandanten und seiner Frau besteht von Anfang an ein Interessenkonflikt, der sich im Lauf der Ereignisse immer weiter verschärft, bis die Obristin schließlich offen gegen den Willen ihres Mannes handelt. Während sie nicht nur die Heiratspläne des Grafen lebhaft unterstützt, sondern auch bemüht ist, die Gründe seiner forcierten Bewerbung zu erforschen, möchte der Kommandant, wie die Marquise, die Motive des Grafen lieber auf sich beruhen lassen.

> "Der Kommandant sagte, daß er von der Sache nichts verstehe, und forderte die Familie auf, davon weiter nicht in seiner Gegenwart zu sprechen. Die Mutter sah alle Augenblicke aus dem Fenster, ob er [der Graf] nicht kommen, seine leicht-

sinnige Tat bereuen, und wieder gut machen werde. Endlich, da es finster ward, setzte sie sich zur Marquise nieder, welche, mit vieler Emsigkeit, an einem Tisch arbeitete, und das Gespräch zu vermeiden schien. Sie fragte sie halblaut, während der Vater auf und niederging, ob sie begreife, was aus dieser Sache werden solle?" (II 115)

Nach Feststellung der Schwangerschaft der Marquise prallen der Kommandant und die Obristin mit ihren gegensätzlichen Verhaltensmustern noch stärker aufeinander. Der Vater 'schweigt die Tochter tot', indem er jedes Gespräch über sie vermeidet; die Mutter möchte, wie im Falle des Grafen, die Motive ihres Handelns ergründen.

"Die Obristin, der in der ganzen Begebenheit so vieles, und besonders die Geneigtheit der Marquise, eine neue, ihr ganz gleichgültige Vermählung einzugehen, dunkel war, suchte vergebens, diesen Umstand zur Sprache zu bringen. Der Kommandant bat immer, auf eine Art, die einem Befehle gleich sah, zu schweigen; versicherte, indem er einst, bei einer solchen Gelegenheit, ein Porträt herabnahm, das noch von ihr an der Wand hing, daß er sein Gedächtnis ihrer ganz zu vertilgen wünsche; und meinte, er hätte keine Tochter mehr." (II 131)

"Frau von G... sagte, nach einer nochmaligen Überlesung des Zeitungsblattes [mit der Antwort des Grafen], daß wenn sie, von zwei unbegreiflichen Dingen, einem, Glauben beimessen solle, sie lieber an ein unerhörtes Spiel des Schicksals, als an diese Niederträchtigkeit ihrer sonst so vortrefflichen Tochter glauben wolle. Doch ehe sie noch vollendet hatte, rief der Kommandant schon: tu mir den Gefallen und schweig! und verließ das Zimmer. Es ist mir verhaßt, wenn ich nur davon höre." (II 132)

Die Obristin ist über das rigorose, sich allen Argumenten verschließende Verhalten ihres Mannes, und die Rolle, die er ihr aufoktroyiert, "äußerst erbittert" (II 130) und handelt schließlich "gegen seinen Willen" (II 133) und ausdrückliches Verbot. Als sich durch ihre List die "Unschuld" der Marquise herausstellt, kommt es zu einer vorübergehenden Machtverschiebung zwischen ihr und dem Kommandanten.[40] Er regrediert zum Kind[41], wohingegen sie ihre neugewonnene Autorität auskostet. Dabei benutzt sie die Marquise als Druckmittel, um die eigene Position zu festigen, und steht damit den rigiden Methoden des Obristen in nichts nach.

"Hier sucht er *dich* auf, wenn er *mich*, so lange ich lebe, wiederfinden will. (...) Und wenn er nicht heut vor Abend noch kommt, zieh ich morgen mit dir weiter. (...) Doch: wenn du mir gut bist, Julietta, versetzte die Obristin, so bleib; und in dem Augenblick trat auch der Kommandant schon, das Tuch vor das Gesicht haltend, ein. Die Mutter stellte sich breit vor ihre Tochter, und kehrte ihm den Rücken zu. Mein teuerster Vater! rief die Marquise, und streckte ihre Arme nach ihm aus. Nicht von der Stelle, sagte Frau von G..., du hörst! Der Kommandant stand in der Stube und weinte. Er soll dir abbitten, fuhr Frau von G... fort. Warum ist er so heftig! Und warum ist er so hartnäckig! Ich liebe ihn, aber dich auch; ich ehre ihn, aber dich auch. Und muß ich eine Wahl treffen, so bist du vortrefflicher, als er, und ich bleibe bei dir." (II 137)

Nachdem der Kommandant bei der ausnahmehaften Versöhnung vom Kind zum Liebhaber seiner Tochter wurde, kehrt jedoch alles wieder "in die alte Ordnung der Dinge zurück" (II 109), und der Vater nimmt seine Stellung als Familienoberhaupt wieder ein.

Die List, mit der die Mutter die Marquise zu überführen versucht, indem sie ihr "Leopardo, den Jäger" als Kindsvater präsentiert, wirft noch einmal ein bezeichnendes Licht auf das unbewußte Wissen der Marquise und ihre Denkweise, die sie mit der Familie teilt. Zwar reagiert sie zunächst "mit dem Ausdruck der Verzweiflung" (II 135), was möglicherweise darauf hindeutet, daß sie uneingestanden statt des Jägers Leopardo eher einen "Obristlieutenant vom t...n Jägerkorps" (II 106) erwartet hat. Doch dann erinnert sie sogleich eine 'verfängliche' Situation: "Gott, mein Vater! rief die Marquise; ich war einst in der Mittagshitze eingeschlummert, und sah ihn von meinem Diwan gehen, als ich erwachte!" (II 135) Noch in der Entstellung ist die Situation in der Nacht des Überfalls der russischen Truppen erkennbar. Die Verdrängung des wahren Sachverhalts und die, wenn auch widerstrebende, Annahme der angebotenen 'Lösung' zeigen, daß ein Bedienter als Vergewaltiger weitaus 'akzeptabler' ist als ein Mitglied der eigenen Gesellschaftsschicht, da durch ihn das Selbst- und Weltverständnis der Protagonisten nicht erschüttert, sondern bestätigt wird.[42]

Allein schon der Name 'Leopardo' läßt diese Vorurteilsstruktur anklingen. Politzer hat hervorgehoben, daß es sich um einen "nom parlant" handelt, der auf die verdrängten sexuellen Phantasien der Marquise verweist.[43] Dirk Grathoff macht darüberhinaus die gesellschaftskritische Dimension deutlich, die in dem Spannungsverhältnis zwischen - täuschenden - Namen und ebenso täuschenden Titeln begründet ist.

> "Kontrastiv gesetzt sind in der Erzählung die hohe 'Kultur'stufe der Adelswelt gegen die ans Tierreich grenzende Domestikenwelt. Indes versagen doch in beiden die Namen, die Bezeichnungen. Weder vermag ein Grafentitel moralisch unanstößiges Verhalten zu verbürgen - bekanntlich ist der 'Ruf' eines Grafen, wie er selbst weiß, ohnehin 'die zweideutigste aller Eigenschaften' (112), noch macht der Name 'Leopardo' seinen Träger zum Tier."[44]

Neben den Vornamen sind auch die Initialen der Nachnamen verräterisch. Dabei dient die Initiale F. nicht nur "als Abkürzung für das lateinische 'fecit'"[45], die Initiale O. nicht nur als Anspielung auf den durch die Schwangerschaft sich rundenden Leib der Marquise, sondern beide verraten noch die "niedere Herkunft" der "zur Novelle sublimierte[n] Zote"[46].

Die Zweideutigkeit und Ironie der Novelle erwächst aus der Spannung zwischen ihrem gesitteten Konversationston und dem Tabubereich, auf den er rekurriert.[47] So ist ständig von '(Be-)Zeugungen', 'Folgen', '(guter) Hoffnung' und 'Umständen' die Rede.[48]

Der doppeldeutige Sprachgebrauch bleibt nicht auf einzelne Wendungen beschränkt; ganze Passagen spielen auf eine zweite Sinnebene an, die im Verlauf der Erzählung immer deutlicher hervortritt. So verweist die erste, militärische Begegnung zwischen dem Grafen und dem Kommandanten schon auf den folgenden Privatkrieg zwischen ihnen, in dem der Obrist gezwungen wird anzuerkennen, daß mit der Eroberung der Zitadelle auch die 'Festung Frau' genommen wurde.

> "Der Platz war in kurzer Zeit völlig erobert, und der Kommandant (...) zog sich eben *mit sinkenden Kräften* nach dem Portal des Hauses zurück, als der russische Offizier, sehr erhitzt im Gesicht, aus demselben hervortrat, und ihm zurief, sich zu ergeben. Der Kommandant antwortete, daß er auf diese Aufforderung nur

gewartet habe, *reichte ihm seinen Degen dar* (...) Der russische Offizier (...) *be-mannte* schleunigst die festen Punkte des Forts. (...) gab Befehl, der Flamme, welche wütend um sich zu greifen anfing, Einhalt zu tun, und leistete selbst hierbei *Wunder der Anstrengung* (...) Bald kletterte er, den Schlauch in der Hand, mitten unter brennenden Giebeln umher, und *regierte den Wasserstrahl;* bald steckte er (...) in den Arsenälen, und *wälzte Pulverfässer und gefüllte Bomben heraus."* (II 106, Hervorhebungen von mir, E.-M. A.-M.)

Vor dem Hintergrund des 'Gedankenstrichs' wirkt die Beschreibung geradezu obszön und die Feststellung der Familie, daß der Graf "Damenherzen durch Anlauf, wie Festungen, zu erobern gewohnt scheine" (II 114), erweist sich als zwar zutreffende, doch äußerst verschämte Umschreibung der Tatsachen.

Ruth K. Angress' Fazit eines "traditionellen Happy-End vor einem betont bürgerlichen Erwartungshorizont"[49] ignoriert die ausnahmslose Ironisierung des Sprachverhaltens und Handelns der Figuren.[50] Durch die Darstellung der "'Diskursivierung' des Sexes"[51] decouvriert Kleist die Abspaltungen, die das bürgerliche Normensystem produziert.

Anmerkungen

1 In der zeitgenössischen Rezension von Böttinger im *Freimüthigen* vom 4. und 5. März 1808 wird ihre Anstößigkeit angeprangert: "Nur die Fabel derselben angeben, heißt schon, sie aus den gesitteten Zirkeln verbannen. Die Marquise ist schwanger geworden, und weiß nicht wie, und von wem. Ist dies ein Süjet, das in einem Journale für die Kunst eine Stelle verdient? Und welche Details erfordert es, die keuschen Ohren durchaus widrig klingen müssen. Doch da der Verfasser der als hohes Muster aufgestellten Amazonenkönigin und ihres Gefolges für das Schamerröten der weiblichen Unschuld die hohe Ehrfurcht nicht zu haben scheint, die wir dafür hegen, so wollten wir mit ihm deshalb nicht rechten, wenn jene Erzählung nur an und für sich unterhaltend, oder in einem vorzüglichen Stile geschrieben wäre. Beides vermissen wir jedoch ganz. Schon nach den ersten Seiten errät man den Schluß des Ganzen, und die Menschen darin benehmen sich alle so inkonsequent, albern, selbst moralisch unmoralisch, daß für keinen Charakter irgendein Interesse gewonnen werden kann. (...) Zum Schluße jedoch noch Seite 28 die Art, wie die Mutter dann, als sie zurückkehrt, den versöhnten Vater bei der Tochter findet: ... Darf so etwas in einer Zeitschrift vorkommen, die sich *Goethes* besonderen Schutzes ankündigungsgemäß zu erfreuen hat, so muß entweder der Herausgeber mit uns scherzen wollen, oder dieser - oder Goethe - Brechen wir ab." *(Lebensspuren, Nr. 235 a, S. 175f.)*
Wilhelm Grimm dagegen rückt sie in der *Zeitung für die elegante Welt* vom 24. November 1810 in die Nähe der moralischen Erzählungen: "Ist nun gleich der Gegenstand dieser Geschichte indezent zu nennen, so ist doch die Behandlung desselben nichts weniger als die guten Sitten beleidigend. Der Abscheu vor der schändlichen Tat ist laut ausgesprochen, und die bösen Folgen derselben sind in ihrer ganzen Stärke geschildert - ja die Schandtat dient nur dazu, die hohe Charakterwürde der unglücklichen Marquise in ihrer ganzen Herrlichkeit zu entwickeln (...)" *(Lebensspuren, Nr. 370, S. 274)*

2 Es folgt eine knappe Darstellung verschiedener Interpretationsansätze innerhalb der Sekundärliteratur. Der "Widerspruch" ist das Leitwort für Walter Müller-Seidel: "Es geht nicht um die Antinomie von Werten, sondern um den Widerspruch als Resultat der zuvor verrätselten Welt. Er ist das Äußerste an Zuspitzung: alle dramatische Entwicklung läuft in ihm zusammen. Er ist das für den Verstand ganz Unfaßbare. Keine Logik kann ihn auflösen und anerkennen. Keine gesellschaftliche Ordnung ist ihm gewachsen. In der Welt der Konventionen gibt es, wie hier, die Tugend und das reine Bewußtsein. Aber sie müssen erweisbar sein. Wo es an der Erweisbarkeit gebricht, ist die Zweideutigkeit da, die Fassungslosigkeit, das unbegreifliche Erstaunen." *Die Struktur des Widerspuchs in Kleists 'Marquise von O...'*(1954), in: *Heinrich von Kleist. Aufsätze und Essays,* hg. v. Walter Müller-Seidel, Darmstadt 1973, S. 244-268, hier S. 250. Der Band wird im folgenden unter dem Titel *Heinrich von Kleist. Aufsätze und Essays* zitiert.
Hans Peter Herrmann rückt die "Verwirrung des Gefühls" ins Zentrum: "Der Konflikt der Novelle geht um den Widerstreit zwischen dem 'reinen Bewußtsein' in diesem Sinne [ein Lebenswandel ohne Fehltritt, E.-M A.-M.] und dem 'Gefühl' (der Schwangerschaft) im nicht weniger konkreten Sinn, also um die Unvereinbarkeit zweier Erscheinungsweisen der Welt - nicht aber um den Zusammenstoß zwischen einer bösen äußeren Welt und einer reinen, ins Metaphysische gesteigerten (Fricke) oder ins nur Subjektive entarteten Innerlichkeit." *Zufall und Ich. Zum Begriff der Situation in den Novellen Heinrich von Kleists* (1961), in: *Heinrich von Kleist. Aufsätze und Essays,* S. 367-411, hier S. 389
Conrady sieht das Wesentliche der Novelle in einem Reifeprozeß der Marquise, der sie dazu befähige, den anderen anzunehmen: "Das Verhalten der Marquise, die in Not und Mühen zu sich selbst findet und dann aus gewonnener, freilich nie ganz unbedrohter Selbstsicherheit handelt, zeigt deutlich genug, wie Gefühl und Verstand, d.h. verständiges Einschätzen und Abwägen der Lage, zusammenwirken, und es ist nur konsequent, daß die Marquise erst am Ende der Novelle alle Bedrohungen

hinter sich gelassen und ganz zu sich gefunden hat, als sie verständig-vernünftig die Wirklichkeit des Menschen, die aus Hellem und Dunklem gemischte, annimmt. - Dem Zuschselbstfinden ist der andere Orientierungspunkt unmittelbar zugeordnet: das Vertrauen zum Du. Keins kann ganz wirklich ohne das andere sein." *Das Moralische in Kleists Erzählungen. Ein Kapitel vom Dichter ohne Gesellschaft* (1963), in: *Heinrich von Kleist. Aufsätze und Essays*, S. 707-731, hier S. 733

Joseph Kunz dagegen: "Nicht um die Behauptung des Selbst angesichts des unerklärlichen Zustandes der Mutterschaft geht es in diesem Werk, sondern primär um das Wagnis der Liebe, die sich nur dann erfüllen kann, wenn der eine bereit ist, sich vorbehaltlos in das Chaos des anderen einzulassen." *Die Marquise von O...*, in: *Die Deutsche Novelle zwischen Klassik und Romantik*, Berlin 1966, S. 128-151, hier S. 138

Die Befreiung von patriarchalischer Ordnung und gesellschaftlichen Normen konstatiert K.H. Lepper: "Von ihrer Familie verstoßen, gewinnt die Heldin unmittelbar die Offenheit und Freiheit zur eigenen Entscheidung und damit die Fähigkeit, nun auch von *sich* aus mit der patriarchalischen Familienordnung zu brechen, wenn sie sich dem Befehl des Vaters, ihm ihre Kinder auszuhändigen, widersetzt, wobei der Erzähler an der Bedeutung dieses Entschlusses keinen Zweifel aufkommen läßt: 'Durch diese schöne Anstrengung mit sich selbst bekannt gemacht, hob sie sich plötzlich, wie an eigener Hand, aus der ganzen Tiefe, in welche sie das Schicksal gestürzt hatte, empor'. Zwar vollendet sich die hier einsetzende Loslösung von den bisher fraglos anerkannten Normen erst am Schluß der Novelle, wenn die Marquise den russischen Grafen endgültig als Gatten akzeptiert, schwankt sie zunächst noch zwischen der Bindung an die Tradition, die in dem Bemühen, dem Kind einen Vater zu geben, deutlich wird, und innerer Freiheit, die sich darin manifestiert, daß sie sich mit der Zeitungsannonce über die Konventionen hinwegsetzt und sich bedenkenlos dem Gespött der Gesellschaft preisgibt, aber in den Bedingungen, die sie an die Person ihres Gatten knüpft, wird doch bereits der innere Abstand zu ihren Eltern evident. Während es diesen trotz der vorangegangenen Erfahrungen immer noch um die äußeren Verhältnisse, um den Schein geht, ist die Marquise eindeutig auf das Wesen, auf das Sein ausgerichtet." *Zur Polarität der Weltsicht in Kleists Novellen*, in: *Trivium. V. II. 1967*, S. 95-119, hier S. 104f.

Klaus Müller-Salget hebt die Ambiguität als Leitgedanken der Novelle hervor: "Die grundsätzliche Doppeldeutigkeit des Menschen und der Geschehnisse ist auch das Thema der 'Marquise von O...'. Wie das Bild der Marquise für ihre Angehörigen zwischen schamloser Dirne und Heiliger schwankt, so macht sie sich voreilig ein Bild vom Grafen F... ('Der Marquise schien er ein Engel des Himmels zu sein.'- II, 105), um dann, sobald die Wahrheit entdeckt ist, ins andere Extrem zu verfallen und den Grafen einen Teufel zu heißen. (II, 141) Gerade ihr vorgefaßtes Bild macht es ihr unmöglich, die zum Teil sehr deutlichen Anspielungen des Grafen zu verstehen." *Das Prinzip der Doppeldeutigkeit in Kleists Erzählungen* (1973), in: *Die Aktualität Heinrich von Kleists*, hg. v. Walter Müller-Seidel, Darmstadt 1981, S. 166-199, hier S. 178

Peter Horn sieht in der Novelle eine Apologie der Klassengesellschaft, die sich erst enthülle, wenn man sie "gegen den Strich" lese: "Die Frage, die Kleist selbst nicht stellt, die sich aber aus dem, was er berichtet, als die entscheidende herauszuschälen beginnt, müsste also lauten: Warum wird der Graf am Ende, als sich herausstellt, dass er genauso wie die einfachen Soldaten 'ein Schandkerl (ist), der den Namen des Kaisers brandmarkt', nicht ebenso niedergeschossen wie die Soldaten? Warum wird ihm, aber nicht den Soldaten, 'um der gebrechlichen Einrichtung der Welt willen, verziehen'? Warum wird er schliesslich noch dadurch belohnt, dass er die von ihm 'geschändete' Marquise heiraten darf und mit ihr sogar glücklich wird? Doch unzweifelhaft deswegen, weil er ein Mitglied einer zweifach privilegierten Klasse ist: er ist Adeliger, und er ist vor allen Dingen reich. (...) Es stellt sich heraus, dass die Gerechtigkeit, die vielen Worte um die Gewissensnot der Marquise und des Grafen, die selbstquälerische Tortur des Gewissens, ein Schirm ist, hinter dem die eigentliche Problematik des Geschehens so völlig verborgen bleibt, dass der Skandal, die Selbstanklage der Marquise in der Zeitung sogar zur Apologie des herrschenden Systems werden kann, indem eben der Skandal 'beweist', dass die herrschende Klasse auch dann, wenn der äussere Schein ihnen [sic] eine moralische Verfehlung fast unabweisbar vorwirft, 'im Grunde' unschuldig ist. (...) Man glaubte noch, ein völliges Verheimlichen des Skandals, der darin bestand, dass es einen Adel und eine Ausbeutung der Armen durch die Reichen überhaupt gab, sei noch möglich, als Kleist bereits ganz klar sah, dass eine Apologie nur dann möglich war, wenn man die allzu öffentlichen Skandale nicht verschwieg, sondern nur in ihrer Wirkung durch eine geschickte Darstellung abschwächte." *Ichbildung und Ichbehauptung in Kleists 'Marquise von O...'*, in: *Akten des V. Internationalen Germanisten-Kongresses*, Cambridge 1975, hg. v. Leonhard Forster und Hans-Gert Roloff, Bern / Frankfurt a.M. / München (= Jahrbuch für Internationale Germanistik, R.A, Bd. 2), S. 232-240, hier S. 239

Erika Swales weist auf die der Formulierung "um der gebrechlichen Einrichtung der Welt willen" innewohnende Dialektik hin: "Critics have generally interpreted this remark as though it read 'um der Gebrechlichkeit willen.' (...) But in *Die Marquise von O...*, the specific context of the story brings into focus the dialectic inherent in the phrase, the tension between frailty and order. Moreover, the noun 'Einrichtung' evokes the active process of 'einrichten,' of making a habitable order out of the world. In so far as 'gebrechliche Einrichtung' connotes the interaction of the human quest for order and its inevitable frailty it may be seen as the central theme of the story." *The Beleaguered Citadel: A Study of Kleist's Die Marquise von O...*, in: Deutsche Vierteljahresschrift für Literaturwissenschaft und Geistesgeschichte 51. 1977, S. 129-147, hier S. 131

Nach Dietzfelbinger ist die selbstverständlich in drei Phasen gegliederte Selbstfindung der Marquise "das eigentliche Thema der Erzählung" (*Familie bei Kleist*, S. 250). "Aus der Geborgenheit in einer scheinbaren Einheit des Kollektivs war die Marquise in die Situation einer totalen Isolierung gestoßen worden. Es manifestierte sich die Spaltung der Familie in eine Gruppe, die ichbezogen reagierte, und eine einzelne Person, die zu einer neuen Identität auf der Basis einer Existenzweise der Offenheit fand. In einer dritten Phase des Verhältnisses der Marquise zu ihrer Familie entwickelt sich nun eine neue, dauerhafte Einheit. Das geschieht, weil die Marquise, ohne daß sie forciert aktiv werden müßte, allein durch ihr neues Wesen eine Kraft darstellt, die auf andere Menschen, sofern eine Bereitschaft dazu gegeben ist, verwandelnd wirkt." (Ebd., S. 260)

[3] Vgl. Joachim Pfeiffer, *Die wiedergefundene Ordnung. Literaturpsychologische Anmerkungen zu Kleists "Marquise von O..."*, in: *Heinrich von Kleist. Studien zu Werk und Wirkung*, hg. v. Dirk Grathoff, Opladen 1988, S. 230-247. "Die *Marquise von O...* ist die Geschichte einer verlorenen und wiedergefundenen Einheit. Diese Einheit ist eingeschrieben in eine Familienordnung (die 'alte Ordnung'), die durch den Vater bestimmt wird." (Ebd., S. 235)

[4] Erika Swales, *The Beleaguered Citadel*, S. 133

[5] Diese Provokation erregt die Obristin mehr als eine sexuelle Verfehlung: "Ein Fehltritt, so unsäglich er mich schmerzen würde, er ließe sich, und ich müßte ihn zuletzt verzeihn; doch wenn du, um einem mütterlichen Verweis auszuweichen, ein Märchen von der Umwälzung der Weltordnung ersinnen, und gotteslästerliche Schwüre häufen könntest, um es meinem, dir nur allzugerngläubigen, Herzen aufzubürden: so wäre das schändlich; ich würde dir niemals wieder gut werden." (II 122)

[6] Vgl. Dorrit Cohn, *Kleist's "Marquise von O...": The Problem of Knowledge*, in: *Monatshefte*, 67. 1975, S. 129-144. "We must conclude that the midwife is entirely justified in understanding the Marquise's question as referring to an 'unwissentliche Empfängnis' in the biblical sense of immaculate conception. But this in turn brings up the problem as to whether the Marquise herself has used the phrase in this biblical sense. Both her pretended disclaimer (...) and the shattering effect of the midwife's reply would seem to indicate that the midwife has not misunderstood her, that the Marquise had indeed reached for a miraculous explanation, hoping against

hope that immaculate conception occurs not only in the Bible, but also 'im Reiche der Natur'. And this fusion and confusion of her ignorance with the Virgin's innocence is, of course, entirely in keeping with her refusal to know the actuality of the erotic happening." (Ebd., S. 136)

7 Die Ohnmacht wird von verschiedenen Interpreten als somatische Kompromißbildung im Sinne von Kleists Epigramm *Die Marquise von O...* gedeutet: "Dieser Roman ist nicht für dich, meine Tochter. In Ohnmacht! Schamlose Posse! Sie hielt, weiß ich, die Augen bloß zu." (I 22)

Heinz Politzer: "Die Ohnmacht, in die sie flüchtet, ist, wie bei Kleist so oft, ein Zeichen, daß es in ihr weiß, was kommen wird, und dies um so mehr, als sie es ja schon unmittelbar vorher hatte fürchten müssen, in dem Augenblick nämlich, da die Russen sie den 'schändlichsten Mißhandlungen' auszusetzen gedroht hatten. Es ist darum nicht recht vorstellbar, daß sie, selbst im Zustand der Bewußtlosigkeit, kein Engramm der Umarmung zurückbehalten hätte, in der sie soeben einen Mann empfing." *Der Fall der Frau Marquise. Beobachtungen zu Kleists 'Die Marquise von O...',* in: *Deutsche Vierteljahresschrift für Literaturwissenschaft und Geistesgeschichte 51.* 1977, S. 98-128, hier S. 109

Nach Günter Blöcker ist der Graf "auf eine jeden Einwand ausschließende Weise als Mann gekommen". "Die Witwe, die sich geschworen hatte, nicht wieder zu heiraten, erwacht in diesem umfaßlichen Augenblick zu ihrer verleugneten Weiblichkeit. Gefühl stößt auf Gefühl. Sie sinkt in Ohnmacht. Ihr Unbewußtes gewährt, was ihr Bewußtsein verbieten würde." *Heinrich von Kleist oder Das absolute Ich.* Berlin 1960, S. 178

Für Michael Moering ist die Ohnmacht der Marquise Ausdruck ihres Erschreckens vor der Erkenntnis, daß sie den Grafen vom ersten Augenblick an liebt. "Die Ohnmacht bedeutet dann das Ausweichen vor dem Konflikt, den diese Erkenntnis mit dem Gelöbnis, nicht mehr zu heiraten, erzeugt. Sie bedeutet aber noch mehr: Die himmlische Erscheinung des Grafen läßt in ihr den gleichen - den Geboten von Konvention, Anstand und Schicklichkeit kraß entgegengesetzten - Wunsch nach Vereinigung mit dem Geliebten entstehen wie in ihm. Durch ihre Ohnmacht entzieht sie sich auch dem von ihr sonst streng respektierten Bereich der Konvention." *Witz und Ironie in der Prosa Heinrich von Kleists.* München 1972, S. 258

8 Das Unbewußte der Marquise enthüllt dagegen den nekrophilen Charakter ihrer sexuellen Begegnung. Auf die Frage der Mutter, ob sie denn an die Möglichkeit einer Schwangerschaft glaube, antwortet sie: "Eher (...), daß die Gräber befruchtet werden, und sich dem Schoße der Leichen eine Geburt entwickeln wird!" (II 121) Kleist scheint eine Vorliebe für solche Szenen zu haben; im Gegensatz zum Grafen bemüht sich Colino jedoch, die ohnmächtige Elvire "mit heißen Küssen auf Brust und Lippen aufzuwecken" (II 213), allerdings ist er auch "sicher, daß sie auch nach Wiederkehr ihrer verstörten Sinne, seiner phantastischen, dem Ansehen nach überirdischen Erscheinung keinen Widerstand leisten würde" (II 212f.).

9 Der Traum des Grafen, in dem das Bild des Schwans Thinka mit dem der Marquise verschmilzt, entlarvt sie zudem als narzißtische Persönlichkeit, während der Graf, seinem - gewöhnlichen - Verhalten nach, eher dem Anlehnungstypus entspricht. Er erzählt, "daß sie immer auf feurigen Fluten umhergeschwommen wäre, und er Thinka gerufen hätte, welches der Name jenes Schwans gewesen, daß er aber nicht im Stande gewesen wäre, sie an sich zu locken, indem sie ihre Freude gehabt hätte, bloß am Rudern und In-die-Brust-sich-werfen; versicherte plötzlich, blutrot im Gesicht, daß er sie außerordentlich liebe (...)" (II 116)

Damit trifft auf sie Freuds Charakterisierung der beiden verschiedenen Objektwahltypen geradezu idealtypisch zu: "Die Vergleichung von Mann und Weib zeigt (...), daß sich in deren Verhältnis zum Typus der Objektwahl fundamentale, wenn auch natürlich nicht regelmäßige, Unterschiede ergeben. Die volle Objektliebe nach dem Anlehnungstypus ist eigentlich für den Mann charakteristisch. Sie zeigt die auffällige Sexualüberschätzung, welche wohl dem ursprünglichen Narzißmus des Kindes entstammt und somit einer Übertragung desselben auf das Sexualobjekt entspricht. Diese Sexualüberschätzung gestattet die Entstehung des eigentümlichen, an neurotischen Zwang mahnenden Zustandes der Verliebtheit, der sich so auf eine Verarmung des Ichs an Libido zugunsten des Objektes zurückführt. Anders gestaltet sich die Entwicklung bei dem häufigsten, wahrscheinlich reinsten und echtesten Typus des Weibes. Hier scheint mit der Pubertätsentwicklung durch die Ausbildung der bis dahin latenten weiblichen Sexualorgane eine Steigerung des ursprünglichen Narzißmus aufzutreten, welche der Gestaltung einer ordentlichen, mit Sexualüberschätzung ausgestatteten Objektliebe ungünstig ist. Es stellt sich besonders im Falle der Entwicklung zur Schönheit eine Selbstgenügsamkeit des Weibes her, welche das Weib für die ihm sozial verkümmerte Freiheit der Objektwahl entschädigt. Solche Frauen lieben, strenggenommen, nur sich selbst mit ähnlicher Intensität, wie der Mann sie liebt. Ihr Bedürfnis geht auch nicht dahin zu lieben, sondern geliebt zu werden, und sie lassen sich den Mann gefallen, welcher diese Bedingung erfüllt. Die Bedeutung dieses Frauentypus für das Liebesleben der Menschen ist sehr hoch einzuschätzen. Solche Frauen üben den größten Reiz auf die Männer aus, nicht nur aus ästhetischen Gründen, weil sie gewöhnlich die schönsten sind, sondern auch infolge interessanter psychologischer Konstellationen. Es erscheint nämlich deutlich erkennbar, daß der Narzißmus einer Person eine große Anziehung auf diejenigen anderen entfaltet, welche sich des vollen Ausmaßes ihres eigenen Narzißmus begeben haben und sich in der Werbung um die Objektliebe befinden (...) Dem großen Reiz des narzißtischen Weibes fehlt aber die Kehrseite nicht; ein guter Teil der Unbefriedigung des verliebten Mannes, der Zweifel an der Liebe des Weibes, der Klagen über die Rätsel im Wesen desselben hat in dieser Inkongruenz der Objektwahltypen seine Wurzel." Sigmund Freud, *Zur Einführung des Narzißmus*, in: *Studienausgabe Bd. III, Psychologie des Unbewußten*, Frankfurt a.M. [2]1975, S. 37-68, hier S. 54-56

[10] Dorrit Cohn weist nach, daß die Begriffe 'Gewissen' und 'Bewußtsein' seit dem achtzehnten Jahrhundert deutlich unterschieden wurden, "with *Gewissen* reserved for the moral conscience, *Bewußtsein* for the cognitive consciousness. The phrase *reines* (or *unbeflecktes) Gewissen*, in particular, had become standard already during the Reformation. That Kleist was aware of the *Bewußtsein/Gewissen* distinction is beyond doubt, and can be amply documented." *Kleist's "Marquise von O...": The Problem of Knowledge*, S. 131

[11] Ebd., S. 131: "... the state of unconsciousness becomes a state of 'un-conscience' as well, a state that suspends the capacity for moral purity, even as it suspends the capacity for cognition. To be 'völlig bewußtlos', within the lexicon of this story, is tantamount to being robbed of one's 'reines Bewußtsein' as well."
Dagegen Pfeiffer, auf der Folie des *Marionettentheaters:* "Die sicher nicht zufällige Ersetzung ['Gewissen' durch 'Bewußtsein'] verweist auf das Kleistsche Verständnis des 'Sündenfalls', auf die Schuld der Bewußtwerdung und der Erkenntnis, die den Zugang zum Paradies ein für allemal verriegelt. (...) Die Abwehrhaltung der Marquise (...) ist denn auch weniger ein Symptom ihrer Verdrängung; es geht nicht um die Frage, ob sie in Wirklichkeit um die sexuelle Vereinigung gewußt habe, ob sie diese im Grunde gewünscht oder bewußtlos erlitten habe. Es geht um Kleists Existenz- und Weltverständnis, nach welchem der Mensch immer schon aus der ursprünglichen Harmonie mit sich selbst und den anderen gefallen ist, in jenen gesellschaftlichen Zustand einer mentalen Verelendung, in der auch Liebe und Leidenschaft, als Brücken zum anderen, nur das Trauma des Verstoßenseins erneuern." *Die wiedergefundene Ordnung*, S. 237f.

[12] Vgl. Josef Kunz: " - Stellen dieser Art sind nur dann hinreichend zu erfassen, wenn man darauf achtet, in welchem Maße Kleists Psychologie des Unbewußten in sie hineinspielt; und d.h. in diesem Zusammenhang, daß eine solche Aussage über die inneren Vorgänge in der Marquise nicht als objektiv-authentisch betrachtet, sondern nur in den Grenzen verstanden werden darf, in denen die Heldin sich selbst Rechenschaft über ihre Entscheidung abzulegen vermag; also, psychologisch gesehen, in den Grenzen, in denen ihr Bewußtsein in der Lage ist, den Vorgängen im Unbewußten nahezukommen." *Die deutsche Novelle*, S. 129

In dieselbe Richtung zielt Dorrit Cohn: "Critical tradition has long maintained that the Marquise has here reattained the full security, harmony and confidence of her inner being, accepting and triumphing over her tragic fate. Such a misreading could only result from a willful or wishful assimilation of the Marquise into the *schöne Seele* tradition (...) If one reads this scene in its own Kleistian context, one finds that rational reflection here by no means leads to the attainment of truth and serenity, but shows the conscious mind mired in self-delusion - a delusion which, among other things, completely censors away erotic concerns." *Kleist's "Marquise von O..."*: *The Problem of Knowledge*, S. 139

[13] Kleist hat in die Buchausgabe der Novelle gegenüber der im *Phöbus* erschienenen Fassung zwei Zusätze aufgenommen (vgl. II 901, *Anmerkungen zur 'Marquise von O...'*). Während die Hebamme dort auf die Frage nach der Möglichkeit einer unwissentlichen Empfängnis antwortet, "daß dies, soviel ihr bekannt sei, noch keinem Weibe auf Erden zugestoßen wäre", heißt es nun, "daß dies, *außer der heiligen Jungfrau*, noch keinem Weibe auf Erden zugestoßen wäre" (II 124, Hervorhebung von mir, E.-M. A.-M.). Der zweite Zusatz betrifft die Abkunft des Kindes. In der Erstfassung heißt es lediglich: "Nur der Gedanke war ihr unerträglich, daß dem jungen Wesen, das sie in der größten Unschuld und Reinheit empfangen hatte, ein Schandfleck in der bürgerlichen Gesellschaft ankleben sollte"; dagegen wurde die Passage in der Buchausgabe um den Passus *"und dessen Ursprung, eben weil er geheimnisvoller war, auch göttlicher zu sein schien, als der anderer Menschen"* (II 126, Hervorhebung von mir, E.-M. A.-M.) erweitert.
Michael Moering vertritt die Auffassung, Kleist habe die Einfügungen Adam Müller zuliebe vorgenommen, der die Kunst in enger Verbindung mit der Religion sah (vgl. *Witz und Ironie*, S. 274). Durch den Kontext sind sie jedoch als Projektionen der Marquise ausgewiesen, sie werden also in "ironisch-desillusionierender Absicht" gebraucht. Jochen Schmidt: "Das Anliegen des Dichters ist die kritische Reduktion falscher Unendlichkeiten durch das Aufdecken ihrer Genese. Die pseudoreligiösen Unendlichkeiten werden als unhaltbare Hyperbeln eines exzentrisch bewegten Gefühls korrigiert." *Heinrich von Kleist. Studien zu seiner poetischen Verfahrensweise*, S. 20

[14] Vgl. Josef Kunz, *Die deutsche Novelle*, S. 136

[15] Harry W. Paulin verweist auf die beiden Szenen zugrundeliegende sexuelle Problematik: "The Commandant in *Die Marquise von O...*, expels his daughter not merely because of her personal disgrace but because of what her inexplicable pregnancy means to him. The 'shame' of her mysterious impregnation merely scuffs his ego while the real reason for banishment lies in his libido and relates to a subliminal relationship. The baffling reconciliation scene reveals his abeyant incestuous feelings, and it is ironic to see this fatherly paragon and family defender give rein to subconscious desire much as the Marquise's other defender and tarnished exemplar of virtue, the Count, had succumbed to base instinct in a tense situation.
The tearful family reunion holds the key to the Commandant's threatened libido and explains his vituperation in banishing Julietta. (...) The father acts like a thwarted lover, and his vengeful attempt to deprive his daughter of her children is a symbolic effort to reduce her to a premarital or virginal state. On the other hand, his removal of her pictures suggests extermination and, coupled with the pistol shot, symbolizes forceful parental separation at its most drastic level, filicide." *"Papa hat es nicht gern getan"*, S. 230

[16] Die Marquise umgibt den Grafen von Anfang an mit einer Aura des Übernatürlichen. "Der Marquise schien er ein Engel des Himmels zu sein" (II 105), als er sie vor der Vergewaltigung durch die russischen Soldaten rettet. Nach seiner angeblich tödlichen Verwundung erscheint der Graf "schön, wie ein junger Gott" (II 110) bei der Familie. Die Eltern beschuldigen ihn, "daß er ja tot sei" (II 110), die Marquise will wissen, "wie *er* ins Leben erstanden sei" (II 110). "Die Obristin sprach: in der Tat, wir werden glauben, daß Sie ein Geist sind, bis Sie uns werden eröffnet haben, wie Sie aus dem Grabe, in welches man Sie zu P... gelegt hatte, erstanden sind." (II 110) Damit deuten beide eine Analogie zwischen seinem Schicksal und der Aufer-

stehung Christi an. Der Graf selbst setzt sich bei seinem Besuch im Landhaus der Marquise in Szene, als sei er mit numinosen Fähigkeiten begabt: "Er näherte sich ihr so, daß sie ihn nicht früher erblicken konnte, als bis er am Eingang der Laube, drei kleine Schritte von ihren Füßen, stand." (II 128) Er versichert der sich noch immer gegen die Wahrheit sträubenden Marquise, daß er von ihrer Unschuld völlig überzeugt sei. "So überzeugt, sagte er, Julietta, als ob ich allwissend wäre, als ob meine Seele in deiner Brust wohnte -" (II 129). Als der Graf sich auf die Anzeige hin als der Gesuchte zu erkennen gibt, verkehrt sich sein Bild für die Marquise in das absolute Gegenteil. "... gehn Sie! gehn Sie! gehn Sie! rief sie, indem sie aufstand, auf einen Lasterhaften war ich gefaßt, aber auf keinen --- Teufel!" (II 141) Sie meint, ihm nur durch einen Exorzismus beikommen zu können und verwandelt sich dabei selbst in eine "Furie": "Die Marquise blickte, mit tötender Wildheit, bald auf den Grafen, bald auf die Mutter ein; ihre Brust flog, ihr Antlitz loderte: eine Furie blickt nicht schrecklicher. (...) Diesem Mann, Vater, sprach sie (...), kann ich mich nicht vermählen! griff in ein Gefäß mit Weihwasser, das an der hinteren Tür befestigt war, besprengte, in einem großen Wurf, Vater und Mutter und Bruder damit, und verschwand." (II 141) Die Marquise resümiert am Ende der Novelle selbst die Folgen ihrer Fehldeutungen: "er würde ihr damals nicht wie ein Teufel erschienen sein, wenn er ihr nicht, bei seiner ersten Erscheinung, wie ein Engel vorgekommen wäre." (II 143) Vgl. dazu Dorrit Cohn, *Kleist's "Marquise von O...": The Problem of Knowledge*, S. 137f.

[17] Das hohle Pathos der mütterlichen Rede enthüllt sich noch in einem weiteren Detail; ihre hochfliegenden Pläne werden von ihrer *Gebrechlichkeit* unterminiert. "Nun denn, versetzte Frau von G..., *indem sie, von ihrer Tochter unterstützt, aufstand: so will ich dich auf Händen tragen*, mein liebstes Kind." (II 136, Hervorhebung von mir, E.-M. A.-M.) Durch die Aufregung zieht sich "die alte Dame" zudem noch "eine Fieberhitze" zu.

[18] "This outburst, when he reads the Marquise's advertisement, sounds like the bitter lament of a deceived lover, and indeed the undercurrent of jealousy is remarkably sustained: the Kommandant is not at all concerned about the social scandal which the advertisement might provoke, but simply views the Marquise's course of action as further evidence of her faithlessness." Erika Swales, *The Beleaguered Citadel*, S. 134

[19] Daß er dabei wohl eher an die Marquise als an die 'gemeinen Soldaten' gedacht hat, zeigt sein Ausruf beim Erhalt der beinahe tödlichen Verwundung: "... 'Julietta! Diese Kugel rächt dich!'" (II 108)

[20] Dagegen müssen sich Frauen, die bereits uneheliche Kinder haben, von ihren Männern getrennt lebende Frauen und solche, die für ihren "unzüchtigen Lebenswandel" bekannt sind, mit einer materiellen Entschädigung begnügen (vgl. ALR II 1, §§ 1027 - 1032, S. 378 u. §§ 1041 - 1043, S. 379).

[21] Nur beim Tatbestand der Vergewaltigung konnte *die Frau* potentiell eine Heirat ablehnen und dennoch materielle Ansprüche geltend machen, was jedoch kaum vorgekommen sein dürfte, da sie als ledige Mutter in jedem Fall gesellschaftlich ruiniert war. "Kann oder will die Geschwächte die Ehe mit ihm nicht vollziehen und fortsetzen: so ist sie die Ehescheidungsstrafe, nach dem höchsten Satze, zu fordern berechtigt." (ALR II 1, § 1128, S. 382). Ansonsten galt bei außerehelichen Schwangerschaften: "Ist der Schwängerer erbötig, die Ehe mit der Geschwächten zu vollziehen, und diese weigert sich dessen: so kann sie auch keine Ausstattung verlangen." (ALR II 1, § 1093, S. 380)

[22] Die elterliche Familie spielte schon in der ersten Ehe der Marquise eine wichtige Rolle. So hatte sie ihren Mann "auf einer Reise verloren, die er, *in Geschäften der Familie*, nach Paris gemacht hatte" (II 104, Hervorhebung von mir, E.-M. A.-M.). Politzer vermutet: "Der Marquis von O... ist wohl ein älterer Herr gewesen; sein Tod in Paris war ein natürliches Ableben. Er mag dem Kommandanten, in dessen Geschäften er reise, näher gestanden sein als der Marquise." *Der Fall der Frau Marquise*, S. 126f. Dies ist allerdings vom Text nicht zu belegen; es heißt, daß die Marquise ihm "auf das innigste und zärtlichste zugetan war" (II 104).

[23] Erika Swales, *The Beleaguered Citadel*, S. 132

[24] Vgl. Johann Gottlieb Fichte, *Grundlage des Naturrechts*, § 14, S. 319 und S. 31 dieser Arbeit.

[25] Vgl. ebd., § 23, S. 328 und S. 31 dieser Arbeit.

[26] Wolf Kittler kommentiert: "Damit wird das Kind einer natürlichen Regung zum Sohn seines Vaters, was in letzter Instanz heißt, daß es sich nicht mehr durch seine natürliche Abstammung, sondern als Staatsbürger definiert." *Die Geburt des Partisanen*, S. 83. "Sohn seines Vaters" ist das Kind nach den Bestimmungen des Preußischen Landrechts allerdings schon seit dem Tag der Heirat.
"Wenn ein Schwängerer die Geschwächte, auch ohne Prozeß und Erkenntniß, wirklich heirathet: so erlangt das aus dem unehelichen Beyschlafe erzeugte Kind, eben dadurch, in allen durch besondere Gesetze nicht ausdrücklich ausgenommenen Fällen, die Rechte und Verbindlichkeiten eines ehelichen." (ALR II 2, § 596, S. 403)
"Wenn die Legitimation eines unehelich erzeugten Kindes durch wirkliche Verheirathung mit der Mutter erfolgt: so bestimmt die Trauung (...) den Zeitpunkt, wo die Rechte und Pflichten des Kindes als eines ehelichen ihren Anfang nehmen." (ALR II 2, § 598, S. 403)
Wenn man vor diesem Hintergrund die Annonce der Marquise einmal als 'Anzeige' im juristischen Sinne liest, erhält sie eine wichtige Funktion. "Hat aber die Mutter innerhalb der gesetzlichen Frist (...) auf die Vollziehung der Ehe nicht geklagt: so können die Kinder der davon abhängenden Rechte der ehelichen Geburt sich niemals anmaßen". (ALR II 2, § 594, S. 403)

[27] S. Politzer, *Der Fall der Frau Marquise*, S. 125

[28] Vgl. zu Kant und zum katholischen Kirchenrecht S. 68 dieser Arbeit, zu Fichte S. 31f. Eine Ehe im Fichteschen Sinne wäre überhaupt nur möglich, wenn die Ohnmacht der Marquise als unbewußte Form der Hingabe gedeutet würde.

[29] *Religion in Geschichte und Gegenwart*, Bd. II, S. 37

[30] Heinz Politzer, *Der Fall der Frau Marquise*, S. 126. Bernhard Rieger konstatiert zu den häufigen Ortsveränderungen der Marquise, "daß mit einer Übersiedelung auch jeweils eine Veränderung des Einflußbereichs der Männerfiguren auf die Marquise verbunden ist: am Anfang und Ende des Textes beglückt sie in V... ausschließlich ihre jeweiligen Ehegatten, was sich zwar nicht direkt, aber indirekt aus der Nichterwähnung eines väterlichen Einflusses in diesen Phasen erschließen läßt. Während ihres Zwischenaufenthalts in V... (126-136), gelingt es ihr, sich sowohl den Anordnungen ihres Vaters (125) - wobei der Entschluß zur Abreise hier schon genügt - als auch dem Ansturm des Grafen (129) zu widersetzen. (...) Kaum befindet sie sich in M..., so ist sie, sowohl im Stadthaus wie in der Zitadelle, dem Einfluß des Vaters respektive der Familie ausgesetzt. Bemerkenswert ist die Tatsache, daß alle Ortsveränderungen der Marquise auf direkte Veranlassung des Vaters oder der Mutter vonstatten gehen (104, 109, 124f., 135). Ausnahme hierzu ist der letzte Umzug nach dem Landsitz in V..., der freiwillig zu sein scheint (...)" *Geschlechterrollen und Familienstrukturen*, S. 167f.
Dazu auch Joachim Pfeiffer: "Die 'gebrechliche Einrichtung der Welt' (SW II, 143) gibt den dünnen Boden ab, auf dem das Ich der Marquise sich bewegt. Das Hin und Her zwischen Orten und Häusern steht für seine gesellschaftliche Ortlosigkeit: für die Schwelle zwischen Sein und Nicht-Sein." *Die wiedergefundene Ordnung*, S. 234

[31] Schon Helmut Sembdner hat auf den Einfluß des 63. Briefs aus Rousseaus *Julie oder Die Neue Héloise* verwiesen (II 902). Auch der Vorname der Marquise 'Julietta' deutet auf diese Vorlage. Lilian Hoverlands These, nach der die Vornamen der Protagonistin und ihres Vaters auf Shakespeares *Romeo und Julia* verweisen, erscheint dagegen sehr konstruiert. "Der Name der Marquise ist Julietta, der des Kommandanten Lorenzo. Wenn dies vorerst vielleicht erstaunen mag, ist doch darauf zu schließen, daß Kleist bei diesen Namen die von Shakespeares berühmten Liebenden Romeo und Julia im Auge hatte. Der Name der Marquise ist eine offene Entsprechung, der des Kommandanten hat dieselbe Silbenzahl und vor allem dieselbe Vokalfolge: Lo-ren-zo / Ro-me-o. Offenbar handelt es sich um einen iro-

nischen Verweis auf Shakespeares Drama." *Heinrich von Kleist und das Prinzip der Gestaltung,* S. 145

[32] Erika Swales, *The Beleaguered Citadel,* S. 137f.: "I would argue that this scene functions as an indirect mirror image, enacting the dash which conceals the fateful meeting of the Graf and the Marquise during the night of the conquest. It reflects not only the sudden eruption of sexuality, the frenzy of an otherwise 'musterhaft' man, but suggests the ambiguous stance of the Marquise. Viewed from the perspective of this scene, both her fainting after the rescue and her partially erased memory of that night emerge as passive acquiescence coupled with the refusal to know (...)"

Ähnlich Politzer: "Es ist sowohl für das gesellschaftliche Bewußtsein wie für die psychologische Typologie Kleists bezeichnend, daß er die Umarmung, die seine Erzählung in Bewegung versetzt, in einem Gedankenstrich verschweigt; hier aber, in dem Bild der Vereinigung des Vaters mit der Tochter, die ein Geringerer, weniger Wissender als er, tabuisiert hätte, Detail an erotisches Detail fügt. Was dort von Zensur ins Unsagbare abgeschoben worden war, bricht hier mit nackter Leidenschaftlichkeit aus. Die 'Lust' dieses Vaters ist nicht, wie der Dichter behauptet, 'unsäglich,' sondern wird mit pastoser Drastik nachgezeichnet und auseinandergelegt, so als wäre sie standesgemäß und gesellschaftsfähig. Das Über-Ich der Marquise gewährt ihr in den Armen des Vaters, was es ihr in der Umarmung des Mannes untersagt hatte: Hingabe, Bewußtsein und Genuß. Hier hat Kleist seine Marquise als Frau erkannt und dargestellt. In der Infrastruktur der Erzählung kommt dieser 'Versöhnung' axiale Bedeutung zu: sie verbindet den unheilschwangeren Beginn mit der Lösung an ihrem Ausgang." *Der Fall der Frau Marquise,* S. 114f.

[33] Vgl. Hermann F. Weiss: "As in the case of the rape committed by the Count, unusual and tumultuos circumstances provide an alibi for the expression of normally repressed desires. Ironically, both of these protectors are exposed as a menace to those whom they supposedly protect." *Precarious Idylls.* S. 541

[34] Jochen Hörisch, *"Die Not der Welt",* S. 159

[35] Erika Swales, *The Beleaguered Citadel,* S. 135

[36] "Nicht nur die psychoanalytische Theorie, der Text selbst legt nahe, das Ödipale präödipal zu lesen. Auf die Schicht früher Erfahrungen verweist schon die auffällige Dominanz des Oralen (...) Die Mutter (...) ist ausdrücklich in die Liebesszene zwischen Vater und Tochter - in eine Phantasie 'jubilatorischer' Einheit - mit einbezogen. Jede (ödipale) Rivalität scheint eingeebnet, wenn sich die Mutter, in Vorwegnahme geschlechtsloser elysischer Freuden, 'wie eine Selige' fühlt.

"Die Lust der himmelfrohen Versöhnung' (SW II, 138) erzeugt sich im Spiegel des Blicks, der alle drei Personen in einer optischen Kommunikation verbindet. (...) Das Geschlechtsspezifische der Eltern scheint verwischt. Die ödipale Konstellation ist auf der Ebene von Mund und Augen, also auf einer vorsprachlichen Ebene in Szene gesetzt. Narzißtische und orale Einheitsphantasien geben die Tiefenschicht einer ödipalen Szenerie ab, in der sich Vater und Tochter wie Verliebte gebärden." Joachim Pfeiffer, *Die wiedergefundene Ordnung,* S. 240f.

Mit anderem Akzent auch schon Peter Dettmering: "Fast ist es ein Liebesakt, dem der Leser durch das Schlüsselloch beiwohnt, aber ein Liebesakt, der nicht genitaler, sondern prägenital-oraler Natur ist. Die Mutter wird hinter der Tür Zeugin einer Versöhnung, deren archaische Zärtlichkeit kaum weniger bestürzt als die archaische Grausamkeit und Brutalität zuvor. Es fragt sich, ob dies nicht, nur vom Grafen auf den Vater der Marquise verschoben, der andere, bisher ausgesparte Aspekt der Vergewaltigung ist, der sexuelle Akt *von innen gesehen* und in seiner Intimität durch die Heimlichkeit des Belauschens noch gesteigert." *Heinrich von Kleist. Zur Psychodynamik in seiner Dichtung,* München 1975, S. 68

[37] Vgl. Bernhard Rieger: "Im weiteren Textverlauf finden sich Formulierungen wie 'die Familie dachte' (108), 'die Familie mußte' (109), 'bezog die Familie ein Haus' (109), 'die Familie wußte nicht' (113), 'die Familie bestehe auf' (113). Die Familie wird in der Gesamtheit gebraucht, sie handelt unisono. Daß die Familie auch als Ganzes fühlt, beweisen die Sätze: 'ward der Familie ... Schrecken' (109), 'war die Familie in

... Unruhe' (115), 'die Familie wollte auf ihn böse werden' (119). Die Familie als unzertrennbare Einheit wird demonstriert. Erst als das Verhalten des Grafen die Familie in Erstaunen versetzt, erweckt er bei dieser 'verschiedene Empfindungen', da sie 'auf den Ausgang dieser sonderbaren Sache gespannt war' (119)." *Geschlechterrollen und Familienstrukturen*, S. 169

[38] Ebd., S. 169. "Die einzige Unterbrechung dieser Phase stellt das Wort 'Familie' in den Kontexten 'Schande über die Familie' (127) und 'Ihrer Familie zum Trotz' (129) dar, also Beschreibungen von Verhaltensweisen, die diametral entgegengesetzt zum (...) Gleichtakt kollektiv-familiären Vorgehens liegen." (Ebd., S. 169f.)

[39] "Die Machtstruktur innerhalb der Familie der Marquise ist eindeutig: der Vater erteilt Weisungen an alle anderen Familienmitglieder, die Mutter an die Tochter, und diese wiederum an die Kinder. Der Sohn steht mit der Mutter in keinerlei 'Befehlskontakt', mit der Schwester nur insoweit, als die Anweisungen wechselseitig nicht ausgeführt werden (...), er ist nur Befehlsempfänger des Vaters. Belegbar ist auch der indirekte Weisungsweg des Vaters zur Tochter, nämlich über die Mutter und über den Bruder." Ebd., S. 242

[40] Vgl. auch Hermann F. Weiss: "Compelled by the irrationality of the male characters, the two women now assume more dominant roles. Just as the harshness of her father had forced the Marquise into 'Selbständigkeit', her mother, for the first time in her life, disobeys her husband. (...) In her new role as head of the family she attempts to complete her reunifying efforts by reconciling father and daughter. While the Commandant had earlier tyrannized his wife, she now badgers him into humiliating himself before the Marquise. Undoubtedly she experiences a sense of satisfaction when he breaks down and weeps profusely 'wie ein Kind'." *Precarious Idylls*, S. 540
Ähnlich Rieger: "Der Bereich Aktivität/Rationalität auf der männlichen Seite und Passivität/Emotionalität auf der weiblichen wird mehrfach durchbrochen (...)" *Geschlechterrollen und Familienstrukturen*, S. 48

[41] Die Obristin über ihren Mann: "Aber nun sitzt er, und weint. (...) Wie ein Kind (...); daß ich, wenn ich mir nicht selbst hätte die Tränen aus den Augen wischen müssen, gelacht hätte, so wie ich nur aus der Türe heraus war." (II 136f.) Dementsprechend wird er von ihr behandelt: "Sie kochte ihm für den Abend alles, was sie nur Stärkendes und Beruhigendes aufzutreiben wußte, in der Küche zusammen, bereitete und wärmte ihm das Bett, um ihn sogleich hineinzulegen, sobald er nur, an der Hand der Tochter, erscheinen würde (...)" (II 138)

[42] Vgl. Erika Swales: "The Graf is socially and morally too close to home as it were. If such a man can fail, if his 'Ruf' indeed turns out to be (in his own words) 'diese zweideutigste aller Eigenschaften' (II, 112), how then can the Marquise still assert her own unassailability and rest assured in the knowledge of her own 'vortrefflichem Ruf?' This explains why she is naturally horrified, but basically ready to accept the fact when her mother tells her that Leopardo is the father of the child. However 'wohlerzogen,' he is ultimately 'von niedrigem Stande' (II, 134), and thus his aberration would not threaten the Marquise's social and moral universe. The 'Gebrechlichkeit' would reside outside the 'Einrichtung' of her world." *The Beleaguered Citadel*, S. 141
Durch das Attribut 'wohlerzogen' wird Leopardo zugleich auf eine Stufe mit den "wohlerzogenen Kindern" (II 104) der Marquise gestellt.

[43] "Leopardo, - das gemahnt an Urwald und Wüste, an primitive Elementarkraft, an Wildgeruch und Urgebrüll, an Jagden und Jäger, welchen Beruf der Lakai, wenn auch in domestizierter Gestalt, tatsächlich ausübt. Wer sich der Marquise, und sei es auch nur in den Strafphantasien ihres Schuldgefühls, nähert, darf kein Einheimischer sein und nimmt außerdem noch den *nom parlant* eines sprungbereiten und lendenstarken Raubtiers an. Zugleich beweist der Vorname, den Kleist dem Jäger gegeben hat, die auktoriale Nähe dieses Erzählers zum Bewußtsein seiner Hauptgestalt." *Der Fall der Frau Marquise*, S. 100
Er beweist doch wohl eher Kleists, sich auf alle seine Figuren erstreckende Ironie.

[44] Dirk Grathoff, *Die Zeichen der Marquise: Das Schweigen, die Sprache und die Schriften. Drei Annäherungsversuche an eine komplexe Textstruktur*, in: *Heinrich von*

Kleist. Studien zu Werk und Wirkung, hg. v. Dirk Grathoff, Opladen 1988, S. 204-229, hier S. 213

[45] Ebd., S. 210

[46] Wolf Kittler, *Die Geburt des Partisanen,* S. 324

[47] Michael Moering, *Witz und Ironie,* S. 289: "Zur durchgängigen Ironie der 'Marquise von O...' gehört es, daß beinahe kein Wort unschuldig-harmlos ist, auf nichts als sich selber hinwiese; sondern jedes ist bedeutend: deutet auf einen Bereich, spielt auf ihn an, dem in Wahrheit alle Bedeutung zukommt. Die ausgesprochenen Worte sind beinahe weniger wichtig als dieser Bereich, den ihr Doppelsinn, ihre Zweideutigkeit umschreibt, der selbst stumm bleibt, nie ausdrücklich zur Sprache kommt, aber immer deutlicher hinter (oder unter) dem vordergründigen Sinn der Worte erscheint. Indem die Worte auf ihn hinweisen, erhalten sie zugleich von ihm aus ihren Sinn. Hinter ihrem gebräuchlichen, durch Konventionen festgelegten, erscheint ungewollt ein zweiter, der gerade ausgeschlossen bleiben soll, dem das Tabu gilt." Dirk Grathoff weist nach, daß sich dieser "Doppelsinn" bis in das einzelne sprachliche Zeichen verfolgen läßt: "So steckt im Sagen und Nichtssagen des Schriftzeichens 'O' schon das zentrale Problem der gesamten Erzählung von Kleist: wie kann ich meinen Lesern eine Geschichte erzählen, die die beteiligten Gestalten in der Geschichte einander nicht erzählen können und dürfen? Sie dürfen es nicht aus Gründen, die man beim Autor vermutete: aus Taktgründen, und sie können es nicht, weil ihnen die Sprache dazu fehlt. Was für eine Sprache muß also der Schriftsteller Kleist finden, wenn er eine derartige Geschichte erzählen will? Offenbar die Sprache der skandalösen Zeichen." *Die Zeichen der Marquise,* S. 205f.

[48] Nach der Zeugung wollen sich Marquise und Graf gegenseitig ihre "Dankbarkeit" (II 106) und "Ehrerbietigkeit" (II 107) "bezeugen". Die Marquise befürchtet nicht, daß ihre Kränklichkeit "weiter von Folgen sein würde" (II 110). Der Graf versichert, daß die "gütige Erklärung zwar alle seine Hoffnungen befriedige" (II 111); aber, "daß wenn irgend Hoffnung wäre, dem Ziele seiner Wünsche dadurch näher zu kommen, er seine Reise (...) aussetzen würde" (II 113). Er muß jedoch seine "Hoffnungen (...) als übereilt erkennen" (II 113). Auch die Marquise moniert seine "rasche Hoffnung" (II 118). Nur wenn sie "hoffen könne, durch ihn glücklich zu werden" (II 112), gäbe der Kommandant seine Zustimmung.
Da der Begriff 'Umstände' bei seiner ersten Zitation als schamhafte Umschreibung für den Begriff 'Schwangerschaft' gebraucht wird, schwingt diese Konnotation auch bei allen folgenden Verwendungen mit. Die Marquise gibt durch eine Annonce bekannt, "daß sie (...) in andre Umstände gekommen sei" (II 104). Diesen Schritt tut sie "beim Drang unabänderlicher Umstände" (II 104). Die russischen Truppen brechen überstürzt auf; "unter diesen Umständen" (II 108) kann der Graf sich nicht persönlich von der Marquise verabschieden. Als die Nachricht vom Tod des Grafen eintrifft, erkundigt sich der Kommandant "nach den näheren Umständen dieses Vorfalls" (II 108). Noch einmal taucht der Begriff 'Umstände' als Synonym für 'Schwangerschaft' auf. Hätte eine andere Frau körperliche Sensationen wie sie, dächte die Marquise, "daß sie in gesegneten Leibesumständen wäre" (II 109). Bei der Werbung teilt der Graf mit, "daß er, durch die Umstände gezwungen, sich sehr kurz fassen müsse" (II 110). Die vertröstende Erklärung würde ihn, "unter anderen Umständen, auch völlig beglücken" (II 111). "Obschon die Umstände so außerordentlich sind" (II 122), wird das Schwangerschaftsgefühl der Marquise durch die Diagnose des Arztes bestätigt. Der Graf warnt die Marquise brieflich, "es möchten fremde Umstände eintreten" (II 127). Die Obristin, der so vieles unklar ist, möchte "diesen Umstand zur Sprache bringen" (II 131). Die Marquise sieht ein: "Wer konnte mir, unter so unerhörten Umständen, Vertrauen schenken?" (II 135f.)

[49] Ruth K. Angress, *Kleists Abkehr von der Aufklärung,* S. 108

[50] Das pathetische Verhalten der Familie wurde wiederholt als Parodie sentimentaler Szenen im bürgerlichen Rührstück interpretiert. Vgl. Hermann F. Weiss, *Precarious Idylls,* S. 541 und Anthony Stephens, *Kleists Familienmodelle,* S. 224

[51] Michel Foucault, *Sexualität und Wahrheit,* S. 21

IV. NACHWORT

1. Kleists Texte: Affirmation und Kritik des zeitgenössischen Familienmodells

Die vorliegende Untersuchung hat gezeigt, daß in Kleists Texten die Krise der Familie den Normalfall darstellt; gleichwohl erscheint in ihnen die Institution Familie als Organisationsform sozialen Lebens unhintergehbar. Mit ihrem Doppelstatus als zugleich affirmative und kritische Texte stehen sie in einem merkwürdigen Spannungsverhältnis zu den philosophischen, juristischen und literarischen Diskursen ihrer Zeit. Einerseits finden sich bei Kleist frappante, zum Teil beinahe wörtliche Übereinstimmungen mit den Darlegungen Fichtes und den Bestimmungen des Preußischen Landrechts; andererseits erteilt Kleist dem empfindsamen Familienkult, wie er beispielsweise im bürgerlichen Trauerspiel erscheint, eine radikale Absage, indem er die Familie immer als von innen her bedroht und damit strukturell zur Auflösung tendierend darstellt. So endet die scheinbare familiäre Idylle häufig in einem Katastrophenszenario.

Für Kleists ambivalente Haltung gegenüber den maßgeblichen Familienmodellen, wie sie durch die zeitgenössische Philosophie, Jurisprudenz und Literatur vertreten werden, ist sicherlich seine aristokratische Herkunft und die vom preußischen Militär geprägte Familientradition mitverantwortlich. Kindheit in einer patriarchalen adeligen Großfamilie unter der Obhut von Ammen, außerhäusige Pensionatserziehung, darauf Pubertät und Adoleszenz in der männerbündischen Atmosphäre des Regiments; diese Form der Sozialisation steht der Intimität und Emotionalität des neuen bürgerlichen Familienideals denkbar fern. Der frühe Tod beider Eltern mag ein weiterer Grund dafür gewesen sein, daß Kleist auf die Kernfamilie als Zentrum der Genese bürgerlicher Individualität, wie sie im Bildungsroman oder etwa in Goethes Autobiographie beschrieben wird, nur einen fremden Blick werfen konnte.

Auch die parodistische Wendung gegen das bürgerliche Trauerspiel mit seinen auf Gefühlswirkung zielenden Szenen familialer Innigkeit ließe sich vor dem privaten Hintergrund als Kompensation eines Mangelgefühls interpretieren. Ihre literatur- und sozialgeschichtliche Bedeutung wird davon jedoch nicht tangiert: Kleist verweist auf den phantasmatischen Charakter eines Modells, das an der Unmöglichkeit scheitert, Emotionen und Affekte in eine konstante Ordnung und Struktur einzubinden.

Die Protagonisten der Kleistschen Novellen verhalten sich zum einen rollenkonform mit den von Fichte beschriebenen "Geschlechtscharakteren", zum andern durchbrechen sie an entscheidenden Punkten das vorgegebene Muster. So empfinden Josephe, Elvire und die Marquise von O... den Geschlechtstrieb als Liebe, während er ihren Partnern Jeronimo, Nicolo und dem Grafen F... "in seiner wahren Gestalt", eben als Geschlechtstrieb, erscheint. Zugleich aber unterwerfen weder Josephe noch die Marquise ihren Willen dem ihres Partners, es findet im Gegenteil eine Rollenumkehr statt, bei der die Frauen dominieren. Auch Elvire verweigert letztendlich ihre Unterordnung, indem sie den Beischlaf, durch den die

Frau dem Mann ihre Persönlichkeit unterwirft, in der Ehe mit Piachi nicht praktiziert. Damit ist ihre Verbindung keine wahre Ehe im Sinne Kants und Fichtes, da der Beischlaf "die eigentliche Vollziehung" der Ehe darstellt. Zugleich mißachten sie auf Grund ihrer Kinderlosigkeit die Bestimmung des Preußischen Landrechts, nach der die Fortpflanzung der "Hauptzweck" der Ehe ist.

Mit dem Motiv der Adoption greift Kleist in den Novellen *Das Erdbeben in Chili* und *Der Findling* ein Lieblingsmotiv des bürgerlichen Trauerspiels auf, dessen idealistischer Überhöhung er jedoch die Leidenserfahrung des Leibes und das Ausgeliefertsein an die Affekte entgegensetzt. Die Trennung vom mütterlichen Ursprung, die im bürgerlichen Trauerspiel affirmativ vorausgesetzt wird, ist auch für Kleist unhintergehbar; gleichwohl zeigt er im *Erdbeben in Chili*, daß sie nur um den Preis des Opfers möglich ist. Die matrilinear bestimmte natürliche Familie muß der patrilinear bestimmten legitimen Familie weichen. In einem Substitutions- und Adoptionsprozeß avanciert Philipp vom "Bastard" zum "Pflegesohn", Don Fernando vom Erzeuger zum (Adoptiv-)Vater. Bleibt hier auf Grund der Ambivalenz des Schlusses unentschieden, welche Haltung Kleist zu der Idee der Transzendierung leiblicher Vaterschaft einnimmt, so decouvriert er sie in der Novelle *Der Findling* als idealistisches Konstrukt. Zugleich erweist er hier das um den Vater zentrierte System familialer Substitutionen als Phantasma. Die Ersatzfiguren können den ursprünglichen Verlust nicht kompensieren, die Zirkulation der Substitutionen ist Ausdruck eines genuinen Mangels.

Die Verhaltensweisen der Protagonisten in der Novelle *Die Marquise von O...* oszillieren zwischen den Polen der zeitgenössischen Familien-Diskurse. Die Marquise folgt mit ihrer zeitweiligen Weigerung, den Grafen zu heiraten, der Fichteschen Definition der Ehe, nach der eine Heirat zwischen Vergewaltiger und Opfer nicht möglich ist. Da die Frau durch den freiwilligen Beischlaf dem Mann ihre Persönlichkeit unterwirft, und damit die Ehe vollzogen ist, kann ein erzwungener Geschlechtsverkehr keine Ehe motivieren. Indem der Graf die Marquise in seinem Testament zur Alleinerbin erklärt, handelt er gleichfalls im Sinne Fichtes, der für die Aushändigung des gesamten Vermögens an die "Geschwächte" plädiert. Auch das Preußische Landrecht garantiert der Frau wenigstens eine finanzielle Abfindung, für den Fall, daß der Vergewaltiger sich nicht dazu bewegen läßt, sie zu heiraten. Denn im Gegensatz zur Fichteschen Argumentation wird die Ehe hier als die beste 'Entschädigung' für ein Notzuchtverbrechen betrachtet, allerdings nur, wenn es sich bei der Vergewaltigten um eine bis dahin unbescholtene Frau handelt. Weigert sich der "Verführer" jedoch, soll er nicht zur Heirat gezwungen werden; eine Weigerung der Frau wurde als unwahrscheinlich erachtet. Die Reaktionen der Familie und des Grafen erweisen sich damit als im Normensystem ihrer Zeit fundiert. Indem Kleist durch eine zweideutige Sprache, die ständig ausspricht, was sie zu verschweigen vorgibt, das Tabu diskursiviert, akzeptiert und unterläuft er gleichermaßen die Ordnung des Diskurses.

BIBLIOGRAPHIE

I.   Primärtexte

Allgemeines Landrecht für die Preußischen Staaten von 1794, hg. v. Hans Hatten-hauer, Frankfurt a.M./Berlin 1970

Fichte, Johann Gottlieb: *Grundlage des Naturrechts nach Prinzipien der Wis-senschaftslehre.* (1796) Neudruck auf der Grundlage der zweiten von Fritz Medicus herausgegebenen Auflage von 1922. Mit Einleitung und Registern von Manfred Zahn, Hamburg 1960

-       *Das Prinzip der Sittenlehre nach den Prinzipien der Wissenschaftslehre.* (1798) Neudruck 1962 auf der Grundlage der zweiten von Fritz Medicus heraus-gegebenen Auflage von 1922. Mit Einleitung und Registern von Manfred Zahn, Hamburg 1963

Kant, Immanuel: *Die Metaphysik der Sitten* (1797), in: *Kants Werke*, hg. v. Ernst Cassirer, Bd. VII: *Die Metaphysik der Sitten*, hg. v. Benzion Kellermann, Berlin 1916 (Neudruck Hildesheim 1973)

Kleist, Heinrich von: *Sämtliche Werke und Briefe*, hg. v. Helmut Sembdner, 2 Bde., Darmstadt [8]1985 ([1]1952)

Heinrich von Kleists Lebensspuren. Dokumente und Berichte der Zeitgenossen, hg. v. Helmut Sembdner, überarbeitete und erweiterte Ausgabe, München 1969 ([1]1957)

Lessing, Gotthold Ephraim: *Werke*, hg. v. Herbert G. Göpfert, 8 Bde., München 1970 ff.

Rousseau, Jean-Jacques: *Julie oder Die Neue Héloise.* (1761) Vollständig überar-beitet und ergänzt nach der Edition Rey, Amsterdam 1761, sowie mit einer Zeittafel von Dietrich Laube, mit Anmerkungen und einem Nachwort von Reinhold Wolff, München 1978

II.   Literaturwissenschaftliche Texte und weitere Sekundärtexte zu Kleist

Altenhofer, Norbert: *Der erschütterte Sinn. Hermeneutische Überlegungen zu Kleists 'Das Erdbeben in Chili'*, in: *Positionen der Literaturwissenschaft. Acht Modell-analysen am Beispiel von Kleists 'Das Erdbeben in Chili'*, hg. v. David E. Well-bery, München 1985, S. 39-53

Angress, Ruth K.: *Kleists Abkehr von der Aufklärung*, in: *Kleist-Jahrbuch 1987*, hg. v. Hans Joachim Kreutzer, Berlin 1987, S. 98-114

Baumgart, Peter: *Die preußische Armee zur Zeit Heinrich von Kleists*, in: *Kleist-Jahrbuch 1983*, hg. v. Hans Joachim Kreutzer, Berlin 1983, S. 43-70

Beckmann, Beat: *Kleists Bewußtseinskritik. Eine Untersuchung der Erzählformen seiner Novellen*, Bern 1978

Birkenhauer, Klaus: *Kleist*, Tübingen 1977

Blöcker, Günter: *Heinrich von Kleist oder Das absolute Ich*, Berlin 1960

Bohrer, Karl Heinz: *Kleists Selbstmord* (1978), in: *Kleists Aktualität. Neue Aufsätze und Essays 1966-1978*, hg. v. Walter Müller-Seidel, Darmstadt 1981, S. 281-306

- *Der romantische Brief. Die Entstehung ästhetischer Subjektivität,* München 1987

Borchardt, Edith: *Mythische Strukturen im Werk Heinrich von Kleists,* New York 1987

Carrière, Mathieu: *Für eine Literatur des Krieges, Kleist,* Basel/Frankfurt a.M. 1981

Cohn, Dorrit: *Kleist's "Marquise von O...": The Problem of Knowledge,* in: *Monatshefte, 67.* 1975, S. 129-144

Conrady, Karl Otto: *Kleists 'Erdbeben in Chili'. Ein Interpretationsversuch,* in: *Germanisch-Romanische Monatsschrift.* N.F. 1954, S. 185-195

- *Das Moralische in Kleists Erzählungen. Ein Kapitel vom Dichter ohne Gesellschaft* (1963), in: *Heinrich von Kleist. Aufsätze und Essays,* hg. v. Walter Müller-Seidel, Darmstadt 1973, S. 707-735

David, Claude: *Heinrich von Kleist und das Geheimnis* (1954), in: *Heinrich von Kleist. Aufsätze und Essays,* hg. v. Walter Müller-Seidel, Darmstadt 1973, S. 213-229

Dettmering, Peter: *Heinrich von Kleist. Zur Psychodynamik in seiner Dichtung,* München 1975

Dietzfelbinger, Konrad: *Familie bei Kleist,* Diss. phil. München 1979 (masch.)

Dürst, Rolf: *Heinrich von Kleist. Dichter zwischen Ursprung und Endzeit. Kleists Werk im Licht idealistischer Eschatologie,* Bern und München 1965

Durzak, Manfred: *Zur utopischen Funktion des Kindesbildes in Kleists Erzählungen,* in: *Colloquia Germanica 3.* 1969, S. 111-129

Dyck, J.W.: *Kleist and Nietzsche. Lebensplan and Lust-Motiv,* in: *German Life and Letters, XXI.* 3. V. 21, 1967-1968, S. 189-203

Ellis, John M.: *Heinrich von Kleist. Studies in the Character and Meanings of his Writings,* Chapel Hill 1979

Fischer, Ernst: *Heinrich von Kleist* (1961), in: *Heinrich von Kleist. Aufsätze und Essays,* hg. v. Walter Müller-Seidel, Darmstadt 1973, S. 459-552

Fricke, Gerhard: *Gefühl und Schicksal bei Heinrich von Kleist. Studien über den inneren Vorgang im Leben und Schaffen des Dichters.* Neue Forschung 3, Berlin 1929. Nachdruck: Darmstadt 1963

Fries, Thomas: *The Impossible Object: The Feminine, The Narrative (Laclos' Liaisons Dangereuses and Kleist's Marquise von O...),* in: *Modern Language Notes 91.* 2. 1976, S. 1296-1326

Gallas, Helga: *Das Textbegehren des 'Michael Kohlhaas'. Die Sprache des Unbewußten und der Sinn der Literatur,* Reinbek bei Hamburg 1981

Gelus, Marjorie: *Displacement of Meaning: Kleist's "Der Findling",* in: *German Quarterly, 55.* 1982, S. 541-553

Girard, René: *Mythos und Gegenmythos: Zu Kleists 'Das Erdbeben in Chili',* in: *Positionen der Literaturwissenschaft. Acht Modellanalysen am Beispiel von Kleists 'Das Erdbeben in Chili',* hg. v. David E. Wellbery, München 1985, S. 130-148

Grathoff, Dirk: *Die Zeichen der Marquise: Das Schweigen, die Sprache und die Schriften. Drei Annäherungsversuche an eine komplexe Textstruktur,* in: *Heinrich von Kleist. Studien zu Werk und Wirkung,* hg. v. Dirk Grathoff, Opladen 1988, S. 204-229

Haase, Frank: *Kleists Nachrichtentechnik. Eine diskursanalytische Untersuchung,* Opladen 1986

Hamacher, Werner: *Das Beben der Darstellung,* in: *Positionen der Literaturwissenschaft. Acht Modellanalysen am Beispiel von Kleists 'Das Erdbeben in Chili',* hg. v. David E. Wellbery, München 1985, S. 149-173

Herrmann, Hans Peter: *Zufall und Ich. Zum Begriff der Situation in den Novellen Heinrich von Kleists* (1961), in: *Heinrich von Kleist.* Aufsätze und Essays, hg. v. Walter Müller-Seidel, Darmstadt 1973, S. 367-411

Heubi, Alfred: *Heinrich von Kleists Novelle 'Der Findling'. Motivuntersuchungen und Erklärung im Rahmen des Gesamtwerks,* Diss. Zürich 1948

Hoffmeister, Werner: *Heinrich von Kleists "Findling",* in: *Monatshefte, 58* (1966), S. 49-63

Hohoff, Curt: *Heinrich von Kleist in Selbstzeugnissen und Bilddokumenten,* Hamburg [8]1982

Hörisch, Jochen: *Gott, Geld und Glück. Zur Logik der Liebe in den Bildungsromanen Goethes, Kellers und Thomas Manns,* Frankfurt a.M. 1983 (Habil.)

- *"Die Not der Welt". Vieldeutige Ausnahmezustände in Kleists semantischen Komödien,* in: Gerhard vom Hofe u.a., *Was aber (bleibet) stiften die Dichter?,* München 1987, S. 157-180

Horn, Peter: *Ichbildung und Ichbehauptung in Kleists "Marquise von O...",* in: *Akten des V. Internationalen Germanisten-Kongresses,* Cambridge 1975, hg. v. Leonhard Forster und Hans-Gert Roloff, Bern - Frankfurt a.M. - München (= Jahrbuch für Internationale Germanistik, R.A., Bd. 2), S. 232-240

- *Heinrich von Kleists Erzählungen. Eine Einführung,* Königstein/Taunus 1978

Hoverland, Lilian: *Heinrich von Kleist und das Prinzip der Gestaltung,* Königstein/Taunus 1978

- *Heinrich von Kleist and Luce Irigaray: Visions of the Feminine,* in: *Amsterdamer Beiträge zur neueren Germanistik.* 10. 1980: *Gestaltet und gestaltend. Frauen in der deutschen Literatur,* hg. v. Marianne Burkhard, S. 57-82

Huff, Steven R.: *Kleist and Expectant Virgins: The Meaning of the "O" in 'Die Marquise von O...',* in: *Journal of English and Germanic Philology,* 81. 1982, S. 367-375

Ide, Heinz: *Der junge Kleist "...in dieser wandelbaren Zeit...",* Würzburg 1961

Jansen, Peter K.: *"Monk Lewis" und Heinrich von Kleist,* in: *Kleist-Jahrbuch 1984,* hg. v. Hans Joachim Kreutzer, Berlin 1984, S. 25-54

Kayser, Wolfgang: *Kleist als Erzähler* (1954/55), in: *Heinrich von Kleist. Aufsätze und Essays,* hg. v. Walter Müller-Seidel, Darmstadt 1973, S. 230-243

Kittler, Friedrich A.: *"Erziehung ist Offenbarung". Zur Struktur der Familie in Lessings Dramen,* in: *Jahrbuch der deutschen Schillergesellschaft, 21.* 1977, S. 111-137

- *Über die Sozialisation Wilhelm Meisters,* in: Gerhard Kaiser u. Friedrich A. Kittler, *Dichtung als Sozialisationsspiel. Studien zu Goethe und Gottfried Keller,* Göttingen 1978, S. 13-124

- *Ein Erdbeben in Chili und Preußen,* in: *Positionen der Literaturwissenschaft. Acht Modellanalysen am Beispiel von Kleists 'Das Erdbeben in Chili',* hg. v. David E. Wellbery, München 1985, S. 24-38

- *Aufschreibesysteme 1800/1900,* München 1985

Kittler, Wolf: *Die Geburt des Partisanen aus dem Geist der Poesie. Heinrich von Kleist und die Strategie der Befreiungskriege,* Freiburg 1987 (Habil.)

Kluckhohn, Paul: *Die Auffassung der Liebe in der Literatur des 18. Jahrhunderts und in der deutschen Romantik,* Halle (Saale) ²1931

Kommerell, Max: *Die Sprache und das Unaussprechliche,* in: *Geist und Buchstabe der Dichtung,* ⁵1962, S. 243-313

Könneker, Marie-Luise: *Dr. Heinrich Hoffmanns "Struwwelpeter". Untersuchungen zur Entstehungs- und Funktionsgeschichte eines bürgerlichen Bilderbuchs,* Stuttgart 1977

Koopmann, Helmut: *Das "rätselhafte Faktum" und seine Vorgeschichte. Zum analytischen Charakter der Novellen Heinrich von Kleists,* in: *Zeitschrift für deutsche Philologie,* 84. 1965, S. 508-550

Kreutzer, Hans Joachim: *Die dichterische Entwicklung Heinrichs von Kleist. Untersuchungen zu seinen Briefen und zu Chronologie und Aufbau seiner Werke,* Berlin 1968

Kunz, Josef: *Heinrich von Kleists Novelle 'Der Findling',* in: *Festschrift für Ludwig Wolff zum 70 Geburtstag,* hg. v. Werner Schröder, Neumünster 1962, S. 337-355

-        *Die Thematik der Daseinsstufen in Kleists dichterischem Werk* (1963), in: *Heinrich von Kleist. Aufsätze und Essays,* hg. v. Walter Müller-Seidel, Darmstadt 1973, S. 672-705

-        *'Die Marquise von O...',* in: *Die Deutsche Novelle zwischen Klassik und Romantik,* Berlin 1966, S. 128-151

Lazarsfeld, Sofie: *Kleist im Lichte der Individualpsychologie,* in: *Kleist-Jahrbuch 1925/26,* hg. v. Georg Minde-Pouet u. Julius Petersen, Berlin 1927, S. 106-132

Ledanff, Susanne: *Kleist und die "beste aller Welten". 'Das Erdbeben in Chili' - gesehen im Spiegel der philosophischen und literarischen Stellungnahmen zur Theodizee im 18. Jahrhundert,* in: *Kleist-Jahrbuch 1986,* hg. v. Hans Joachim Kreutzer, Berlin 1986, S. 125-155

Lepper, K.H.: *Zur Polarität der Weltsicht in Kleists Novellen,* in: *Trivium, V. II.* 1967, S. 95-119

Lorenz, Dagmar C.G.: *Väter und Mütter in der Sozialstruktur von Kleists 'Erdbeben in Chili',* in: *Études Germaniques 33.* 1978, S. 270-281

Mann, Thomas: *Heinrich von Kleist und seine Erzählungen,* in: ders., *Gesammelte Werke in zwölf Bänden, Bd. IX: Reden und Aufsätze 1,* Frankfurt a.M. 1960, S. 823-842

Mayer, Hans: *Heinrich von Kleist. Der geschichtliche Augenblick,* Pfullingen 1962

Moering, Michael: *Witz und Ironie in der Prosa Heinrich von Kleists,* München 1972

Mommsen, Katharina: *Kleists Kampf mit Goethe,* erweiterte Ausgabe, Frankfurt a.M. 1979 (¹1974)

Moore, Erna: *Heinrich von Kleist 'Findling'. Psychologie des Verhängnisses,* in: *Colloquia Germanica, 8.* 1974, S. 275-297

Morris, Max: *Heinrich von Kleists Reise nach Würzburg,* Berlin 1899

Müller-Salget, Klaus: *Das Prinzip der Doppeldeutigkeit in Kleists Erzählungen* (1973), in: *Kleists Aktualität. Neue Aufsätze und Essays 1966-1978,* hg. v. Walter Müller-Seidel, Darmstadt 1981, S. 166-199

Müller-Seidel, Walter: *Die Struktur des Widerspruchs in Kleists 'Marquise von O...'* (1954), in: *Heinrich von Kleist. Aufsätze und Essays,* hg. v. Walter Müller-Seidel, Darmstadt 1973, S. 244-268

- *Versehen und Erkennen. Eine Studie über Heinrich von Kleist,* Köln und Graz 1961

- *Der rätselhafte Kleist und seine Dichtung,* in: *Die Gegenwärtigkeit Kleists. Reden zum Gedenkjahr 1977,* Berlin 1980, S. 9-29

Neumann, Peter Horst: *Der Preis der Mündigkeit. Über Lessings Dramen.* Anhang: *Über Fanny Hill,* Stuttgart 1977

Paulin, Harry W.: *"Papa hat es nicht gern getan". Kleist and Parental Separation,* in: *Colloquia Germanica, 15.* 1982, S. 225-238

Pfeiffer, Joachim: *Die wiedergefundene Ordnung. Literaturpsychologische Anmerkungen zu Kleists "Marquise von O...",* in: *Heinrich von Kleist. Studien zu Werk und Wirkung,* hg. v. Dirk Grathoff, Opladen 1988, S. 230-247

Politzer, Heinz: *Auf der Suche nach Identität. Zu Heinrich von Kleists Würzburger Reise* (1967), in: *Kleists Aktualität. Neue Aufsätze und Essays 1966-1978,* hg. v. Walter Müller-Seidel, Darmstadt 1981, S. 55-76

- *Der Fall der Frau Marquise. Beobachtungen zu Kleists 'Die Marquise von O...',* in: *Deutsche Vierteljahresschrift für Literaturwissenschaft und Geistesgeschichte, 51.* 1977, S. 98-128

Rieger, Bernhard: *Geschlechterrollen und Familienstrukturen in den Erzählungen Heinrich von Kleists,* Diss. phil. Frankfurt a.M. - Bern - New York 1985 (= Europäische Hochschulschriften, Reihe I, Bd. 839)

Ryder, Frank G.: *Kleist's Findling: Oedipus Manqué?,* in: *Modern Language Notes 92.* 1977, S. 509-524

Sadger, Isidor: *Heinrich von Kleist. Eine pathographisch-psychologische Studie,* Wiesbaden 1910

Schmidhäuser, Eberhard: *Das Verbrechen in Kleists 'Marquise von O...'.* Eine nur am Rande strafrechtliche Untersuchung, in: *Kleist-Jahrbuch 1986,* hg. v. Hans Joachim Kreutzer, Berlin 1986, S. 156-175

Schmidt, Gerhard: *Der Todestrieb bei Heinrich von Kleist,* in: *Münchener Medizinische Wochenschrift,* Jg. 112, H. 16, München 1970, S. 758-763

Schmidt, Jochen: *Heinrich von Kleist. Studien zu seiner poetischen Verfahrensweise,* Tübingen 1974 (Habil.)

Schneider, Helmut J.: *Der Zusammensturz des Allgemeinen,* in: *Positionen der Literaturwissenschaft. Acht Modellanalysen am Beispiel von Kleists 'Das Erdbeben in Chili',* hg. v. David E. Wellbery, S. 110-129

Schrader, Hans Jürgen: *Unsägliche Liebesbriefe. Heinrich von Kleist an Wilhelmine von Zenge,* in: *Kleist-Jahrbuch 1981/82,* hg. v. Hans Joachim Kreutzer, Berlin 1983, S. 86-96

- *"Denke Du wärest in das Schiff meines Glückes gestiegen". Widerrufene Rollenentwürfe in Kleists Briefen an die Braut,* in: *Kleist-Jahrbuch 1983,* hg. v. Hans Joachim Kreutzer, Berlin 1983, S. 122-179

Schröder, Jürgen: *Kleists Novelle 'Der Findling'. Ein Plädoyer für Nicolo,* in: *Kleist-Jahrbuch 1985, hg. v. Hans Joachim Kreutzer, Berlin 1985, S. 109-127*

Silz, Walter: *Das Erdbeben in Chili* (1961), in: *Heinrich von Kleist. Aufsätze und Essays,* hg. v. Walter Müller-Seidel, Darmstadt 1973, S. 351-366

Skrotzky, Ditmar: *Die Gebärde des Errötens im Werk Heinrich von Kleists,* Marburg 1971

Sokel, Walter H.: *Kleists "Marquise von O...", Kierkegaards "Abraham" und Musils "Tonka": Drei Stufen des Absurden in seiner Beziehung zum Glauben,* in: *Robert Musil. Studien zu seinem Werk,* hg. v. Karl Dinklage u.a., Klagenfurt 1970, S. 57-70

Sørensen, Bengt Algot: *Herrschaft und Zärtlichkeit. Der Patriarchalismus und das Drama im 18. Jahrhundert,* München 1984

Sorg, Klaus-Dieter: *Gebrochene Teleologie. Studien zum Bildungsroman von Goethe bis Thomas Mann,* Diss. phil. Heidelberg 1983

Stephens, Anthony: *Kleists Familienmodelle,* in: *Kleist-Jahrbuch 1988/89,* hg. v. Hans Joachim Kreutzer, Berlin 1988, S. 222-237

Stierle, Karlheinz: *Das Beben des Bewußtseins. Die narrative Struktur von Kleists 'Das Erdbeben in Chili',* in: *Positionen der Literaturwissenschaft. Acht Modellanalysen am Beispiel von Kleists 'Das Erdbeben in Chili',* hg. v. David E. Wellbery, München 1985, S. 54-68

Streller, Siegfried: *Heinrich von Kleist und Jean-Jacques Rousseau* (1962), in: *Heinrich von Kleist. Aufsätze und Essays,* hg. v. Walter Müller-Seidel, Darmstadt 1973, S. 635-671

Swales, Erika: *The Beleaguered Citadel: A Study of Kleist's 'Die Marquise von O...',* in: *Deutsche Vierteljahresschrift für Literaturwissenschaft und Geistesgeschichte,* 51. 1977, S. 129-147

Vierhaus, Rudolf: *Kleist und die Krise des preußischen Staates um 1800,* in: *Kleist-Jahrbuch 1980,* hg. v. Hans Joachim Kreutzer, Berlin 1982, S. 9-33

Weigel, Sigrid: *Ulrike von Kleist (1774-1849). Lebens-Spuren hinter dem Bild der Dichter-Schwester,* in: *Schwestern berühmter Männer. Zwölf biographische Portraits,* hg. v. Luise F. Pusch, Frankfurt a.M. 1985, S. 235-287

Weiss, Hermann F.: *Precarious Idylls. The Relationship between Father and Daughter in Heinrich von Kleist's 'Die Marquise von O...',* in: *Modern Language Notes,* 91. 1976, S. 538-542

Wellbery, David E.: *Semiotische Anmerkungen zu Kleists 'Das Erdbeben in Chili',* in: *Positionen der Literaturwissenschaft. Acht Modellanalysen am Beispiel von Kleists 'Das Erdbeben in Chili',* hg. v. David E. Wellbery, München 1985, S. 69-87

Wild, Reiner: *Die Vernunft der Väter. Zur Psychographie von Bürgerlichkeit und Aufklärug in Deutschland am Beispiel ihrer Literatur für Kinder,* Stuttgart 1978

Wittels. Fritz: *Heinrich von Kleist - Prussian Junker and Creative Genius,* in: *The Literary Imagination. Psychoanalysis and the Genius of the Writer,* Chicago 1965, S. 23-42

Zimmermann, Hans Dieter: *Kleist, die Liebe und der Tod,* Frankfurt a.M. 1989

III. Gesellschaftswissenschaftliche Texte

Ariès, Philippe: *Geschichte der Kindheit,* München [4]1981 ([1]1975; frz. *L'enfant et la vie familiale sous l'ancien régime,* 1960)

Birsch, Günter: *Zur sozialen und politischen Rolle des deutschen, vornehmlich preußischen Adels am Ende des 18. Jahrhunderts*, in: *Der Adel vor der Revolution*, hg. v. Rudolf Vierhaus, Göttingen 1971, S. 77-95

Brunner, Otto: *Das "Ganze Haus" und die alteuropäische "Ökonomik"*, in: ders., *Neue Wege der Verfassungs- und Sozialgeschichte*, 2. vermehrte Auflage Göttingen 1968 (^{1}1956), S. 103-127

Flandrin, Jean-Louis: *Familien. Soziologie - Ökonomie - Sexualität*, Frankfurt a.M. - Berlin - Wien 1978 (frz. *Familles - parenté, maison, sexualité dans l'ancienne societé*, 1976)

Foucault, Michel: *Sexualität und Wahrheit.* Bd. 1: *Der Wille zum Wissen*, Frankfurt a.M. 1977 (frz. *Histoire de la sexualité. 1: La volonté de savoir*, 1976)

Freud, Sigmund: *Zur Einführung des Narzißmus*, in: Studienausgabe Bd. III, *Psychologie des Unbewußten*, Frankfurt a.M. ^{2}1975, S. 37-68

- *Drei Abhandlungen zur Sexualtheorie*, in: *Studienausgabe Bd. V, Sexualleben*, Frankfurt a.M. ^{4}1972, S. 37-145

Hausen, Karin: *Die Polarisierung der "Geschlechtscharaktere" - Eine Spiegelung der Dissoziation von Erwerbs- und Familienleben*, in: *Sozialgeschichte der Familie in der Neuzeit Europas*, hg. v. Werner Conze, Stuttgart 1976, S. 363-393; auch in: *Seminar: Familie und Gesellschaftsstruktur. Materialien zu den sozioökonomischen Bedingungen von Familienformen*, hg. v. Heidi Rosenbaum, Frankfurt a.M. 1978, S. 161-191 (leicht gekürzt)

Koselleck, Reinhart: *Preußen zwischen Reform und Revolution. Allgemeines Landrecht, Verwaltung und soziale Bewegung von 1791-1848*, Stuttgart 1967

Lévi-Strauss, Claude: *Die elementaren Strukturen der Verwandtschaft*, Frankfurt a.M. 1981 (frz. *Les structures élémentaires de la parenté*, 1949)

Michel, Ernst: *Das Vaterproblem heute in soziologischer Sicht*, in: *Vorträge über das Vaterproblem in Psychotherapie, Religion und Gesellschaft*, hg. v. Wilhelm Bitter, Stuttgart 1954, S. 44-74

Mitterauer, Michael u. Sieder, Reinhard: *Vom Patriarchat zur Partnerschaft. Zum Strukturwandel der Familie*, 2. neubearbeitete Auflage München 1980 (^{1}1977)

Oppitz, Michael: *Notwendige Beziehungen. Abriß der strukturalen Anthropologie*, *Frankfurt a.M. 1975*

Roessler, Wilhelm: *Die Entstehung des modernen Erziehungswesens in Deutschland*, Stuttgart 1961

Schwab, Dieter: Artikel *Familie*, in: *Geschichtliche Grundbegriffe. Historisches Lexikon zur politisch-sozialen Sprache in Deutschland*, hg. v. Otto Brunner, Werner Conze und Reinhart Koselleck, Bd. 2, Stuttgart 1975 (Neudruck 1979), S. 253-301

Shorter, Edward: *Die Geburt der modernen Familie*, Reinbek bei Hamburg 1977 (am. *The Making of the Modern Family*, 1975)

- *Der Wandel der Mutter-Kind-Beziehungen zu Beginn der Moderne*, in: *Geschichte und Gesellschaft. Zeitschrift für Historische Sozialwissenschaft. 1* (1975), S. 256-287

Stone, Lawrence, *Heirat und Ehe im englischen Adel des 16. und 17. Jahrhunderts*, in: *Seminar: Familie und Gesellschaftsstruktur. Materialien zu den sozioökonomischen Bedingungen von Familienformen*, hg. v. Heidi Rosenbaum, Frankfurt a.M. 1978, S. 444-479

Weber-Kellermann, Ingeborg: *Die deutsche Familie. Versuch einer Sozialgeschichte,* Frankfurt a.M. [4]1978 ([1]1974)

IV. Lexika

Adelung, Johann Christoph: *Grammatisch-kritisches Wörterbuch der Hochdeutschen Mundart.* Zweyter Theil. Zweyte vermehrte und verbesserte Auflage, Leipzig 1796 (Nachdruck: Hildesheim/New York 1970)

Deutsche Encyclopädie oder Allgemeines Real-Wörterbuch aller Künste und Wissenschaften, Bd. 9, Frankfurt a.M. 1784

Hederich, Benjamin: *Gründliches mythologisches Lexikon,* Leipzig [2]1770 (Nachdruck: Darmstadt 1967)

Religion in Geschichte und Gegenwart, hg. v. Hermann Gunkel und Leopold Tscharnack, Bd. II, Tübingen [2]1928

Zedler, Johann Heinrich: *Grosses Vollständiges Universal-Lexikon,* Bd. 9, Halle und Leipzig 1735 (Nachdruck: Graz 1961)

LEBENSLAUF

Eva-Maria Anker-Mader

Geboren am 7. 4. 1956 in Oberhausen als Tochter von Günter und Rosemarie Anker.

Von 1962 bis 1966 Besuch der Grundschule.

Von 1966 bis 1975 Besuch des neusprachlichen Bertha-von-Suttner-Gymnasiums.

1975 Abitur.

Von 1975 bis 1984 Studium der Fächer Deutsch und Philosophie mit den Zusatzfächern Geschichte und Englisch an den Universitäten Bochum und Düsseldorf.

1984 Abschluß des ersten Staatsexamens für die Sekundarstufe II in den Fächern Deutsch und Philosophie.

1985 Lektoratsvolontariat beim *Econ*-Verlag, Düsseldorf.

1986 bis 1988 wissenschaftliche Hilfskraft am Lehrstuhl für Neuere Germanistik der Universität Düsseldorf.

1987 Heirat mit Ulrich Mader.

Ab 1988 freie Mitarbeit beim *Spiegel* und beim *Deutschlandfunk.*

1991 Promotion im Fach Neuere Germanistik.

Dissertation:

Kleists Familienmodelle - im Spannungsfeld zwischen Krise und Persistenz.

RESÜMEE DER DISSERTATION

Kleists Familienmodelle - im Spannungsfeld zwischen Krise und Persistenz

von Eva-Maria Anker-Mader

Die vorliegende Arbeit zeigt, daß in Kleists Texten die Krise der Familie den Normalfall darstellt; gleichwohl erscheint in ihnen die Institution Familie als Organisationsform sozialen Lebens unhintergehbar. Die Texte stehen in einem merkwürdigen Spannungsverhältnis zu den philosophischen, juristischen und literarischen Diskursen ihrer Zeit; sie beinhalten zugleich Affirmation und Kritik des zeitgenössischen Familienmodells. Einerseits finden sich bei Kleist frappante Übereinstimmungen mit Fichtes *Grundlage des Naturrechts* und *Prinzip der Sittenlehre* und mit den Bestimmungen des *Allgemeinen Landrechts für die Preußischen Staaten*. Andererseits erteilt Kleist dem empfindsamen Familienkult, wie er im bürgerlichen Trauerspiel erscheint, eine radikale Absage, indem er die Familie immer als von innen her bedroht und somit strukturell zur Auflösung tendierend darstellt. Die parodistische Wendung gegen das bürgerliche Trauerspiel, die Kleist mit seinen Novellen vollzieht, verweist auf den phantasmatischen Charakter eines Modells, das an der Unmöglichkeit scheitert, Emotionen und Affekte in eine konstante Ordnung und Struktur einzubinden. Die Trennung vom mütterlichen Ursprung, die dort affirmativ vorausgesetzt wird, ist auch für Kleist unhintergehbar; gleichwohl zeigt er im *Erdbeben in Chili*, daß sie nur um den Preis des Opfers möglich ist. Die matrilinear bestimmte natürliche Familie muß der patrilinear bestimmten legitimen Familie weichen. Im *Findling* erweist Kleist das um den Vater zentrierte System familialer Substitutionen als Phantasma. Die Ersatzfiguren können den ursprünglichen Verlust nicht kompensieren, das Spiel der Substitutionen ist Ausdruck eines genuinen Mangels. Die Verhaltensweisen der Protagonisten in der *Marquise von O...* oszillieren zwischen den Polen des zeitgenössischen Familien-Diskurses. Indem Kleist durch eine zweideutige Sprache, die ständig ausspricht, was sie zu verschweigen vorgibt, das Tabu diskursiviert, akzeptiert und unterläuft er gleichermaßen die Ordnung des Diskurses.

RÉSUMÉ DER DISSERTATION

von Giacomo Antonietti